rowohlt
BERLIN

Wolfgang Leonhard

Meine Geschichte der DDR

Rowohlt · Berlin

1. Auflage März 2007

Satz aus der Stempel Garamond PostScript, InDesign,
von Pinkuin Satz und Datentechnik, Berlin
Druck und Bindung GGP Media GmbH, Pößneck
Printed in Germany
ISBN 978 3 87134 572 2

Inhalt

Vorwort

Vor mehr als fünfzig Jahren erschien mein Buch «Die Revolution entlässt ihre Kinder». Ich schildere darin mein Leben in der Sowjetunion, die Nachkriegsjahre, die ich als junger Funktionär in der Sowjetzone verbrachte, und schließlich meine Abkehr vom Stalinismus. Das Buch endet mit meiner Flucht nach Jugoslawien und der Ankunft in Belgrad im März 1949.

Wenige Monate darauf wurde die DDR gegründet. Ein Staat, an dessen Vorgeschichte ich aktiv beteiligt war und dessen führende Repräsentanten ich fast alle persönlich kannte. Ein Staat, der sich «demokratisch» nannte und in Wahrheit eine bürokratische Diktatur von Moskaus Gnaden war.

Bereits in Jugoslawien, als Leiter des deutschsprachigen Programms des Belgrader Rundfunks, berichtete ich dann über die weitere Entwicklung der DDR, ich kritisierte die SED-Herrschaft, die längst die Bedürfnisse der Menschen ignorierte und sich vor allem dem Machterhalt widmete. Dabei war es mir wichtig, die DDR so sachlich und objektiv wie möglich zu betrachten, die Realität an den propagierten Idealen zu messen und nicht aus westlicher Sicht zu verdammen.

Das Thema DDR ist, neben der Geschichte der Sowjetunion, zu meinem Lebensthema geworden – als Ostexperte in der Bundesrepublik und, von 1966 bis 1987, als Professor und Kommunismusexperte an der Yale-Universität. Zur Wendezeit, im Dezember 1989, bin ich in die DDR gefahren und wurde dort als «Erster Dissident» freundlich aufgenommen. Die damaligen Diskussionen mit Bürgerrechtlern, mit ehemaligen SED-Spitzenfunktionären und mit DDR-Bürgern, die meine – offiziell verbotenen – Bücher gelesen hatten, werden für mich unvergesslich bleiben.

Ich hatte immer die Hoffnung, dass sich das DDR-Regime wandeln könnte, im Sinne der Menschen dort. Die friedliche Revolution von 1989 hat mich darin bestärkt. Nach der Wiedervereinigung verlief die Auseinandersetzung mit der Vergangenheit allerdings anders, als ich es mir gewünscht hatte.

Heute, fast zwei Jahrzehnte später, ist es Zeit, Bilanz zu ziehen. Meine Geschichte der DDR – das sind die kritischen Betrachtungen eines Teilnehmers, der zum Beobachter wurde. Sie beginnt bereits mit der Vorgeschichte des angeblichen «realen Sozialismus» auf deutschem Boden, an der ich als Mitglied der «Gruppe Ulbricht» unmittelbar mitgewirkt habe. Und auch nachdem ich dem Stalinismus den Rücken kehrte, habe ich am Schicksal der Menschen in Ostdeutschland immer Anteil genommen. Meine Geschichte der DDR ist deshalb eine sehr persönliche geblieben.

Wolfgang Leonhard
Manderscheid/Eifel, Februar 2007

ERSTES KAPITEL

Neuland

Während des Fluges wurde kaum ein Wort gesprochen. Wir saßen stumm in unseren Sitzen, voller Gedanken daran, was uns in der Heimat erwarten würde. Wir – die zehn Mitglieder der «Gruppe Ulbricht», auf dem Weg nach Deutschland am 30. April 1945. Wenige Tage vor Kriegsende wusste von uns niemand genau, ob wir nun für immer die Sowjetunion verlassen oder bald schon wieder zurückbeordert würden. Zurück in das Land, in dem ich die letzten zehn Jahre, meine gesamte Jugend, verbracht hatte.

Wir waren in einer Transportmaschine unterwegs, einer amerikanischen DC 3. An den Seiten des Laderaums hatte man Sitze montiert. Tausende von Flugzeugen hatten die Amerikaner während des Krieges an die Sowjetunion geliefert, bezahlt wurden sie nie. Und später wurde darüber nicht mehr gesprochen. Die Sowjetunion verschwieg, dass sie ohne die Lieferungen den Krieg niemals hätte führen können, die Amerikaner wollten nichts mehr davon wissen, dass sie Stalins Triumph erst ermöglicht hatten.

Plötzlich wandte sich Walter Ulbricht an mich. Er saß mir direkt gegenüber und blickte mich prüfend an: «Also das mit deinem russischen Namen, das geht so nicht. Wolodja! Nimm dir doch einen deutschen Namen.»

«In der Komintern-Schule war ich Wolfgang.»

«Gut, ab jetzt bist du Wolfgang.»

Damit war unser Gespräch wieder beendet.

Ich dachte während des Fluges an mein bisheriges Leben. Bis vor wenigen Tagen war ich Rundfunksprecher in dem Moskauer Sender gewesen, der vom «Nationalkomitee Freies Deutschland» betrieben wurde. Die emigrierten deutschen Kommunisten hatten sich in der Sowjetunion mit kriegsgefangenen Soldaten und Offizieren zu dieser Vereinigung zusammengeschlossen, um gegen die Hitler-Diktatur zu kämpfen. Das nahende Kriegsende erlebte ich also in Moskau vor dem Mikrofon.

Am 21. April – vor gerade mal neun Tagen – verkündete ich, dass die Rote Armee die ersten Vororte von Berlin erobert hatte. Einen Tag später erreichte sie dann das Stadtgebiet, die Bezirke Lichtenberg und Niederschönhausen. «Wie Radio Moskau berichtet, ist es den sowjetischen Truppen gelungen, einen Ring um Berlin zu schließen», gab ich kurz darauf bekannt. Damit musste dem letzten Nazifanatiker klargeworden sein, dass Berlin fallen würde. Auch wenn ich noch am 27. April, bei meiner allerletzten Meldung, die verzweifelten Verteidigungsversuche der Deutschen beschrieb: «Es kam zur Sprengung der Schottenkammern am Landwehrkanal, was zur Flutung der Schächte von S- und U-Bahn führte.»

Kurz vor einer dieser letzten Sendungen erhielt ich einen Anruf. Ich hätte mich sofort bei Walter Ulbricht im Hotel «Lux» zu melden. Er saß dort mit einigen anderen deutschen Genossen zusammen. Manche von ihnen kannte ich von früher, andere sah ich zum ersten Mal. Mit meinen 24 Jahren war ich von allen Anwesenden mit Abstand der Jüngste.

«Gut, dass du kommst», sagte Ulbricht in seinem für ihn typischen nüchternen Tonfall, den man jedoch keineswegs als Ausdruck mangelnder Leidenschaft deuten durfte: «Du bist Mitglied unserer Gruppe. Wir werden nach Deutschland fahren.» Selbstverständlich wusste ich, dass man keine Fragen stellte. Wenn man in der Sowjetunion unter Stalin wichtige Anweisungen oder Erklärungen erhielt, hatte man sich längst abgewöhnt, irgendeine Regung zu zeigen – man nahm alles einfach zur Kenntnis. Mehr nicht. Nach Deutschland also.

Ulbricht fuhr fort: «Es werden dann noch ein paar praktische Fragen zu regeln sein. Zu dir kommt ein Genosse, dem du alle deine Dokumente geben wirst. Hier hast du erst mal sowjetisches Geld für die letzten Einkäufe, die du vielleicht machen willst. Und da sind noch 2000 deutsche Nachkriegsmark.» Ich blickte erstaunt. «Das ist von den Amerikanern herausgegeben», klärte er mich auf. Dieses Geld war tatsächlich schon während des Krieges gedruckt worden, für die Zeit nach Hitler. Die Zeit, die jetzt begonnen hatte.

Mein Leben in der Sowjetunion war mir fast wie eine Ewigkeit vorgekommen. Nun, nach zwölf Jahren, würde ich nach Deutschland zurückkehren, in das Land, das ich verlassen hatte, als ich noch ein Kind war.

Immer bereit

Ich hatte nicht gerade das, was man eine gewöhnliche Kindheit nennt. Zum Beispiel einen geregelten Alltag, der Zeit für Muße lässt, oder die warme Geborgenheit einer Familie: Meinen Vater, den Dramatiker Rudolf Leonhard, lernte ich erst kennen, als ich 26 Jahre alt war, und erlebte ihn nur für ein paar Tage. Meine Mutter war in den zwanziger Jahren ausschließlich mit der Weltrevolution beschäftigt. Da blieb nicht viel Zeit für ein kleines Kind, und so wurde ich schon als Säugling namens «Wolodja» bei wechselnden politischen Freunden geparkt. Erst in Wien, später dann in Berlin.

Meine Mutter, eine arme Intellektuelle, die vom Schreiben von Rezensionen lebte, sah ich oft nur sonntags, sofern sie überhaupt in der Stadt war. Eines Tages nahm die behagliche Unterbringung bei meiner Berliner Gastfamilie ein Ende, das Ehepaar verließ Deutschland. Meine Mutter und ich lebten fortan in einer kargen 1½-Zimmer-Wohnung in Reinickendorf von einem absoluten Minimallohn, den sie sich erarbeiten musste. In meinen ersten Erinnerungen sehe ich sie am Schreibtisch sitzen, mit einer Schere über eine Unmenge von Zeitungen gebeugt.

Ich war zehn Jahre alt, als sie plötzlich verkündete: «Wolodja, wir ziehen um!» Von der mickrigen Wohnung in Reinickendorf ging es im September 1931 nach Wilmersdorf, in die berühmte «Künstlerkolonie» am Breitenbachplatz, die kurz zuvor für die Mitglieder der Bühnengenossenschaft und des Schriftstellerverbandes gegründet worden war.

Das war für mich das Tor zur Welt. Dort wohnten Dichter und Schauspieler, linke Künstler und Intellektuelle. Wie aufgeregt ich war! Gleich nebenan lebte Ernst Busch, der Sänger und Schauspieler, der im Jahr darauf berühmt werden sollte: durch seine Hauptrolle im Spielfilm «Kuhle Wampe», dem ersten und einzigen offen kommunistischen Film der Weimarer Republik, nach einem Drehbuch von Bertolt Brecht. (Schon kurz nach seinem Erscheinen 1932 wurde der Film verboten, weil er angeblich den Reichspräsidenten beleidigte, obwohl der gar nicht darin vorkam.) Ich konnte mich mit Ernst Busch über Klopfzeichen verständigen, manchmal lud er mich sogar zu sich ein. Und gleich um die Ecke, da wohnten der Dichter Joachim Ringelnatz und der Schriftsteller Erich Weinert, der spätere Präsident des Nationalkomitees Freies Deutschland.

Überall hingen Fahnen. Entweder die roten mit den drei Pfeilen, das waren die von der SPD. Oder solche von der

KPD, mit Hammer und Sichel. Es gab nur zwei Ausnahmen. An einem Haus wurde Schwarz-Rot-Gold gehisst – die Farben der Republik. Das war die große Lachnummer in der Kolonie! Über die zweite Ausnahme wurde zum Glück nicht gelacht. Denn es war unser Fenster, an dem nur eine schlichte rote Fahne hing, ganz ohne Parteimotiv. Meine Mutter bestand darauf.

Sie war schon vor dem Ersten Weltkrieg mit Rosa Luxemburg und Karl Liebknecht befreundet gewesen, hatte dann der Spartakusgruppe angehört und war Gründungsmitglied der KPD. Später leitete sie die Presseabteilung der sowjetischen Botschaft. Auch nachdem sie wegen ihrer stalinkritischen Haltung 1925 aus der Partei ausgetreten war, blieb sie eine überzeugte Kommunistin. Mit vielen politisch engagierten Leuten, die in der Kolonie lebten, war sie gut bekannt, darunter mit dem Psychoanalytiker Wilhelm Reich und dem Schriftsteller Arthur Koestler. Aber irgendwie saß sie schon zwischen den Stühlen: Einmal im Monat fuhr sie damals zu den Sitzungen der Berliner Sektion des Schriftstellerverbandes. Dort gab es zwei große Tische. An dem einen saßen die Anhänger der KPD, an dem anderen die Anhänger der SPD, und dann gab es noch einen kleinen «Katzentisch» für jene zehn Schriftsteller, die keiner der beiden Parteien zugeneigt waren. Dort pflegte meine Mutter zu sitzen, zusammen mit dem bekennenden Anarchisten Erich Mühsam und mit Theodor Heuss, der damals der einzige Reichstagsabgeordnete der Deutschen Demokratischen Partei (DDP) war.

Mit meiner Mutter sprach ich fast nie über Persönliches, über Empfindungen oder dergleichen. Warum auch? Die Beschäftigung mit persönlichen Bedürfnissen hielt sie für kleinbürgerlich und unnötig. Schließlich ging es um die politische Sache. Auch für mich.

Ich wurde Mitglied der «Jungen Pioniere», der Kinderorganisation der KPD. Meine erste politische Tat war der 1. Mai 1932. Jedes Mal, wenn die Nazianhänger «Hitler!» schrien, skandierten wir postwendend: «Verrecke!»

«Seid bereit – immer bereit!», so grüßte ich wie alle anderen, die das rote Halsband der Jungen Pioniere mit Stolz trugen. Wir trafen uns einmal die Woche und lernten die schönsten Lieder des Sozialismus: «Roter Wedding, grüßt euch, Genossen», «Seid bereit, Proletenkinder, in Berlin, Paris und Wien» und – natürlich! – die «Internationale». Ich hörte die Signale und war glücklich, dass ich dazugehörte.

In Erinnerung geblieben ist mir ein besonders feierlicher Augenblick. Unser Pionierleiter stellte uns seinen neuen Stellvertreter vor, mit den Worten: «Der war früher Sozialdemokrat.» Ratlos blickten wir uns an. Sozialdemokrat – das war für uns schon immer ein Schimpfwort gewesen. Schnell ergänzte unser Leiter: «Aber jetzt ist er zu uns übergegangen!» Erleichtert und voller Begeisterung hießen wir den Bekehrten mit Handtrommeln willkommen.

Ausgerechnet bei unserem ersten richtigen Auftrag kam es dann aber schon zum Zwist. Mit langen, roten Kreidestiften, die mit Öl imprägniert waren, damit man die Schrift nicht wegwischen konnte, sollten wir an Wände und Fassaden schreiben: «Wählt KPD!» Der neue Stellvertreter widersprach: «Nein. Wir müssen alle gegen die Nazis kämpfen, schreibt einfach: ‹Wählt links!›, das hilft schon.» Kaum hatten wir die ersten Parolen aufgemalt, kam aber schon der Gruppenleiter und meinte, «links», das könnte ja auch SPD sein! «Ihr schreibt gefälligst, was ich euch gesagt habe.» Überhaupt war damals nur eine Minderheit überzeugt, die Linken müssten zusammengehen.

Schon nach einem Jahr war die Zeit in der Künstlerkolonie vorbei. Im September 1932 hielt meine Mutter wieder eine ihrer Ansprachen: «Es wird jetzt politisch sehr hart. Ich muss einsatzfähig sein.» Ich war nicht überrascht, ich wusste, was folgen würde, meine Mutter hatte mich schon oft irgendwo untergebracht. Diesmal meinte sie: «Ich bringe dich in ein Landschulheim, nach Herrlingen bei Ulm.» Politische Freunde hatten es empfohlen. Es war eine der aufgeklärtesten und modernsten Schulen, die es damals gab.

Dort wurde ich zwar freundlich aufgenommen, trotzdem starrten mich zunächst alle an. Denn ich war mit meinem russischen Vornamen vorgestellt worden: Wolodja, so hießen damals in Deutschland nicht viele. Und dann weigerte ich mich auch noch, den gleichen blauen Trainingsanzug wie alle anderen zu tragen. Auf dem Schulhof fiel ich immer etwas auf – der Wolodja im roten Anzug.

Das Klima an der Schule war sehr bestimmt von den politischen Auseinandersetzungen jener Zeit. Es war das ereignisreiche Jahr 1932, das letzte der Weimarer Republik. Wir fragten unsere Lehrer: «Welcher Partei gehörst du denn an? Was wählst du denn?» An die Antwort unseres Sportlehrers erinnere ich mich genau: «Ich war immer für die Demokratische Partei, aber jetzt geht's ums Ganze, jetzt wähle ich SPD.» Bis auf zwei Ausnahmen im ganzen Landschulheim waren wir alle Kinder von Künstlern und Intellektuellen, die mit der Linken sympathisierten. Knapp die Hälfte meiner Mitschüler stammte aus jüdischen Familien.

Ohne Zweifel, Herrlingen hat mich geprägt. Es gab dort einige Besonderheiten. Wir hatten spezielle Tische im Speisesaal, an denen man nur Englisch oder Französisch sprach. Alles war – für die damalige Zeit ungewöhnlich – sehr international ausgerichtet. Wir hatten englische Pädagogen, sogar einen Australier. Wir haben unsere Lehrer geduzt. Wenn wir Aufsätze schreiben mussten, wurde nicht nur ein Thema festgelegt, sondern es gab mehrere zur Auswahl. Hinterher wurde das Geschriebene vorgelesen und unter uns Schülern offen diskutiert. Wir waren traurig, wenn der Unterricht zu Ende war! Mit einigen meiner Mitschüler blieb ich mein Leben lang in Verbindung – bis heute.

Natürlich bekamen wir mit, was sich in Deutschland ereignete. Wir waren gerade beim Skifahren in Mittenwald, als wir am 30. Januar 1933 von den Freudenfeiern zu Hitlers Machtergreifung erfuhren. Und nach der Rückkehr in die Schule unterrichtete man uns vom Reichstagsbrand. Überall hieß es, die Kommunisten hätten das Feuer gelegt. Ich war damals elf Jahre alt und schrieb an meine Mutter: «Das stimmt nicht. Den Reichstag haben die Nazis sicher selbst angesteckt. Das ist eine Prowokazjohn.» Meine Mutter wies mich im nächsten Brief zurecht, dass es mir an politischem Bewusstsein offenbar nicht mangele, aber an meiner Rechtschreibung müsse ich noch feilen.

Wir Schüler haben schon damals darüber nachgedacht, ob wir überhaupt noch im Land bleiben sollten, und tatsächlich holte mich meine Mutter bereits im Juni 1933 zurück nach Berlin. «Du gehst keinen Tag mehr in Deutschland in die Schule», sagte sie, «du gehst in keine Nazi-Schule!» Wenn ich fortan in der Künstlerkolonie frühere Bekannte oder Freunde traf, murmelten alle: «Kein Wort, kein Wort! Bloß nichts erzählen!» Wie schnell sich alles verändert hatte. Noch vor wenigen Wochen konnte ich in Herrlingen über alles sprechen, jetzt wurde das Schweigen zur obersten Pflicht.

Eines Tages im September brachte mich meine Mutter zum Stettiner Bahnhof. Ich fuhr bis Stralsund und von dort mit der Fähre nach Trälleborg in Schweden. Ich wusste schon, dass ich außerhalb Deutschlands zwar außer Gefahr sein würde – endlich keine Nazis mehr –, aber ich würde auch wieder alleine sein. Denn meine Mutter blieb in Deutschland, und das war riskant, sie würde illegal arbeiten, Flugblätter verteilen, vielleicht auch Gefährlicheres tun.

Beim Abschied war sie noch ernster als sonst. Es gab keine zärtlichen Gesten, nur die Anweisung: «Pass auf, dass du kein falsches Wort sagst! Ein falsches Wort kann sehr gefährlich sein.»

Schließlich kam ich wohlbehalten in Schweden an und wurde von deutschen Emigranten, politischen Freunden vermutlich, empfangen. Sie waren als Lehrer in Viggbyholm tätig, einem Landschulheim rund 20 Kilometer von Stockholm entfernt. Dort gab es außer mir nur zwei oder drei Emigrantenkinder. Ich musste also sofort Schwedisch lernen. Schon sehr bald las ich in der neuen Sprache Bücher und Zeitungsartikel über Deutschland. Viele Kommentatoren standen kritisch zu Hitler, es gab aber auch positive Meinungen.

Im März 1935 kam meine Mutter zu Besuch. Eigentlich wollte sie rasch wieder nach Deutschland abreisen und war schon auf dem Bahnhof, als ein Telegramm eintraf. Etwas Schlimmes musste während ihrer Abwesenheit in Berlin passiert sein, sie konnte nicht zurück. Sie hatte in Schweden aber nur eine Aufenthaltsgenehmigung für sechs Wochen erhalten und überlegte nun fieberhaft, was zu tun sei. Noch nie hatte ich sie so aufgeregt gesehen, sie schrieb hierhin und dorthin und versuchte, unsere Ausreise zu organisieren. Sie nahm Kontakt auf zu Freunden in England und zu ihrem Ehemann Mieczyslaw Bronski, der in Moskau lebte.

Schließlich bestellte sie mich zu einem wichtigen Gespräch. Sie redete sehr schnell: «Du bist schon ein großer Junge, wir müssen jetzt einige Dinge wie Erwachsene besprechen. Wir können nicht in Schweden bleiben, wir kriegen keine Verlängerung unserer Aufenthaltsgenehmigung. Es gibt nur zwei

Möglichkeiten: Entweder, wir fahren nach Manchester, oder wir fahren nach Moskau.» Ich weiß noch, wie ich sie anblickte, als ich sagte: «Blöde Frage. Natürlich Moskau!»

Unsere Ausreise zog sich bis Juni hin. Meine Mutter führte noch einige Gespräche, weil sie ja aus der KPD ausgetreten war und bereits ahnte, dass es nicht ganz ungefährlich sein würde, jetzt in die Sowjetunion einzureisen. Einige dieser Gespräche bekam ich als 14-Jähriger mit. Manch einer meinte, es werde keine Probleme geben, es werde ja gerade eine Verfassung in der Sowjetunion vorbereitet und man spreche schon ganz offen von «sozialistischer Demokratie». Andere hingegen warnten.

Meine Mutter hatte mit ihren schwedischen Freunden Codeworte verabredet. Sie glaubte, auf diese Weise problemlos ihre Bekannten in Stockholm informieren zu können, falls sie in Schwierigkeiten geraten sollte. Was für ein Irrtum.

Jugend unter Stalin

Mit dem Schiff ging es von Stockholm an die westfinnische Küste und weiter mit dem Zug über Helsinki zur sowjetischen Grenze. Dort mussten wir umsteigen, in einen klapprigen und kleinen Zug – schließlich hatte das Mutterland des Sozialismus seine ganz eigene Spurweite. Wir waren allein im Abteil. Wer wollte zu dieser Zeit schon in die Sowjetunion fahren! Als wir einen Triumphbogen passierten, staunte ich nicht schlecht: «Proletarier aller Länder, vereinigt euch!» war dort in riesigen Lettern in Stein gehauen, und dann sah ich ihn – meinen ersten Rotarmisten.

Unvergesslich, wie er da stand, mit seinem aufgepflanztem Bajonett. Das Herz des glühenden Jungpioniers schlug höher.

An der ersten sowjetischen Station mussten wir dann unsere Koffer vorführen. Die Grenzbeamten interessierten sich eigentlich nur für unsere Bücher und Zeitungen. Voller Stolz und mit ganzem Eifer zeigte ich ihnen, dass wir ausschließlich kommunistische Zeitungen bei uns hatten. Doch sie blieben misstrauisch.

Meine anfängliche Freude auf die Sowjetunion wich schnell dem Erstaunen und schließlich der Ernüchterung. Es war ein Kulturschock, von Schweden nach Russland zu kommen, damals noch mehr als heute. Schweden, das war das reichste Land der Welt. Auf unserer Fahrt durch Leningrad hingegen sah ich fast nur baufällige Häuser, die Menschen waren in ärmliche Fetzen gekleidet und wirkten völlig ausgezehrt. Diesen miserablen Eindruck, den die Sowjetunion auf mich machte, lernte ich aber alsbald zu verdrängen – und wenn das nicht half, mit ideologischen Phrasen wegzudiskutieren.

In Moskau wurden wir von Bronski am Bahnhof empfangen. Er war sommerlich gekleidet, gemessen am sozialistischen Modebewusstsein geradezu leger. Ich hatte ihn zuvor nur selten gesehen. Seit der Spaltung von Menschewiki und Bolschewiki im Jahre 1903 war er bereits Mitglied der bolschewistischen Partei. Dass er gebürtiger Pole und kein Russe war, spielte für die Revolutionäre keine Rolle. In Zürich lernte er während des Ersten Weltkrieges Lenin kennen und war schließlich einer der 43 Insassen des plombierten Zuges, der im April 1917 aus der Schweiz mit Billigung der Reichsregierung quer durch Deutschland und über Finnland nach Russland fuhr, um dort Lenin und seine Leute pünktlich zur Oktoberrevolution abzuliefern.

Die Geschichte, wie meine Mutter und er sich kennenlernten, könnte romantischer und verwegener nicht sein. Bronski war in den Jahren 1918 und 1919 Sonderbeauftragter Lenins.

Er kam häufiger nach Deutschland und verkaufte hier Teile des Diamantenschatzes des gestürzten Zaren. Das Geld wurde für die revolutionäre Bewegung dringend benötigt. Meine Mutter arbeitete zu dieser Zeit als Übersetzerin bei der Zeitschrift «Kommunistische Internationale» und schmuggelte als Kurierin die Diamanten durch Deutschland. So trafen sich die beiden.

Die deutsche Polizei hatte zwar stets auf diese verdächtigen bärtigen Männer geachtet und viele von ihnen auch verhaftet, meine Mutter jedoch stammte aus einer anerkannten sächsischen Juristenfamilie, sah blendend aus und wusste sich zu benehmen. Sie wurde kein einziges Mal angetastet. Der Erlös aus dem Verkauf der Diamanten sollte zum Teil in einen bewaffneten Aufstand der Spartakisten fließen. Die Reichsregierung kam diesem Treiben aber auf die Schliche, Bronski wurde verurteilt und konnte nicht mehr in Deutschland tätig sein. Es galt damals als beliebte Lösung, Aktivisten, die außer Gefecht gesetzt waren, in den diplomatischen Dienst zu schicken – manchmal ist das heute auch noch so. Bronski wurde Botschafter der Sowjetunion in Wien.

Er lebte dort gemeinsam mit meiner Mutter in einer einfachen Wohnung. Sie blieben bis 1924 in Österreich, und während dieser Zeit kam ich auf die Welt. Später ging meine Mutter zurück nach Deutschland, er wurde in der Sowjetunion stellvertretender Volkskommissar für Finanzen, danach für Außenwirtschaft. Außerdem hatte er eine Professur für politische Ökonomie an der Moskauer Universität. Er fiel aber bald in Ungnade. 1937 wurde er verhaftet, wie so viele zur Zeit der stalinistischen Säuberungen, und vier Jahre später erschossen.

Ab September 1935 ging ich zur deutschen Schule in Moskau. Wie nahezu alle sowjetischen Institutionen, die etwas mit Deutschland zu tun hatten, war sie nach Karl Liebknecht benannt. Rosa Luxemburg schied als Namenspatronin meist aus – sie hatte allzu eigenständig gedacht. Meine Schule ließ schon beim ersten Anblick keine politischen Zweifel zu. Im Foyer stand eine große Statue von Stalin, darunter war geschrieben: «Es gibt keine Festung, die die Bolschewiki nicht erstürmen können. Stalin». Ein paar Schritte weiter lauerte schon die nächste Losung: «Lernen, lernen, und nochmals lernen. Lenin».

Gelernt und unterrichtet wurde auf Deutsch – das war fast schon der ganze Unterschied zu den sowjetischen Schulen. Der Lehrplan war derselbe, nur in Geschichte wurde besonderes Gewicht auf die deutsche kommunistische Bewegung gelegt. Alle Lehrer kamen aus Deutschland. Nur ein paar meiner Mitschüler waren Kinder sowjetischer Diplomaten, wenige stammten auch aus ganz anderen Ländern, etwa die Tochter des Generalsekretärs der KP Norwegens und der Sohn des Ministerpräsidenten der spanischen Republik.

Die meisten Schüler aber waren wie ich Söhne und Töchter deutscher und österreichischer Emigranten, kommunistischer Emigranten selbstverständlich. Markus «Mischa» Wolf, der spätere Spitzenfunktionär der Stasi, ging in meine Klasse. Einige andere, die später in der DDR Karriere gemacht haben, waren ebenfalls auf der Karl-Liebknecht-Schule, etwa Werner Eberlein, Stefan Doernberg und Peter Florin – sie wurden allesamt Teil der DDR-Staatsführung.

Im September 1937 wurden wir an verschiedene russische Schulen verwiesen, und ein Vierteljahr später saßen sämtliche Lehrer der Karl-Liebknecht-Schule im Gefängnis. Sie waren alle in die Fänge der stalinistischen «Großen Säuberung» geraten. Wie solche Schicksalsschläge zu erklären waren, hatte ich teilweise schon gelernt, und ich sollte dieses Wissen noch perfektionieren.

Denn beide Schulen, die alte wie die neue, waren streng, und diese Strenge wurde immer auch ideologisch begründet: «Im Kapitalismus gibt es eine aufgezwungene, unterdrückende Disziplin. Die lehnen wir ab. Bei uns in der Sowjetunion gibt es eine freiwillige bewusste Disziplin, weil wir erkennen, dass wir Disziplin für den Aufbau des Sozialismus brauchen.» Nun gut.

In Geschichte und im politischen Unterricht lernte ich dann, meine Eindrücke von der Sowjetunion ideologisch einzuordnen: «Im kapitalistischen Westen sind baufällige Häuser ein typisches Merkmal des Untergangs des Kapitalismus. Bei uns in der Sowjetunion sind baufällige Häuser ein Überbleibsel der zaristischen Vergangenheit. Im kapitalistischen Westen bedeuten Preiserhöhungen ein eindeutiges Zeichen für die Verschärfung der Ausbeutung der Arbeiter. Bei uns in der Sowjetunion sind Preiserhöhungen eine wichtige positive volkswirtschaftliche Maßnahme für den Aufbau des Sozialismus.»

Es galt, die Gegensätze zu erkennen. Gar nicht so einfach, könnte man meinen, aber es bedurfte nur ein bisschen Übung. «Es kommt nicht auf formale Vergleiche an. Es kommt immer auch auf die Inhalte an. Zwischen Inhalt und Form besteht eine Wechselbeziehung, wobei der Inhalt entscheidend ist. Deswegen kann man die Zustände im kapitalistischen Westen und in der Sowjetunion nicht miteinander vergleichen.» Punkt. Ende der Diskussion. Das ging uns in Fleisch und Blut über, die Argumentation lief völlig glatt.

Bald lernte ich auch die bekannten 29 Abweichungen von der stalinistischen Ideologie kennen. Dazu gehörten «Subjektivismus» («Bestreben, die objektiven Gesetzmäßigkeiten außer Acht zu lassen und von eigenen subjektiven Wünschen auszugehen») genauso wie «Objektivismus» («bewusste Verfälschung der objektiven Gesetzmäßigkeiten im Sinne der

Ausbeuterklassen»). Außerdem erfuhr ich, dass nur äußerst ungebildete, primitive Menschen eigene Erlebnisse und Erfahrungen dazu missbrauchen, um daraus politische Schlussfolgerungen zu ziehen. «Kleinbürgerlicher Individualismus» sei das, sonst nichts.

Selbst noch der Literaturunterricht war ideologisch gesteuert. Für alle bedeutenden Autoren und zu jedem größeren Werk der Weltliteratur gab es eine offizielle Interpretation, eine Wertung, die man sich merken musste, zum Beispiel: Shakespeare gleich progressiv. In den naturwissenschaftlichen Fächern waren die Anforderungen an die Schüler generell sehr hoch. Wir beschäftigten uns auch mit Themen, die in anderen Ländern nicht Bestandteil des Schulunterrichts waren, sondern erst an der Universität gelehrt wurden. Ähnlich anspruchsvoll war der Sprachunterricht. Wir lernten verschiedene Fremdsprachen fließend zu beherrschen, ohne je mit einem Menschen der entsprechenden Nationalität sprechen zu können – mit Ausländern durfte man ja nicht reden. Später wurde ich öfter gefragt, woher ich so gut Englisch könne. Meine Antwort: Das habe ich in Moskau gelernt.

Spätestens seit 1936, dem Jahr, in dem die «Große Säuberung» unter Stalin begann, bestimmten Angst und Misstrauen den Alltag. Ständig musste man darauf achten, sich nicht falsch zu äußern. Ich wusste bereits, dass es nicht genügte, nur in politischen Fragen auf Linie zu sein. Als 15-jähriger Schüler dachte ich vor dem Einschlafen genau darüber nach, was ich tagsüber gehört und vor allem gesagt hatte und ob das vielleicht – in welcher Form auch immer – als parteifeindlich eingestuft werden könnte.

Wenn es doch einmal gelang, zu jemandem Vertrauen aufzubauen, wenn man sich tatsächlich einmal offen unterhalten wollte, gab es nur eine einzige Möglichkeit: den Spaziergang.

Man konnte sich nicht einfach irgendwo ungezwungen treffen. Ich bin in der Sowjetunion nie in ein Tanzlokal gegangen. Nicht ein einziges Mal, meine ganz Jugend hindurch nicht. Wo denn auch? Es gab zwar Lokale für Ausländer, aber da ließ man uns nicht rein. Spaziergänge waren die einzige Chance, Luft zu holen und einmal unter vier Augen zu sprechen.

Während dieser Gespräche im Freien tastete man sich ganz behutsam an den anderen heran, Schritt für Schritt. Man äußerte sich ganz vorsichtig, der andere antwortete ebenso vorsichtig, langsam wagte man immer mehr, bis man merkte, dass durchaus auch mal eine kritische Bemerkung möglich war, etwa über den Führerkult um Stalin. Oder man warf die Frage auf, ob bei den vielen Verhaftungen alles mit rechten Dingen zuging.

Denn auch wir hatten ständig Angst, wie aus dem Nichts verhaftet zu werden. Wir Schüler lernten jedoch, die Ereignisse zu unterscheiden, in große, langfristige Entwicklungen von historischer Bedeutung auf der einen Seite (was letztlich immer wieder auf die überragende Bedeutung des Sozialismus hinauslief) und «Begleiterscheinungen», wie sie damals genannt wurden, die man in Kauf nehmen musste. Begleiterscheinungen, deren Ausmaß entsetzlich war. Dazu zählte auch die Verhaftung meiner Mutter.

Nach unserer Ankunft in Moskau hatten wir zusammen in einem möblierten Zimmer in der Gorkistraße gewohnt. Im September 1936 zog ich in das berühmte Kinderheim Nr. 6, in der Kalaschnijgasse, wo die Kinder deutscher Emigranten und österreichische Schutzbundkämpfer untergebracht waren. Der Kontakt zu meiner Mutter war seither eher locker: Ich traf mich zu dieser Zeit mit ihr ein- oder zweimal in der Woche. Nachdem Bronski in Ungnade gefallen war, musste auch meine Mutter sich irgendwie durchschlagen. Sie wohnte inzwischen in einem kleinen Zimmer in einem alten Haus am Nikitskij-Tor und gab Fremdsprachenunterricht.

In der letzten Oktoberwoche 1936 hatten wir verabredet, dass sie mir bei einer technischen Zeichnung helfen sollte, die ich für die Schule anzufertigen hatte. Aber sie kam nicht zum vereinbarten Treffpunkt. So ging ich zu ihrem Zimmer: Die Tür war versiegelt. Damals wusste ich noch nicht, dass Türen stets versiegelt wurden, wenn jemand verhaftet worden war. Ich fragte die Nachbarn, wo sie sei, und man erklärte mir, meine Mutter sei «auf Kommandierung». Das war die etwas nebulöse Bezeichnung für einen plötzlichen Auftrag von einer Dienststelle, eine bestimmte Tätigkeit an anderem Ort zu verrichten. Neun Monate hörte ich überhaupt nichts, und erst im Juli 1937 erhielt ich eine Postkarte – aus Workuta am Polarkreis. Meine Mutter war wegen «konterrevolutionärer trotzkistischer Tätigkeit» zu fünf Jahren Lagerhaft verurteilt worden. Ich habe die Verhaftung meiner Mutter und die beklemmende Atmosphäre jener Zeit ausführlich in meinem Buch «Die Revolution entlässt ihre Kinder» geschildert.

Lange war ich der Ansicht, ich hätte damals im Oktober 1936 alleine vor ihrer versiegelten Wohnungstür gestanden. Aber nach der Wende erzählte mir Margrit Knipschild, eine Freundin aus jener Zeit, sie sei dabei gewesen, gemeinsam mit einer weiteren Freundin, sie hieß Irmgard Sickert.

Margrit Knipschild, die Tochter von zwei höheren Funktionären, war bildhübsch und Mischa Wolf zu jener Zeit bis über beide Ohren in sie verliebt. Gemeinsam mit ihr habe ich 1940 mein Studium an der Pädagogischen Hochschule für Fremdsprachen begonnen. 1941, kurz nach dem Angriff Hitlers auf die Sowjetunion, wurde sie jedoch nicht wie alle anderen deutschen Emigranten zwangsumgesiedelt, sondern verhaftet. Grundlos, wie immer.

Nach fünf Jahren Lagerhaft kam sie frei, durfte aber erst 1956 in die DDR ausreisen. Kurz darauf, so erzählte sie mir, kam Mischa Wolf zu Besuch. Er habe ihr Komplimente gemacht und ihr angeboten, im Ausland für den Nachrichtendienst zu arbeiten. Margrit lehnte ab: «Erst werde ich verhaftet und zu fünf Jahren Lager verurteilt, dann noch zehn Jahre Verbannung. Nun bin ich endlich frei, und jetzt soll ich, als Dank für all das, noch für den Spionagedienst tätig sein? Das ist ein starkes Stück!» Mischa Wolf machte umgehend kehrt und verließ sofort ihre Wohnung. Margrit lebte weiterhin in Ost-Berlin, hat aber nie wieder eine höhere Funktion angeboten bekommen.

Anders verlief die Geschichte von Irmgard Sickert. Im ersten Semester unseres Studiums, im Jahr 1940, lud sie mich ein, zu einem jener Spaziergänge. Wir waren beide neunzehn. Zaghaft begann sie zu flüstern, obwohl außer uns weit und breit keine Menschenseele war. «Versprich mir, dass du unter keinen Umständen irgendjemandem erzählen wirst, was ich dir jetzt sage. Seit einigen Tagen arbeite ich für den NKWD. Ich soll nun regelmäßig über bestimmte Studenten Berichte schreiben.»

«Stehe ich auch auf deiner Liste?»

«Nein, bis jetzt noch nicht. Aber ich sage es dir jetzt schon, denn wenn dein Name genannt werden sollte – ich habe doch unterschrieben. Bitte, sprich mit mir nicht mehr über irgendwelche Sachen, die dir schaden könnten.»

Ich stammelte nur etwas von großem Dank, sonst brachte ich kein Wort mehr heraus. Seither habe ich mit ihr nur noch über Belangloses gesprochen oder versucht, ihr ganz aus dem Weg zu gehen. Im Westen erfuhren viele erst 1989, dass es im Osten so genannte «Inoffizielle Mitarbeiter» gegeben hat, die ihre Freunde und Bekannten, ja sogar Familienmitglieder bespitzelt haben. Ich musste das schon 1940 am eigenen Leib erfahren. Aber Irmgard hatte mich gewarnt, was später in der DDR offenbar eher die Ausnahme war. Man kann niemandem vorwerfen, dass er dem Druck der Stasi erlegen ist. Aber dass so wenige ihren Freunden ein Zeichen der Warnung gegeben haben, das ist sehr traurig.

Irmgard heiratete später einen sowjetischen General, kam dann in die DDR und wurde Begründerin und Leiterin des Mitteldeutschen Rundfunks in Leipzig. Anschließend war sie Botschafterin der DDR in der Ukraine und arbeitete danach im Außenministerium. Vor zwei Jahren ist sie gestorben.

Weltkrieg und Kaderschule

Nachdem ich die zehnjährige Schule absolviert hatte, war es mein großer Wunsch gewesen, Fremdsprachen zu studieren. Ich entschied mich damals für die englische Fakultät. Bei der Anmeldung an der Hochschule musste ich einen Fragebogen ausfüllen. Wahrheitsgetreu und genau in dem Wortlaut, der für solche Fälle vorgeschrieben war, notierte ich: «Vater antifaschistischer Schriftsteller. Mutter verhaftet von den Organen des NKWD, fünf Jahre.» Der Leiter der Aufnahmekommission las gleichmütig über die Stelle hinweg. Jeder wusste: «Fünf Jahre Lagerhaft» bedeuteten in Wahrheit, dass der Verhaftete unschuldig war.

Mein erstes Jahr an der Moskauer Hochschule endete im Frühjahr 1941, als der Hitler-Stalin-Pakt noch Gültigkeit hatte. Zu dieser Zeit durfte man in der Sowjetunion Hitler und den Nationalsozialismus niemals kritisieren. Die ganze Welt sprach über einen bevorstehenden Angriff Deutschlands auf die Sowjetunion. Ausgerechnet in der Sowjetunion selbst aber waren Gespräche darüber verboten. Als die Unterzeichnung des Pakts im August 1939 bekanntgegeben worden war, hat dies die deutschen Emigranten schwer erschüttert. Ich erinnere mich noch an das Foto in der «Prawda»: der Moskauer Flughafen beim Eintreffen von Außenminister Ribbentrop, dem Abgesandten der deutschen Regierung. An den Flaggenmasten waren abwechselnd Sowjet- und Hakenkreuzfahne gehisst und flatterten fröhlich vereint im Wind. Ein weiteres Foto zeigte Stalin mit einem Sektglas in der Hand, daneben war seine Erklärung abgedruckt: «Ich weiß, wie sehr das deutsche Volk seinen Führer liebt. Ich möchte auf die Gesundheit und das Wohlergehen des Führers trinken!» Prost.

Als ich an jenem Tag an meinem liebsten Ort ankam, der Moskauer «Bibliothek für ausländische Literatur» in der Stoljeschnikowgasse, stand ich vor verschlossenen Türen. Im ganzen Land hatte keine einzige Bibliothek geöffnet. Warum? Weil schleunigst alle Anti-Nazi-Bücher aus den Regalen geräumt werden mussten, auch die Werke von Autoren, die in der Sowjetunion im Exil lebten, wie Friedrich Wolf und Erich Weinert. Ein halbes Jahr später fand ich dann im Lesesaal zum ersten Mal nationalsozialistische Zeitungen. Unvergessen ist mir das Titelbild der «Brennessel», einer satirischen Zeitschrift der Nazis. Dort sah man das brennende Coventry und darunter einen SA-Mann, der höhnisch fragt: «Etwas Feuer gefällig, Mr. Churchill?» Als Deutschland begann, Europa mit Krieg zu überziehen, gab es in der Sowjetunion nur die eine offizielle Haltung: Neutralität. Aber diese Neutralität hatte zu dieser Zeit eine leichte Schieflage, sie neigte sich eher zu Hitler als zu den Westmächten.

Die Moskauer Bevölkerung war gespalten. Ich erinnere mich gut an den 14. Juni 1940, als die Wehrmacht in Paris einmarschierte. Ich fuhr gerade mit der Straßenbahn, als ein

Russe rief: «Der Hitler ist ja ein *molodez* – ein fabelhafter Kerl! Paris hat er auch genommen!» Ein kleiner jüdischer Junge brach in Tränen aus, als er das hörte, sprang an der nächsten Station aus dem Waggon und rannte davon. Sehr viele Russen und jüdische Intellektuelle standen auf der Seite Frankreichs, schließlich gab es zwischen den Ländern eine tiefe, historisch gewachsene Verbindung.

Ein Jahr später waren die Fronten klar. Die Sowjetunion war Kriegspartei geworden, Hitler hatte uns am 22. Juni 1941 angegriffen. Was für ein Schock, ernsthaft hatten wir damit nicht gerechnet. In Gesprächen, aber auch in den offiziellen Meldungen fiel immer dasselbe Wort: «Treubruch». Die Wut über den Vertragsbruch schien beinahe größer als der Schrecken über den Kriegsbeginn. Mir klingt noch die Rundfunkansprache von Außenminister Molotow im Ohr. Dies sei kein Krieg des deutschen Volkes, sondern der blutgierigen faschistischen Herrscher, die bereits andere Länder unterjocht hätten. Er endete mit den Worten, die jeder auswendig lernte: «Unsere Sache ist gerecht. Der Feind wird geschlagen. Der Sieg wird unser sein.»

Zunächst aber musste die Sowjetunion Niederlage um Niederlage hinnehmen. Als die deutschen Truppen schon Leningrad eingeschlossen hatten und gleichzeitig auf Moskau marschierten, erließ Stalin ein Dekret, das die sofortige Umsiedlung aller Deutschen, die in der Stadt lebten, anordnete. Nach Kasachstan! In wochenlanger Eisenbahnfahrt und unter beinahe unerträglichen Bedingungen – es gab kaum Wasser, es herrschten Hunger und eine schreckliche Enge – wurden wir nach Mittelasien verfrachtet. In ein karges, ländliches Gebiet, in dem in den zwanziger und dreißiger Jahren sogenannte Kulaken angesiedelt worden waren, Großbauern also, die man enteignet hatte. Die Deutschen wurden auf die verschiedenen Dörfer verteilt.

Einer der Bauern, die dazu verpflichtet waren, uns aufzunehmen, stieß mich an und fragte spöttisch: «Na, wie weit ist denn euer Hitler schon vorgedrungen? Was meint ihr, wird er hierher kommen, um uns zu befreien?» Mir wurde schwindelig, so etwas Ungeheuerliches hatte ich in der Sowjetunion bis dahin nie gehört. Die deutschen Zwangsumsiedler mussten in Kasachstan sehr hart arbeiten und durften das Gebiet unter keinen Umständen verlassen. Ich hatte allerdings Glück. Noch in Moskau war es mir über meine Kontakte zur Emigrationsführung der Kommunistischen Partei Deutschlands gelungen, von den strengen Regeln der Verordnung befreit zu werden. Ich konnte diesen trostlosen Landstrich schon nach wenigen Tagen verlassen und in die nächste größere Stadt reisen. Nach Karaganda, das gut 100 Kilometer von meinem Dorf entfernt lag.

Dort gab es ein «Lehrerinstitut». Eine sowjetische Bildungseinrichtung, die mit den heutigen Fachhochschulen zu vergleichen ist. Zu meinem Glück hatte ich mein Studienbuch von der Moskauer Universität mitgenommen. Ohne Probleme gelang es mir, mich hier für ein Studium einzuschreiben. Es gab allerdings keine Fakultät für Fremdsprachen, und so begann ich ein Geschichtsstudium, das mir bald große Freude bereitete. Überhaupt lebte ich mich hier gut ein und konnte mich von den schlimmen Strapazen der Umsiedlung erholen. Für kurze Zeit wenigstens.

«Sie sind dieser Deutsche Leonhard? Innerhalb von 24 Stunden müssen Sie Karaganda verlassen.» Der Milizchef persönlich hatte mich eines Morgens in sein Büro bestellt. «Wohin Sie gehen, ist mir ganz egal, alle Städte sind für Deutsche gesperrt. Sie können einen beliebigen Wohnsitz im Gebiet Karaganda wählen, mit Ausnahme der Stadt selbst.» Vergeblich versuchte ich, ihm klarzumachen, dass ich von den Zwangsmaßnahmen freigestellt war. Keine Chance. Ich war dem Weinen nahe, ich hatte das Elend auf dem Land ja selbst gesehen, ich wusste: Da komme ich um!

Verzweifelt lief ich durch die Straßen. Was sollte ich bloß tun? Ich war nicht in der Lage, auch nur einen klaren Gedanken zu fassen. Plötzlich fiel mir im einzigen Kaufhaus der Stadt ein Mann in einem dicken Pelzmantel auf. Als ich näher kam, hörte ich seinen deutschen Akzent. Das war doch nicht möglich – es war Hans Mahle. Ich kannte ihn aus Moskau, er arbeitete beim Rundfunk, als Leiter der deutschsprachigen Sendungen. Wir begrüßten uns freudig. Er war ebenso überrascht. Ich erzählte ihm, wie ich hierher gekommen war und welche schreckliche Mitteilung ich vor wenigen Stunden erhalten hatte.

«Na, da kommen wir ja gerade richtig. Mach dir mal keine Sorgen. Ich stell dich erst mal den Genossen vor.» Den Genossen? Er brachte mich zum Hotel in der Stadt, und dort traf ich vor dem Eingang zu meinem großen Erstaunen, in Pelzmäntel gehüllt, die Spitzen der Emigrationsführung der KPD, darunter Walter Ulbricht und Lotte Kühn, seine spätere Ehefrau. Ulbricht, den ich nur flüchtig aus Moskau kannte, fragte ausdruckslos: «Na, wie geht es denn so?» Dann bestätigte auch er: Alles würde in Ordnung kommen. Und tatsächlich, wenige Tage später kam die Nachricht, dass ich auf unbegrenzte Zeit in Karaganda bleiben dürfe.

Das hatte ich einem glücklichen Zufall zu verdanken. Warum aber war die KPD-Führung ausgerechnet hierher gekommen? Ich erfuhr erst jetzt, dass nur zehn Kilometer entfernt ein riesiges Kriegsgefangenenlager errichtet worden war. Dort wurden die ersten Versuche unternommen, die Gefangenen umzuerziehen, sie auf die Seite der Hitlergegner zu bringen. Später geschah dies in der gesamten Sowjetunion.

Sehr oft mit Erfolg. Ulbricht spielte dabei eine entscheidende Rolle. Einige Wochen später zeigte er uns den «Aufruf der 158»: Genau so viele Kriegsgefangene hatten sich bereit erklärt, den ersten Appell zum Kampf gegen Hitler zu unterschreiben.

Im Dezember wurde ich dann anerkannt. Anerkannt? Das bedeutete, dass ich nun nicht mehr als verdächtiger Zwangsumgesiedelter galt, sondern als Vertrauensperson – vor allem auch gegenüber den örtlichen Parteigremien. Ich wurde sogar zu den «Sonntagsbesprechungen» des Parteiaktivs eingeladen. In jeder Stadt der Sowjetunion gab es solche Zusammenkünfte, allerdings nur mit ausgesuchten Parteimitgliedern. Bei Vorträgen erhielten wir exklusive Informationen, die nicht in der Presse verbreitet wurden. Man darf die psychologische Wirkung solcher Treffen nicht unterschätzen. Vermutlich haben sie entscheidend dazu beigetragen, dass sich die Diktatur stabilisiert hat. Man zog junge Leute wie mich ins Vertrauen – das allein schuf schon eine gewisse Loyalität.

Im Sommer 1942 traf ein geheimnisvolles Telegramm in Karaganda ein. Es enthielt eine jener Anweisungen, die man nicht zu hinterfragen, sondern zu befolgen hatte. Ich ahnte nicht, dass dieses Telegramm eine wichtige Wendung in meinem Leben ankündigte. Umgehend sollte ich mich auf den Weg nach Ufa machen und mich dort bei einem gewissen Wilkow melden, Leninstraße Nummer sieben. Im Herbst 1941 waren sämtliche Abteilungen der Kommunistischen Internationale, kurz Komintern genannt, nach Ufa evakuiert worden. Was wollten die denn von mir?

«Wilkow erwartet Sie», hieß es schon bei meiner Ankunft. Erst später wurde mir klar, dass ich tatsächlich dem Kaderchef der Kommunistischen Internationalen gegenübertreten sollte, einem überaus gebildeten Apparatschik. Wo immer die Komintern war, dort war auch er. Und ich stand plötzlich in seinem Büro.

«Genosse Leonhard, wir haben daran gedacht, Ihnen die Möglichkeit zu geben, auf der Komintern-Schule zu lernen.» Ich habe natürlich keine Fragen gestellt. Wilkow fuhr fort: «Hier ist die Adresse Ihrer vorläufigen Wohnung. Der Genosse Chauffeur wird Sie hinfahren.»

Mir stockte der Atem vor Aufregung. Von nun an lernte ich eine neue Sowjetunion kennen – und eine neue Stufe im System. Ich hatte nun erstmals genug zu essen und ein Zimmer für mich alleine. Ich wurde mit dem Wagen abgeholt, höflich behandelt und genoss viele Annehmlichkeiten, von denen ich früher nicht zu träumen gewagt hätte. Aber die soziale Kontrolle war deutlich schärfer als bei den einfachen Menschen. Und selbst die Sprache war plötzlich eine andere. Die offiziellen Anweisungen begannen mit «Wir» und waren in überaus höflichem Ton gehalten.

Nach wenigen Tagen wurde ich von zwei älteren Genossen zur Komintern-Schule gebracht: «Wir halten es für richtig, wenn wir jetzt losfahren. Wir werden wahrscheinlich zum Hafen fahren.» Da fuhren wir in der Tat auch hin, zum Fluss Bjelaja, wo ein Schiff bereitlag. «Es wäre gut, wenn wir jetzt das Schiff beträten.» Wir gingen also an Bord und fuhren einige Stunden, keine Ahnung, wohin. Nachdem wir am Ufer angelegt hatten, kamen wir in den Ort Kuschnarenkowo. Von hier gingen wir einige Kilometer zu Fuß bis zu einem Häuserkomplex. «Wir könnten dort hineingehen.»

Der Ton der Sekretärin, die mich in Empfang nahm, war weniger höflich: «Sie sind jetzt auf dem Territorium der Komintern-Schule. In dieser Schule darf niemand irgendetwas über sein Leben erzählen, auch dann nicht, wenn Sie jemanden wiedersehen, den Sie von früher kennen. Haben Sie das verstanden? Kein Wort über Ihr früheres Leben! Sie dürfen auch Ihren Namen nicht nennen. Sie bekommen hier einen Parteinamen. Wie wollen Sie heißen?» Ich schluckte und sagte: «Linden, Wolfgang Linden.» Ich weiß nicht, wie ich darauf kam. Gut, ab jetzt war ich Wolfgang Linden.

Die Komintern-Schule war die kommunistische Kaderschmiede schlechthin. Ihr Ziel war es aber nicht nur, Funktionäre und Apparatschiks heranzubilden, sondern den internationalen Kampf gegen den Faschismus vorzubereiten. Nur Exil-Kommunisten aus den faschistischen Ländern waren vertreten, also aus Hitlers Deutschland, Mussolinis Italien, aus Francos Spanien, Horthys Ungarn und Antonescus Rumänien. Daneben gab es noch Kommunisten aus den besetzten Ländern und eine geheime Abteilung von Koreanern. Kim Il-Sung und die ganze nordkoreanische Elite sollen hier ausgebildet worden sein. Außerdem traf ich Titos Sohn Sharko und einige Deutsche, die ich von früher kannte: Mischa Wolf, natürlich, Marianne Weinert und Stefan Doernberg, den Historiker. Daneben noch mehrere ältere Genossen, wie Paul Wandel, der Dozent war, bei uns «Klassner» hieß und später Minister für Volksbildung in der DDR und danach Botschafter in China wurde. Ich kannte auch Lene Berg – sie nannte sich «Lene Ring» –, die Chefideologin der Zeitschrift «Probleme des Friedens und des Sozialismus». In der DDR war sie als «Eiserne Lady» bekannt.

Der Unterricht war eine Art «angewandte Politikwissenschaft» und bestand zu einem großen Teil aus Vorlesungen über so spannende Themen wie «Bewaffneter Aufstand», «Methoden der illegalen Arbeit» und «Verbreitung illegaler Flugblätter». Daneben wurden, ganz legal, die Geschichte der Kommunistischen Internationalen gelehrt und sämtliche ideologischen Fragen erörtert. In praktischen Seminaren lernten wir, wie man Bündnisse organisierte, keine außenpolitischen Bündnisse, sondern wie man mit anderen gesellschaftlichen Gruppen zusammenarbeitete, etwa Sozialdemokraten oder Katholiken. Für jedes Land gab es darüber hinaus spezielle Unterweisungen zum Gegner, den es zu bekämpfen galt.

Im Falle Deutschlands hieß das: faschistische Ideologie, Geschichte der NSDAP, Geschichte der Hitlerjugend, wir sollten das ganze System und Denken der Nazis verstehen lernen. Dazu erhielten wir auch geheime Bulletins mit den Reden von Hitler, Goebbels und Göring. Wir sollten aber auch wissen, was die einfachen Leute beschäftigte. Auszüge aus Briefen von deutschen Soldaten an ihre Familien wurden uns ebenfalls vorgelegt. Kurzum: Wir durften eigentlich alles lesen, sogar die Enzykliken des Papstes. Es gab nur eine Ausnahme: kein Wort von Trotzki, kein Wort von Bucharin, kein Wort von Paul Levy oder Ruth Fischer. Kein Wort von jemandem, der früher der kommunistischen Bewegung angehört und dann mit dem System gebrochen hatte. Das war verboten. Davor hatte die Führung Angst.

Mein Kurs an der Komintern-Schule begann im September 1942 und endete mit der Auflösung der «Internationale» im Mai 1943. Es hieß, die Organisationsform einer zentral gegliederten kommunistischen Internationale hätte sich überlebt. Die kommunistische Weltbewegung sei so groß geworden, dass die einzelnen nationalen Parteien selbständig agieren müssten und nicht mehr in allen Detailfragen einer zentralen Leitung bedürften. Besonders gelte das für die unterschiedlichen Anforderungen an die Kommunisten in den faschistischen Ländern und in den Ländern der Alliierten. So weit die offizielle Verlautbarung.

Die Auflösung war aber mit ziemlicher Sicherheit auch eine Konzession an die westlichen Verbündeten, die sich nicht damit abfinden wollten, dass die Sowjetunion faktisch über eine Organisation verfügte, die sich in die innenpolitischen Angelegenheiten anderer Staaten einmischte.

Zum ersten Mal in meinem Leben habe ich deutliche Gefühlsregungen und unterschiedliche Reaktionen bei Kommunisten erlebt. Die älteren Genossen hatten Tränen in den Augen, denn die Kommunistische Internationale war für sie zum Lebensinhalt geworden. Auch Georgi Dimitroff, der angebliche Reichstagsbrandstifter, hat ja bei seinem Prozess erklärt, für ihn gebe es keine Regierung und auch keine Gerichte, nur die Kommunistische Internationale und ihr Exekutivkomitee. Nur das seien seine Autoritäten. Wir Jüngeren hingegen fanden die Auflösung in Ordnung. Eines dieser offiziellen Gremien weniger. Jetzt würden die kommunistischen Parteien der einzelnen Länder selbständiger handeln können.

Freies Deutschland in Moskau

Als einige Wochen später auch die Schule aufgelöst wurde, im Juli 1943, brachte man mich zusammen mit einigen anderen Studenten nach Ufa in ein Hotel. Wir mussten das gesamte Archiv der Komintern ordnen. Einige Wochen später kam dann die nächste Direktive – eine, über die ich mich sehr gefreut habe. Es ging endlich zurück nach Moskau. Nicht nur für mich, vor allem auf der weltpolitischen Bühne verliefen diese Tage sehr ereignisreich. In Italien wurde Mussolini gestürzt. Vielleicht würde Hitler bald das gleiche Schicksal ereilen. Dann wäre dieser schreckliche Krieg zu Ende, und vielleicht würde wieder Ruhe einkehren, auch in meinem Leben.

Vom Moskauer Bahnhof aus wurden wir in ein Hotel gebracht. Diesmal aber in ein ganz besonderes, ins Hotel «Lux»!

Jene berühmte Herberge für hochrangige Parteifunktionäre aus aller Herren Länder, bekannt als «Wohnhaus der Komintern», schon seit dem Jahr 1919. Mir war das Hotel noch aus früheren Jahren in Moskau vertraut. Es war gar nicht so einfach, dort hinein-, und fast noch schwerer, wieder herauszukommen. Wollte man jemanden besuchen, brauchte man unbedingt eine Einladung, einen «Propusk». Derjenige, den man besuchen wollte, hatte dann hoffentlich an der Rezeption einen Schein mit dem Namen des Besuchers hinterlassen. Sonst konnte man gleich wieder kehrtmachen.

Im «Lux» wohnten Wilhelm Pieck, Anton Ackermann und Walter Ulbricht, aus Polen kam Jakub Berman, aus der Tschechoslowakei die jeweiligen Generalsekretäre, außerdem Anna Pauker aus Rumänien – die Spitzenfunktionäre der kommunistischen Parteien der Welt. Ulbricht allerdings hatte aus irgendwelchen Gründen noch anderswo eine Wohnung. Sein Zimmer im Hotel war nur ein Arbeitszimmer, ein ganz schlichter und gewöhnlicher Raum. Die Spitzenfunktionäre hatten ganze Wohnungen für sich, wie etwa Pieck und Dimitroff, der nach seinem Prozess wegen des Reichstagsbrands schließlich Generalsekretär der Komintern wurde und nach deren Auflösung zum Leiter der internationalen Abteilung des Zentralkomitees der KPdSU berufen wurde. Ich wohnte fortan auch im «Lux», aber nicht im Hauptgebäude. Es gab im Hof des Hotels einen weiteren Bau, der diente ehemaligen Spanienkämpfern als Unterkunft, und auch den ganz jungen Funktionären, die ihre Karriere noch vor sich hatten – hoffnungsvollen Nachwuchskadern eben, wie auch ich damals einer war.

Als solcher bekam ich bald schon eine neue Aufgabe. Bereits in Ufa war ich beim Blättern in der «Prawda» auf den Abdruck eines Manifests gestoßen. Eine Konferenz von deutschen Emigranten und deutschen Kriegsgefangenen, darunter auch zahlreiche Offiziere, hatte in der Nähe Moskaus ein Nationalkomitee gegründet, das den Namen «Freies Deutschland» trug. Die Ziele des Manifests waren klar: Hitler stürzen, politische Rechte wiederherstellen, Freiheit sichern. Allerdings, und das überraschte auch mich, war nichts vom Sozialismus zu lesen. Kein einziges Wort.

Ähnlich verblüfft war ich dann auch, als mir Hans Mahle – mein Retter in Karaganda, den ich im «Lux» wiedertraf – die erste Nummer der Zeitung «Freies Deutschland» zeigte: Die Titelseite war am oberen und unteren Rand verziert, in den Farben Schwarz-Weiß-Rot, den Farben des alten Reichs. Mahle hat mein Staunen bemerkt und erklärte mir sofort, dass die Bewegung nicht im üblichen Sinne antifaschistisch sei, sondern alle Kräfte gegen Hitler vereinigen wolle. Auch Deutschnationale, Konservative und sogar abtrünnige Nationalsozialisten. Wie es der Zufall wollte, war Hans Mahle damals auch für den Einsatz der jungen Funktionäre verantwortlich. Wenige Tage später begann ich in der Redaktion zu arbeiten, für jene Zeitung mit der schwarz-weiß-roten Zierleiste. Chefredakteur dort war Rudolf Herrnstadt, später auch Chefredakteur des «Neuen Deutschland», bis er wegen angeblicher «Kapitulation» beim Aufstand vom 17. Juni 1953 seinen Posten räumen musste. Schließlich wurde er sogar aus der SED ausgeschlossen. Bis zu seinem Tod 1966 fristete er sein Dasein als wissenschaftlicher Mitarbeiter im Zentralarchiv Merseburg.

Als eine Art Mädchen für alles bei der Zeitung «Freies Deutschland» musste ich in den unterschiedlichsten Behörden die Materialien und Dossiers für geplante Artikel zusammensuchen und lief zwischen Redaktionsräumen und Druckerei hin und her. Das klingt vielleicht nicht besonders spannend. Aber immerhin bekam ich die redaktionelle Tätigkeit hautnah mit und war so über das politische Geschehen immer bestens informiert. Vor allem erfuhr ich, wie die Führung des Nationalkomitees die Lage einschätzte und wie sie darauf zu reagieren gedachte. Anfang 1944 wurde eine neue Linie gefahren. Bisher waren die Aufrufe vor allem an die Heeresführer gerichtet gewesen, damit diese ihre Truppen zurückzögen und einen Waffenstillstand vorbereiteten. Nun aber war das gesamte Volk der Adressat. Eine «Volkserhebung gegen Hitler» im Hinterland wurde gefordert, und die Soldaten an der Front wurden dazu aufgerufen, sich von Hitler loszusagen und sofort überzulaufen.

Mit meiner eigenen Situation in der Redaktion war ich trotz der guten Informationen, die mir zur Verfügung standen, nicht zufrieden. Besonders machte mir die herrische Leitung durch Rudolf Herrnstadt zu schaffen. Zum Glück konnte ich im Mai 1944 zur Rundfunkabteilung des «Freien Deutschland» wechseln. Anton Ackermann, ihr damaliger Leiter, hatte mir angeboten, als Sprecher vor dem Mikrophon die Nachrichtensendungen und die Aufrufe zu lesen. Monat für Monat verkündete ich nun die zunehmenden militärischen Erfolge der sowjetischen Truppen und der westlichen Verbündeten.

Ackermann war es auch, von dem ich im April 1945 zum ersten Mal hörte, dass verschiedene Gruppen aus unseren Reihen nach Deutschland reisen würden. Schließlich wurde ich dann kurz darauf zu Ulbricht ins Hotel «Lux» bestellt, wo er mir erstmals persönlich mitteilte, dass ich fortan zur «Gruppe Ulbricht» gehöre und wir bald nach Deutschland fahren würden.

Jetzt, Ende April, hatte ich innerhalb von wenigen Tagen sämtliche Vorkehrungen zu treffen. Alle meine sowjetischen Dokumente musste ich abgeben: Aufenthaltsgenehmigung, Studentenausweis und alle zwölf Mitgliedskarten der sogenannten «gesellschaftlichen Organisationen», darunter auch die Bescheinigung meines Eintritts in die Vereinigung «Solidarität für die kolonialen Befreiungskämpfer». Nur für meinen Gewerkschaftsausweis interessierte sich keiner – den durfte ich behalten. Innerhalb der höheren Parteikreise wurden die Gewerkschaften nicht recht ernst genommen und ein bisschen belächelt, sie galten als Abstellgleis für weniger helle Funktionäre.

Dann wurde ich im Institut Nr. 205 der früheren Komintern neu eingekleidet, vom Scheitel bis zur Sohle. Wir hatten auch eine Direktive für den Umfang unseres Gepäcks erhalten: «Kleines Köfferchen». Die Dauer der Reise konnte ich daraus jedoch nicht erschließen. Das war typisch für die übertriebene Geheimhaltung in der Stalin-Ära. Nur Ulbricht wusste stets etwas mehr als wir. Wenn es sich um sowjetische oder internationale Angelegenheiten handelte, war seine Kontaktperson Georgi Dimitroff. In allen Parteifragen und in allem, was Deutschland betraf, musste sich Ulbricht an Wilhelm Pieck wenden, seinen direkten Vorgesetzten.

In der Sowjetunion unter Stalin nahm man von Namenslisten nicht einfach nur Notiz, man registrierte sehr genau, in welcher Reihenfolge die Namen aufgeführt waren. Das geschah keinesfalls alphabetisch, sondern entsprechend der jeweiligen hierarchischen Stellung in der Partei. In der Aufzählung der KPD-Delegation beim VII. Weltkongress der Kommunistischen Internationalen 1935 stand Ulbricht lediglich an sechster Stelle. Seine Rolle im Exil wurde später in der Geschichtsschreibung der DDR maßlos überschätzt und auch im Westen fälschlicherweise nachgeplappert. Selbst die Behauptung, er habe immer auf die besondere Unterstützung der sowjetischen Führung bauen können, ist falsch. Am 9. April 1939, so berichtet Dimitroff in seinen Tagebüchern, äußerte der sowjetische Nachrichtendienst größte Bedenken gegenüber

Walter Ulbricht. Sicher, er war prominenter als beispielsweise Ackermann oder Mahle. Schließlich war er vor 1933 Parteisekretär von Berlin-Brandenburg und Reichstagsabgeordneter gewesen. Aber seine Bekanntheit hätte ihm fast geschadet.

Von sowjetischer Seite kam noch im April 1945, kurz vor unserem Abflug, die Frage auf, ob es ratsam sei, Walter Ulbricht zum Leiter der Gruppe, die nach Berlin fahren sollte, zu ernennen. Man befürchtete, er würde seine Prominenz in Deutschland ausnutzen und die Befugnisse der Gruppe überschreiten. Er wurde dann zwar eingesetzt, allerdings mit der Auflage, dass die «Gruppe Ulbricht» nicht eigenständig arbeiten dürfe und dass die jeweiligen politischen Hauptverwaltungen der sowjetischen Streitkräfte jedem Vorgehen zustimmen müssen. Ulbricht war an den Planungen, was nach dem Ende des Krieges in Deutschland geschehen sollte, zwar beteiligt, aber er war nicht federführend und keineswegs unumstritten.

Erst über vierzig Jahre später, nach der Wende, erfuhr ich – teils in Gesprächen, teils las ich es in Dokumenten –, wie die damaligen Entscheidungen zustande gekommen waren. Bereits im Februar 1944 begann die KPD-Führung, sich auf eine mögliche Rückkehr nach Deutschland vorzubereiten. Im September kam es zu einem Treffen bei Dimitroff. Die militärische Niederlage Deutschlands zeichnete sich bereits ab, es wurde beschlossen, die Arbeit des Auslandsbüros der KPD deshalb noch weiter zu stärken. Zu dessen Mitgliedern gehörten Wilhelm Pieck, Paul Wandel, Paul Försterling und Grete Keilson. Für Wilhelm Florin, der im Juli 1944 gestorben war, wurde ein Ersatzmann gesucht, und Ulbricht rückte nach.

In 18 Sitzungen, immer montags, vom 6. März bis zum 21. August 1944 in den Wohnräumen Wilhelm Piecks im Hotel «Lux» wurden die Probleme einer möglichen Nachkriegsordnung in Deutschland beratschlagt. Die Hinweise und

Vorgaben aus dem Umfeld Stalins waren vage formuliert und änderten sich ständig.

Noch Anfang 1945 wurde als Ziel vorgegeben, möglichst schnell eine kommunistische Massenpartei in Deutschland aufzubauen, ehe sich die traditionellen bürgerlichen Parteien neu etablieren könnten. Kurz darauf erklärte Stalin aber, in Deutschland sei keineswegs der Aufbau des Sozialismus vorgesehen, das Land stünde vielmehr vor einer bürgerlich-demokratischen Umgestaltung, die ihrem Wesen nach die Revolution von 1848 vollenden würde. Das hatte die KPD-Führung zur Kenntnis zu nehmen. In einem Schulungskurs für etwa 150 deutsche Emigranten, an dem auch ich teilnahm, wurden die neuen Direktiven bekanntgegeben.

Am 1. April 1945 berieten sich dann Wilhelm Pieck, Anton Ackermann und Walter Ulbricht zusammen mit Georgi Dimitroff erneut über den bevorstehenden Einsatz im Nachkriegsdeutschland. Dabei wurde vereinbart, dass Ulbricht die Vorhut der KPD leiten solle. Es gab noch zwei weitere Abordnungen, die nach Deutschland reisten: die «Gruppe Ackermann» für Sachsen und die Gruppe «Sobottka», die in Mecklenburg tätig war. Ulbricht sollte aber in Berlin den Anfang machen. Und mit ihm auch ich und weitere acht Genossen.

Am Abend des 29. April trafen wir uns bei Wilhelm Pieck. Ich betrat voller Erwartung seine Wohnung im Hotel «Lux» und erwartete nun eine jener Arbeitsbesprechungen, die sich – wie in der Sowjetunion üblich – eine halbe Ewigkeit hinziehen konnten. Pieck begrüßte uns. Was war das? Vor jedem von uns stand ein kleiner «Stopotschka» – Wodka! Bei solchen Zusammenkünften wurde üblicherweise nie getrunken. Gemütlich saßen wir beisammen und sprachen ohne jegliche politische Vorgabe – später hätte ich gesagt: ganz so, wie man im Westen plaudert, bürgerlicher Smalltalk eben. Pieck sprach einen

Toast: «Auf die zukünftige Arbeit in Deutschland, ich erhebe das Glas!» Und dann rief Ulbricht dazwischen: «Auf dass du, lieber Wilhelm, recht bald auch nach Deutschland kommst!» Pieck antwortete: «Ja, ich werde schon bald kommen.» Es mag komisch klingen, aber in der Sowjetunion habe ich so etwas Schönes und Ungezwungenes wie diesen Abend selten erlebt. Es war der letzte Abend meines zehnjährigen Lebens in diesem Land.

Morgens um sechs Uhr an jenem 30. April 1945 stand ich vor dem Nebeneingang des Hotels und wartete auf den Autobus, der uns zum Flughafen brachte. Ich dachte, dass wir den ganzen Tag am Flughafen verbringen würden, die ständigen Kontrollen nahmen damals viel Zeit in Anspruch. Heute geht es an westeuropäischen Flughäfen wieder ähnlich zu. Doch Ulbricht zeigte an der ersten Kontrolle nur ein einziges Dokument, und die Wache geleitete uns quer durch den gesamten Flughafen zur Rollbahn, wo bereits unsere amerikanische DC 3 wartete.

Ich flog an diesem Tag voller Optimismus nach Deutschland. Auch in der Sowjetunion herrschte damals eine zunehmende Kriegsmüdigkeit. Die militärischen Erfolge hatten zwar die Hoffnung auf einen Sieg genährt, aber Stalin wusste, dass dies nicht ausreichte, um die Stimmung in der Bevölkerung zu heben. Deshalb griff er zu einem ungewöhnlichen Mittel: Er ließ durch einen Teil des Geheimdienstes gezielt Gerüchte streuen. Es hieß, die Verhafteten würden aus den Lagern zurückkommen, die Kirchen könnten bald ungehindert tätig sein und die Unterdrückung der Kultur, im Namen des sogenannten «sozialistischen Realismus», höre auf. Millionen Sowjetbürger glaubten daran, auch ich.

Stalin war klug genug, diese Gerüchte selbst zu schüren, indem er hin und wieder öffentlich eine Bemerkung machte, die dazu passte. Sogar in Filmen kam diese Taktik zum Tragen. An einen sonst eher langweiligen Streifen kann ich mich nur deshalb erinnern, weil ich meinen Augen und Ohren nicht traute. Ein einfacher Bürger schmeichelt dort einem Parteisekretär: «Ach, wenn wir den Krieg gewonnen haben, dann wird es wieder so schön, wie es früher war.» Aber der Parteisekretär widerspricht: «Nein, nicht wie früher. Wir Kommunisten haben früher viele Fehler gemacht. Wir waren viel zu hart zu den Menschen. Wenn wir siegen, dann sind auch wir Kommunisten anders und werden uns anders zu den Menschen verhalten.»

Es ging also nicht nur um den Sieg. Sondern um die große Hoffnung, die Sowjetunion würde nach dem Krieg ein freieres Land werden. Stalin hat auf diese Weise regelrechte Euphorie geweckt. Und diese Hoffnung blieb nicht nur auf die Sowjetunion beschränkt. Auch in Ungarn, Rumänien und Bulgarien sollte keineswegs ein System nach sowjetischer Vorlage kopiert werden. Wenn sich große Veränderungen für die Sowjetunion abzeichneten, was war dann erst in anderen Ländern zu erwarten? Was war in Deutschland möglich?

ZWEITES KAPITEL

Gruppenarbeit

Wir landeten auf einem kleinen Militärflugplatz irgendwo östlich von Oder und Neiße. Wo genau, wusste ich nicht – bis Ulbricht uns einweihte: «Wir sind in der Nähe der neuen deutsch-polnischen Grenze, zwischen Frankfurt und Küstrin.» Kaum hatten wir die Maschine verlassen, fuhr auch schon ein Privatwagen vor, ein ranghoher sowjetischer Offizier stieg aus und umarmte Ulbricht herzlich, uns anderen nickte er freundlich zu. Ulbricht stand stets im Mittelpunkt, das zeigte sich besonders deutlich, wenn wir mit sowjetischen Militärs zu tun hatten. Er stieg in den Wagen des Offiziers, uns wurde zugerufen, in gut einer Stunde komme ein Lastwagen und bringe uns nach Skwierzyna – der polnische Name für Schwerin an der Warthe.

Zu der wartenden Gruppe gehörten außer mir noch Otto Winzer, der damals seinen Parteinamen Lorenz trug, Richard Gyptner und Karl Maron sowie mein langjähriger Bekannter Hans Mahle. Außerdem waren Fritz Erpenbeck, Gustav Gundelach und Walter Köppe mit dabei. Es gab noch einen weiteren Mann, von dem ich nicht wusste, wie er hieß. Immer wieder kam es vor, dass ein Funktionär seinen Namen nicht nannte, und dann fragte man auch nicht weiter nach. So ließen wir diesen schweigsamen Mann, der bei unseren Besprechungen das Protokoll führte, in Ruhe. Erst nach der Wende erfuhr ich aus dem «Neuen Deutschland» seinen Namen: Otto Fischer. In dem Artikel wurde mein Buch «Die Revolution entlässt ihre Kinder» erwähnt – der verschlossene Sekretär, den ich dort beschrieben hätte, das sei ebenjener Fischer gewesen. Heute nehme ich an, dass der Mann für den sowjetischen Geheimdienst arbeitete.

Im Unterschied zu ihm kannte ich viele Mitglieder der Gruppe schon seit Jahren. An erster Stelle natürlich Hans Mahle. Er war mir in entscheidenden Situationen meines Lebens begegnet, er hatte mich ja überhaupt erst mit der KPD-Führung in Kontakt gebracht, und später war er maßgeblich daran beteiligt, dass ich in Moskau für das Nationalkomitee «Freies Deutschland» arbeiten konnte. Sein eigentlicher Name war Mahlmann, aber so nannte ihn niemand. Er war zehn Jahre älter als ich, damals also 33 Jahre. Früher war er Jugendführer der Jungen Pioniere Deutschlands gewesen und hatte ihre Zeitung «Die Trommel» herausgegeben. Zu meinen treuesten Pionierzeiten habe ich jede neue Nummer regelrecht verschlungen.

Damals hätte ich mir nie ausmalen können, dass ich einst so eng mit ihm zusammenarbeiten würde. Ich lernte ihn erst in der Sowjetunion persönlich kennen, wo er bei der KPD für alle Jugendfragen zuständig war. Außerdem war er ein Mann des Rundfunks. Nach seiner Tätigkeit bei Radio Moskau wurde er 1944 zusätzlich Leiter des Geheimsenders «Sturmadler», der sich als Sprachrohr oppositioneller Hitlerjungen verstand, und später stellvertretender Chefredakteur des Senders «Freies Deutschland». Auch als linientreuer Funktionär hat er sich seine Menschlichkeit bewahren können, was keinesfalls selbstverständlich war. Ähnlich habe ich ihn übrigens auch in meinem Buch «Die Revolution entlässt ihre Kinder» beschrieben. Nach der Wende erzählte er mir: «Das hat mich in der DDR mein ganzes Leben lang verfolgt, die

Leute fragten ständig: ‹Warum hat dich der Verräter so positiv dargestellt?›» Hans Mahle ist 1999 gestorben. Ich habe ihn sehr gemocht.

Zu denen, die ich von früher kannte, gehörte auch Karl Maron. Ein ehemaliger Sportjournalist, der seine Begabung und sein Verständnis für Taktik auf andere Gebiete übertragen konnte. In der Zeitung des Nationalkomitees schrieb er die militärischen Analysen. Stets neutral gehalten und derart fabelhaft formuliert, dass manch ein General der Bewegung Freies Deutschland meinte, seinesgleichen müsse der Verfasser sein. Nach Hans Mahle stand er mir in unserer Gruppe menschlich am nächsten. Später hat er sich jedoch entsetzlich verändert, besonders als er Innenminister der DDR wurde: immer härter, immer bürokratischer, immer diktatorischer.

Ein begnadeter Schreiber war Fritz Erpenbeck. Obwohl ich ihn ebenfalls in der Redaktion des Senders «Freies Deutschland» kennenlernte, merkte ich schnell, dass er in seinem Herzen mehr Schriftsteller als Redakteur war. Er hat mir am Anfang geholfen und häufig Hinweise gegeben, wie die Kommentare am besten zu schreiben waren. Bei aller Freundlichkeit konnte er jedoch manchmal erstaunlich propagandistische Töne spucken. Später hat er politisch keine große Rolle mehr gespielt und nach 1945 vor allem als Journalist und am Theater gearbeitet.

Ulbricht war die klare Nummer eins. Aber auch der Platz hinter ihm war eindeutig vergeben, an Otto Winzer. Allerdings nannte er sich damals nicht so. Noch bei der Wahl zum stellvertretenden Oberbürgermeister in Berlin kandidierte er unter seinem Moskauer Namen «Lorenz». Nicht allein, was das Machtbewusstsein betraf, rangierte er nur knapp hinter Ulbricht, Winzer war fast ebenso hart und unnachgiebig, ein Funktionär durch und durch. In der Sowjetunion war er in der Kommunistischen Internationale tätig gewesen. Als Apparatschik hat er es sehr weit gebracht, aber nicht etwa aus brennendem Ehrgeiz, nein, ich glaube, er hat immer aus fester ideologischer Überzeugung gehandelt. Winzer wurde später Außenminister der DDR.

Mit dem ältesten Mitglied der «Gruppe Ulbricht» habe ich mich gut verstanden: Gustav Gundelach. Damals Mitte fünfzig, war er fünf Jahre älter als Ulbricht. Ein ganz schlichter, verlässlicher und ruhiger Arbeiterfunktionär. Ich war dabei, als er Ende 1945 von Ulbricht zum Präsidenten der Zentralverwaltung für Arbeit- und Zentralfürsorge ernannt wurde, die in den Jahren 1945 bis 1949 die Vorstufe eines Ministeriums bildete. Ulbricht hielt die Zeremonie denkbar knapp: «So, du bist jetzt Präsident der Zentralverwaltung.» Und dann, das ist mir unvergesslich, ratterte er herunter, welche Unterabteilungen Gundelach brauchen würde und welche Person für welchen Posten in Frage komme. Ulbricht hat ihm die komplette Planung bis ins Detail vorgegeben. Bald darauf gehörte er zu den wenigen Genossen, die von Ulbricht in den Westen geschickt wurden, um dort tätig zu sein. Er ging zurück in seine Heimatstadt Hamburg und wurde bei den ersten Wahlen 1949, als die KPD noch den Sprung über die Fünf-Prozent-Hürde schaffte, Abgeordneter des Bundestages.

Dann gab es noch Richard Gyptner, ein Bürokrat reinsten Wassers. Er war Otto Winzer ähnlich, nur konnte er nicht ganz so hart sein – ob er es wollte, weiß ich nicht. Vielleicht war er dafür doch zu gemütlich. Eine hübsche junge Genossin kam eines Tages zu uns, sie hieß Friedel Semrich, und arbeitete fortan als unsere Sekretärin. Gyptner heiratete sie, blieb aber genauso langweilig, wie er es schon immer gewesen war. Friedel ist dabei langsam, aber sicher voller Traurigkeit zugrunde gegangen. Gyptner selbst war immer parteitreu, immer strebsam, aber ohne Ausstrahlung.

Bleibt noch Walter Köppe aus Berlin-Neukölln, ein ganz besonderes Kaliber, oder besser: eine echte Fehlbesetzung. Wieso er in der Gruppe Ulbricht war, ist mir noch heute ein Rätsel. Später saß er in der Leitung der KPD Berlin, aber da konnte man ihn nur sechs Wochen halten. Er hockte in der Parteizentrale herum und erzählte Schnurren, sonst tat er nichts. Was sollte man mit ihm nur machen? Einfach abservieren ging nicht, er hatte sich ja früher einige Verdienste erworben. Schließlich wurde er Wirtschaftsdirektor der Parteihochschule, eigentlich wurde diese Stelle «Wirtschaftsleiter» genannt, aber er bestand darauf, als Direktor bezeichnet zu werden. Man tat ihm den Gefallen.

Als der Lastwagen uns am Flugplatz einlud, dämmerte es bereits. Doch das Gebäude der Kommandantur in Skwierzyna leuchtete strahlend hell. Alle Mann standen bereit, um uns willkommen zu heißen. Ich wusste nicht, wie mir geschah. Wir wurden zu einer üppig gedeckten Tafel geführt, und der sowjetische Kommandant erhob feierlich das Wort: «Wir freuen uns außerordentlich, Sie begrüßen zu dürfen, da wir gehört haben, dass Sie die Mitglieder der neuen deutschen Regierung sind.»

Um Gottes willen! Wen meinte er? Uns? Die «Gruppe Ulbricht» als neue Regierung? Mir stockte der Atem. Nur Hans Mahle reagierte gelassen und bemühte sich, den Irrtum der lieben Genossen Offiziere aufzuklären. Dies aber bewirkte genau das Gegenteil. Sie deuteten es als Bescheidenheit und sahen sich in ihrer Meinung nur noch bestätigt. Heute weiß ich, dass sie so Unrecht nicht hatten. Wohl entsprach ihre Einschätzung nicht der Realität und schon gar nicht unserem

Selbstverständnis. Aber allein der Blick auf Ulbricht, Winzer und Maron zeigt, dass in der Tat ein gewichtiger Teil der späteren DDR-Führung an jenem 30. April 1945 an der Oder gelandet war – Innenminister, Außenminister und, in einer Person vereint, Staatsratsvorsitzender und Erster Sekretär des Zentralkomitees der SED.

Behandelt wurden wir allerdings fast wie Staatsmänner. Am nächsten Morgen, es war der 1. Mai, stand für jeden von uns ein eigener Wagen vor der Tür. Gestern saßen wir noch auf der Pritsche eines rostigen Lasters, nun nahmen wir in Karossen Platz, die mit sowjetischen Wimpeln geschmückt waren. Pro Wagen ein Chauffeur, ein Mitglied der «Gruppe Ulbricht» und ein sowjetischer Begleitoffizier, so fuhren wir los. Die Wagenkolonne bewegte sich zunächst nach Norden. Gegen jede Regel im Umgang mit Vorgesetzten konnte ich es mir nicht verkneifen, doch eine Frage zu stellen: «Wohin geht's denn?» Der Offizier schaute mich verärgert an: «Na sapad! – Nach Westen!»

Der genauere Verlauf unserer Route offenbarte sich mir erst während der Fahrt. Zunächst erreichten wir Küstrin, von dort ging es weiter Richtung Straußberg, kurz vor Berlin. Hier war später der Sitz des DDR-Verteidigungsministeriums. Wir nahmen genau denselben Weg, auf dem vierzehn Tage zuvor, am 16. April, Marschall Shukow mit zweieinhalb Millionen Soldaten nach Berlin durchgebrochen war, über die Seelower Höhen, über die Schlachtfelder.

Da saßen wir, in unseren Limousinen, und fuhren mitten durch die unglaublichsten Zerstörungen. Die Landschaft zerklüftet und zerbombt. Dazwischen immer wieder Trupps von befreiten Zwangsarbeitern, auf dem Marsch zurück in ihre Heimatländer. Sie schwenkten Fahnen und sangen. Und dann diese riesigen Plakate mit Losungen, die überall auf den

Schlachtfeldern aufgestellt waren. In der Sowjetunion waren politische Parolen immer allgegenwärtig, und auch dieser Krieg war vollkommen politisiert. Auf Russisch war zu lesen: «Deutschland, das verfluchte Land» und «Glaube keinem Deutschen!» Es war die alte, hasserfüllte anti-deutsche Propaganda: «Verfolgt die faschistische Bestie bis in ihre Höhle: Berlin!»

Aber etwa 60 Kilometer östlich der verwüsteten Hauptstadt waren die Losungen ausgewechselt worden. Man muss wissen, dass die Sowjetunion seit dem 14. April in ihrer Propaganda abrupt einen anderen Ton anschlug. An diesem Tag war ein großer Artikel in der «Prawda» erschienen, der gleichbedeutend war mit einer Kehrtwendung in der politischen Haltung gegenüber dem deutschen Volk: Nicht mehr alle Deutschen waren Bestien, es galt nun, zwischen Nazi-Unterdrückern und den Unterdrückten zu unterscheiden.

Plötzlich also verschwanden diese alten Losungen und wurden ersetzt: «Man schlägt keinen Geschlagenen!» oder «Die Hitler kommen und gehen, aber das deutsche Volk bleibt. Stalin». Diese Parolen waren durchaus ernst gemeint, davon bin ich überzeugt. Allerdings erfuhr ich nun unmittelbar, wie schwierig es war, die neue Linie in so kurzer Zeit durchzusetzen. Denn bis der plötzliche Meinungsumschwung der Chefideologen an der Front bekannt wurde, war es bereits die dritte Aprilwoche, und die sowjetischen Truppen rückten immer näher auf Berlin zu. Keine Armee der Welt kann jahrelange Propaganda über Nacht abschütteln. Vor allem nicht, wenn sie im Siegesrausch ist. Die Behauptung, die Sowjetführung habe absichtlich die Ausschreitungen der Roten Armee provoziert, ist sicher falsch. Die Sowjetführung hat gewiss alles getan, um dies zu verhindern. Allerdings zu spät, viel zu spät. Das war ihr Fehler.

Unser vorläufiges Ziel war Bruchmühle, eine Kleinstadt nahe Straußberg, ein kaum zerstörtes und deshalb gefälliges Örtchen. Vor dem sogenannten «Säulenhaus» in der Buchholzer Straße 8, einem heute noch erhaltenen Bau, der mittlerweile unter Denkmalschutz steht, erwarteten uns noch mehr sowjetische Offiziere. Sie begrüßten uns in fließendem Deutsch. Als Angehörige der Politischen Hauptverwaltung der Roten Armee, die hier ihren Sitz hatte, waren sie in der Sowjetunion bestens ausgebildet worden. Sie wussten alles über Deutschland, seine Geschichte und Kultur. Sie hatten spezielle Kurse besucht, um sich auf die Situation im Nachkriegsdeutschland einzustellen. Jedem von uns übergaben sie einen Ausweis. Noch heute, sechzig Jahre später, beginnt mein Herz zu klopfen, wenn ich daran denke, wie ich das Papier entgegennahm und einen ersten Blick darauf warf: «Hiermit wird bescheinigt, dass der Genosse Wolfgang Leonhard im Auftrag der Politischen Hauptverwaltung der Ersten Belorussischen Front tätig ist.» Unterzeichnet von «General Galadshijew».

Erste Belorussische Front – das waren alle Armeen, die Marschall Shukow unterstanden. Bisher hatte ich nur eine vage Idee davon, in welch privilegierter Lage wir uns befanden. Jetzt in Bruchmühle, und mit diesem Dokument in der Hand, dämmerte es mir, was für weitreichende Vollmachten wir erhalten würden. Tatsächlich sollte mir dieser Ausweis in den ersten Wochen nach dem Krieg viele Türen öffnen.

Wir hatten fast den Eindruck, dass Bruchmühle der einzige Ort im gesamten sowjetisch besetzten Teil Deutschlands war, in dem keine Rotarmisten marodierten – hier sorgte das höfliche Auftreten der Offiziere der Hauptverwaltung dafür, dass die nicht zuletzt von der Nazipropaganda so eingeschüchterte Bevölkerung angenehm überrascht wurde.

Aber das war leider eine Ausnahme, wie ich noch am selben

Tag erfahren musste. Wir verbrachten den Tag im requirierten Gebäude der Hauptverwaltung, ich unterhielt mich mit sowjetischen Offizieren über die Aufgaben der kommenden Tage und Wochen. Als ich mich dann in mein Zimmer zurückgezogen hatte, in das ich einquartiert wurde, hörte ich plötzlich ein Klopfen und eine weibliche Stimme durch den Türspalt: «Ich soll hier alles sauber und in Ordnung halten.» Davon konnte ich die Frau gerade noch abhalten und bat sie stattdessen, sich zu mir zu setzen und ein bisschen zu erzählen. Sie schien verängstigt und verließ rasch mein Zimmer.

Später ging ich mit Hans Mahle und Fritz Erpenbeck im Ort spazieren und sah die Frau plötzlich wieder. Erneut sprach ich sie an, und es gelang mir, dass sie allmählich Vertrauen fasste. Ich konnte sie sogar nach ihrer Meinung über die Stimmung im Land fragen. «Ach, jetzt ist ja gut», antwortete sie. «Die Offiziere hier sind sehr freundlich – aber wir haben ja in den letzten Wochen sehr viel Schreckliches durchgemacht ...»

Ich unterbrach sie: «Was haben denn die Nazis hier getan?»

«Ich meine gar nicht die Nazis. Was wir hier erlebten, als die Russen einmarschierten, das meine ich.» Und sie erzählte. Davon, wie die sowjetischen Truppen sich benommen hatten, wie sie alle besoffen waren, die Frauen vergewaltigt haben und die Häuser geplündert. Sie sprach von der Roten Armee. Mir lief es kalt über den Rücken.

Inzwischen waren Otto Winzer und Karl Maron dazugekommen und hörten alles mit an. Ich war überzeugt, dass sie die Wahrheit sprach. Aber Winzer und Maron begannen sich plötzlich zu streiten, darüber, ob wir es hier mit einer ausgebildeten Faschistin zu tun hätten oder bloß mit einer dummen Hausfrau, die der Nazi-Propaganda auf den Leim gegangen war. Ich weiß nicht, ob die beiden wirklich so ignorant waren oder einfach die Wahrheit nicht hören wollten. Der zukünftige Außenminister und der zukünftige Innenminister der DDR versuchten schließlich, der Frau zu erklären, dass sie die Dinge völlig falsch sah, ja, sie versuchten sogar, sie umzustimmen: «Aber die Nazis …»

«Was die Nazis verbrochen haben, brauchen Sie mir nicht zu erzählen, ich weiß Bescheid.» Nun war sie beinahe wütend: «Aber wissen Sie, das mit den Russen, das ist auch nicht das Richtige. Sie werden es schon noch merken.» So hörte ich zum ersten Mal von den Verbrechen der Rotarmisten.

Ulbricht war den ganzen Tag unterwegs gewesen. Er hatte sich nach Weißensee fahren lassen, um sich selbst ein Bild von der Lage in Berlin zu machen. Als er zurückkam, sagte er nur wenig. «Ihr werdet es ja selbst sehen», nuschelte er. Später am Abend gab er dann bekannt: «Wir werden in die verschiedenen Bezirke fahren und dort aus den antifaschistischen Kräften jene heraussuchen, die sich für den Aufbau der neuen deutschen Verwaltung eignen. Jeder übernimmt einen bestimmten Bezirk.»

«Wann sollen wir mit der Arbeit beginnen?»

«Morgen.»

Am nächsten Tag fuhren wir in unseren Wagen die knapp vierzig Kilometer lange Strecke bis Berlin. Links und rechts der Straße immer das gleiche Bild – Trümmer über Trümmer. Was mich am meisten schockierte: Es waren nicht die Ruinen, wie man sie aus den Kriegsberichtsfilmen kannte. Alles war Rauch und Feuer. Wir fuhren mitten durch sengende, stinkende und qualmende Berge von Schutt. Die Häuserskelette, die noch standen, konnten jederzeit zusammenbrechen und uns unter sich begraben. Die Straßen selbst waren nahezu unpassierbar.

Im Schritttempo näherten wir uns dem Stadtzentrum. Am Alexanderplatz waren solche Rauchschwaden in der Luft, dass man nichts mehr sehen konnte. Erst als sie sich lichteten, erkannte ich die Menschen. Wir alle wussten, dass die Lage für die Bevölkerung verzweifelt war. Aber was ich in den Gesichtern an Hoffnungslosigkeit sah, überstieg alles. Sie wirkten hilflos, an Leib und Seele buchstäblich verschlissen. Die Menschen bildeten lange Schlangen vor den Wasserpumpen. Mit ihren blechernen Eimern standen sie da, stundenlang, für ein paar Liter Wasser. Und über ihnen zog sich, das war der groteske Widerspruch in diesen Wochen, ein strahlend blauer Himmel. Der Frühsommer 1945 war der schönste vielleicht seit Jahrzehnten. Ein Hoffnungsschimmer?

Zwei Monate und zwei Tage lang, vom 2. Mai bis zum 4. Juli, gab es in Berlin nur eine einzige Besatzungsmacht – die Sowjetunion. Das wird häufig vergessen. Immer wieder werde ich im Zusammenhang mit der Arbeit der «Gruppe Ulbricht» nach den Unterschieden in West und Ost gefragt, aber diese Unterscheidung gab es damals noch nicht. Es gab erst mal nur Berlin.

Auf der Konferenz von Jalta war im Februar 1945 die Aufteilung Deutschlands in vier Besatzungszonen beschlossen worden, und die Alliierten hatten sich außerdem darauf verständigt, die Hauptstadt in vier Sektoren zu gliedern. Aber Briten, Franzosen und Amerikaner waren ja zu Kriegsende noch gar nicht da. Erst im Sommer zogen sich die sowjetischen Streitkräfte aus den Westsektoren zurück, die sie nach der Befreiung Berlins besetzt hatten. Das Einzige, was darauf hinwies, dass West-Berlin eine besondere Einheit darstellte, war die Zusammenstellung der Verwaltungen mit Menschen aus unterschiedlichen politischen Lagern. Es galt, jetzt schon Behörden zu schaffen, die die westlichen Alliierten bei der späteren Übernahme ihrer Sektoren gutheißen würden.

Insgesamt gab es damals 20 Bezirke in Berlin. Acht davon hatten uns nicht zu interessieren, wie uns sofort erklärt wurde. Das waren sämtliche Stadtteile, die im Osten lagen, im sowjetischen Sektor. Wir sollten uns allein auf die zwölf westlichen Bezirke konzentrieren – in den amerikanischen, englischen und französischen Sektoren. Jeweils zu zweit fuhren wir in einen bestimmten Bezirk, erst einmal nur, um die Lage zu erkunden – nach Charlottenburg, Wilmersdorf, Spandau usw. Als alle aufgeteilt waren, blieben zwei von uns übrig. Ulbricht sagte: «Du bleibst bei mir.» Wir machten uns auf den Weg nach Neukölln, das zum amerikanischen Sektor gehörte. In der provisorischen Verwaltung dort war ein vorläufiger Bürgermeister tätig. Er wollte uns eine Liste mit den Namen aller aktiven Kommunisten des Bezirks geben. Ulbricht winkte ab: «Ich interessiere mich nicht für die Kommunisten.» Ich stutzte. Draußen dann, wir waren wieder allein, stutzte ich ein weiteres Mal, als Ulbricht grinsend verkündete: «Wir fahren jetzt zu den Genossen, ich habe mir zwei Adressen aus der Liste gemerkt.»

Wir kamen in eine Parterrewohnung in einem schwer beschädigten Haus. Zwei Dutzend Neuköllner Kommunisten saßen hier zusammen und diskutierten lautstark. Während der Nazi-Zeit hatten sie in Deutschland gekämpft und waren schon vorher in der Partei gewesen. Als sie uns erblickten, sprangen einige auf, voller Überraschung riefen sie Ulbrichts Namen. Sie kannten ihn, er war ja vor der Machtergreifung Bezirkssekretär von Berlin gewesen. Mir kamen fast die Tränen. Zum ersten Mal seit meiner Kindheit traf ich leibhaftige deutsche Kommunisten!

Aber es folgten keine Umarmung, kein Lächeln, kein freundliches Wort. Ulbricht blieb kühl. Er riss sofort die Führung der Gruppe an sich: «Wir müssen ein paar Sachen klären.» Und jetzt sah ich, dass er seine ganz eigene Namensliste aus der Tasche zog. Ich hätte es mir denken können, denn er führte fast immer und überall irgendwelche Listen mit sich.

Er zählte die Namen nacheinander auf, um sogleich ihre Tauglichkeit zu bewerten: Wie hatte sich dieser Genosse verhalten, wie jener, was war mit ihnen geschehen und so weiter. Ich schämte mich zutiefst. Was Ulbricht hier veranstaltete, war eine Befragung, ja fast ein Verhör, das war kein Wiedersehen mit alten Kampfgefährten. Stur arbeitete er seine Liste ab: Wer hat illegal gekämpft, Name, wer wurde im Ausland eingesetzt, Name, wer war bei der Wehrmacht, Name. Was und wie und wo und wann.

Kaum war er damit fertig, ging es im gleichen Duktus weiter: «Ich werde euch jetzt die politische Linie darlegen.» Er teilte die neueste Moskauer Sprachregelung mit, also die Vorgaben, die Stalin Anfang des Jahres für Deutschland bekanntgegeben hatte. Das war für die deutschen Kommunisten völlig neu und nicht einfach zu verstehen. Kein Wort mehr von sozialistischer Revolution, von der Diktatur des Proletariats war nicht die Rede, sondern jetzt ging es plötzlich um die «Einheit des schaffenden Volkes und der antifaschistisch-demokratischen Kräfte». Ulbricht rasselte die bürokratischen Wortungetüme und neuen Direktiven herunter, die anderen hörten zu, und dann – verabschiedeten wir uns. Wir gingen einfach. Ulbricht beantwortete keine weiteren Fragen, und Widerspruch duldete er schon gar nicht. Das war auch für mich ein niederschmetterndes Erlebnis.

Zurück in Bruchmühle trafen wir die anderen aus unserer Gruppe zu einer Arbeitssitzung. Die anstehenden Aufgaben wurden besprochen. Jetzt erklärte uns Ulbricht zum ersten Mal, was wir hier in Deutschland überhaupt zu tun hätten und wie der Aufbau der Verwaltung genau aussehen sollte. Bisher kannten wir nur die kurze Mitteilung vom Vorabend.

Ein wichtiges Merkmal des stalinistischen Systems war es, die Menschen möglichst lange im Unklaren zu lassen. Das war mir schon zur Zeit der «Großen Säuberung» in der Sowjetunion bewusst geworden. Im Westen fragte man immer nach Gründen, man wollte Gewissheiten haben. Aber unter Stalin zählte das nicht, er wollte die Leute verunsichern. Ganz ähnlich funktionierte die Arbeit in der Partei. Man hatte sich völlig der Disziplin zu unterwerfen und achtete nur darauf, was man gesagt bekam.

Erst unmittelbar vor Beginn der Tätigkeit wurden uns die nötigen Informationen bekanntgegeben: «Es geht jetzt zunächst darum, in den zwölf westlichen Bezirken die Verwaltung aufzubauen.» Gut, das wussten wir schon. Aber es ging weiter. Als Allererstes müssten wir einen Bürgermeister finden. In den Arbeitergegenden, wie Neukölln und Wedding, könne das ruhig ein Sozialdemokrat sein. Aber in der Regel bräuchten wir in allen westlichen Bezirken einen Bürgerlichen, am besten mit Doktortitel und, wenn möglich, mit Erfahrung in der Verwaltung.

Das hörten wir am 2. Mai 1945 in Berlin, als kein Bürgerlicher, ob mit oder ohne Doktortitel, es wagte, aus dem Luftschutzbunker herauszukommen! Wie stellte Ulbricht sich das vor, wo sollten wir die denn hernehmen? Die liefen ja nicht auf der Straße herum und boten den Kommunisten ihre Mitarbeit an. Ulbricht fuhr fort, in leicht spöttischem Ton: «Viele der übrigen Stellen können wir mit Sozialdemokraten besetzen, die verstehen ja was von Kommunalpolitik.» Fürs Gesundheitswesen sollten wir antifaschistische Ärzte suchen, die auch parteilos sein konnten, fürs Post- und Telegrafenwesen ebenfalls Spezialisten und in jedem Bezirk einen oder zwei Geistliche für den Beirat für Kirchenfragen.

«Und was ist mit unseren Genossen?», traute sich schließlich Hans Mahle zu fragen. «Ach so, die Genossen. Drei Posten besetzen wir mit unseren Leuten.» Wir Kommunisten sollten den stellvertretenden Bezirksbürgermeister stellen, und die Dezernenten für Personalfragen und Volksbildung sollten auch aus unseren Reihen kommen. Später noch der Chef der Bezirkspolizei. Erneut fragte Mahle: «Wie sollen wir das machen, im brennenden Berlin diese Leute finden?» Wir konnten uns nicht vorstellen, wie das zu bewerkstelligen sei. Die drei Kommunisten, das ginge ja vielleicht noch. Aber wie sollten wir die vielen Bürgerlichen für die Zusammenarbeit mit uns gewinnen? Ulbricht brach die Debatte mit einer letzten Klarstellung ab: «Es muss demokratisch aussehen, aber wir müssen alles in der Hand haben.»

Vor mehr als 50 Jahren habe ich diesen Satz in meinem Buch «Die Revolution entlässt ihre Kinder» erwähnt – und es bald schon bereut. Unzählige Male ist dieser Ausspruch zitiert, oder besser gesagt, verzerrt worden. Meist sollte er beweisen, dass Ulbricht schon damals die Errichtung einer Diktatur geplant habe. Aber das war keine Direktive, die für alle Zeiten zu gelten hatte, und schon gar nicht die Urformel für den späteren Staatsaufbau der DDR. Dort hatte zwar die SED alles in der Hand, aber demokratisch wirkte es gewiss nicht mehr. Ulbricht ging es an diesem Abend darum, die Diskussion zu beenden. Wir sollten die Leute für unsere Arbeit gewinnen, möglichst viele und aus möglichst unterschiedlichen politischen Lagern. Wichtig war ihm, dass wir darüber nicht unseren Einfluss verloren.

Am 3. Mai fuhren wir in die einzelnen Bezirke. Ich sollte nach Wilmersdorf. Noch immer hatte ich keinen Schimmer, wo ich die gewünschten bürgerlichen Politiker finden sollte. Fast nur Kommunisten waren auf der Straße anzutreffen – sie waren ja auch die Einzigen, die keine Angst vor der Roten Armee hatten. Etwas unbeholfen stellte ich mich in die Nähe einer großen Menschenschlange, die sich vor der sowjetischen Kommandantur gebildet hatte. Hierhin kamen die Berliner mit ihren Fragen und wollten alles Mögliche wissen, meist ganz praktische Dinge, die zum Beispiel die Versorgung mit Lebensmitteln betrafen. Oder sie erkundigten sich, welche Teile der sowjetischen Militärs für welche Aufgaben zuständig waren. Uniformierte Rotarmistinnen übersetzten die Fragen für den Kommandanten.

Ich betrachtete die Szene eine Weile, und dann kam mir eine Idee. Ich stellte mich dazu und half beim Übersetzen. Sofort bildete sich ein Kreis von Leuten um mich, und ich gab, ohne dass ich den Kommandanten fragen musste, die gewünschte Auskunft. Ich sah mir dabei die Menschen ganz genau an. Plötzlich fiel mir ein Mann in der Menge auf, der trug doch tatsächlich einen Schlips! In der ersten Maiwoche 1945 in Berlin mit einer ordentlich geknüpften Krawatte herumzulaufen, war beileibe keine Selbstverständlichkeit. Gerade als ich auf ihn zugehen wollte, trat er an mich heran. Er sei früher Mitglied in der Demokratischen Partei gewesen und sogar in der Opposition gegen Hitler. Bis vor wenigen Tagen sei er im Konzentrationslager gewesen. Ich ergriff die Gelegenheit und fragte ihn: «Wären Sie bereit, an führender Stelle in der neuen Bezirksverwaltung tätig zu sein? Wir suchen befähigte Antifaschisten, und aus unserem kurzen Gespräch habe ich den Eindruck gewonnen, dass Sie sich sicher dafür eignen würden.» Er war etwas erstaunt, fühlte sich aber auch ein bisschen geschmeichelt: «Nein, ich glaube, das passt nicht für mich. Ich bin Viehhändler.» Na prima. «Aber ich kenne jemandem, mit dem könnte ich Sie bekannt machen.» Immerhin.

Gemeinsam fuhren wir im Wagen zu seinem Bekannten, der ein erbitterter Gegner der Nazis war und nach dem 20. Juli 1944 verhaftet wurde. Vor einem der vom Krieg zerstörten Häuser hielten wir. Hier wohnte Dr. Willenbücher, der, als er den sowjetischen Wagen sah, aufgeregt und ängstlich wurde und dem deutlich anzusehen war, wie sehr er unter den momentanen Lebensumständen in Berlin zu kämpfen hatte. Ich begrüßte ihn: «Ich habe gehört, dass Sie hier früher in der Verwaltung waren. Sie sind als Liberaler bekannt. Sie sind in den dreißiger Jahren von den Nazis abgesetzt worden, und 1944 hat man Sie verhaftet?»

«Ja, das stimmt, ich war in der Deutschen Volkspartei.» Die DVP war zwar nicht die linksliberale Partei der Weimarer Republik gewesen, das war die Demokratische Partei. Die Volkspartei war mehr rechtsliberal ausgerichtet, aber das störte uns nicht. Ich unterhielt mich eine Weile mit Dr. Willenbücher, und er erzählte mir von seinen Erfahrungen in der Verwaltung. Mein Gefühl wurde immer besser. Nach und nach erwies er sich als genau die Person, die so ziemlich alle Kriterien erfüllte, die mir vorgegeben waren. Es dauerte keine halbe Stunde mehr, bis ich fragte, ob er bereit wäre, den Posten des Bezirksbürgermeisters von Wilmersdorf anzunehmen. Wenn er nur wollte, könnte ich alles mit dem sowjetischen Kommandanten regeln.

Willenbücher sah mich erstaunt an, antwortete aber rasch. Schon vorher war mir seine gewählte Ausdrucksweise aufgefallen: «Es wird mir eine Ehre sein, meine bescheidenen, aber immerhin längeren Verwaltungskenntnisse für die Wilmersdorfer Bevölkerung einsetzen zu dürfen.» Eine Sprache, die man Anfang Mai 1945 sonst nicht hörte.

Ich wurde mir plötzlich der verrückten Situation bewusst, in der ich mich befand. Selbst erst ein paar Tage in Deutschland, ein junger Kommunist aus Moskau, gerade mal Mitte zwanzig, und nun sollte ich diesen älteren Herrn zum Bezirksbürgermeister ernennen lassen! Was machte ich denn hier? Wie kam ich denn dazu, solche Entscheidungen zu treffen?

Die Tatsache aber, dass Doktor Willenbücher von seinem zukünftigen Amt sichtlich angetan war, ließ mich meine Zweifel vergessen. «Ich darf mich doch wohl noch etwas zurechtmachen, Sie erlauben?», bat er. «Würden Sie hier bitte einen Moment warten?» Als er wiederkam, sah er durchaus schon repräsentativ aus. Wenn ich mich recht erinnere, trug er sogar einen dunklen Anzug – sein Frack war wohl verbrannt.

Der sowjetische Kommandant musste nun noch seine Zustimmung erteilen. Er war natürlich grundsätzlich über die Tätigkeit der «Gruppe Ulbricht» im Bilde, kannte unsere Namen und wusste auch, dass wir Vorschläge für die Besetzung der Bezirksbürgermeisterämter machen würden. Willenbücher schaute sich erstaunt um und war noch überraschter, als wir das Gebäude betraten und ich begann, mit dem Kommandanten Russisch zu sprechen. Er wusste bereits, dass wir für den Posten des Bürgermeisters in Wilmersdorf einen Vertreter des Bürgertums aussuchen würden und empfing seinen Gast dementsprechend. Er bot uns Getränke an, keinen Wodka, sondern irgendwoher hatte er – ich traute meinen Augen nicht – Sekt. Dann erklärte er, wie sehr er sich doch freue und sich auch der großen Ehre bewusst sei, den künftigen Bürgermeister empfangen zu dürfen. Ich übersetzte das alles wortgetreu für Dr. Willenbücher, der mit erstauntem Gesichtsausdruck das Geschehen verfolgte. Anschließend erhob sich der Kommandant: «Herr Dr. Willenbücher, ich möchte Sie hiermit – ganz offiziell – zum Bezirksbürgermeister von Wilmersdorf ernennen und freue mich auf eine zukünftige gute Zusammenarbeit.»

Es ging so höflich zu, dass man fast vergessen konnte, wo man war. Draußen gab es zwar keine militärischen Kampfhandlungen mehr, die waren am Vortag eingestellt worden, aber der Krieg ging ja noch eine Woche weiter. Nach dieser kultivierten Zeremonie waren wir alle drei überaus zufrieden: der Kommandant, weil er jetzt seinen Bürgermeister hatte, Willenbücher, weil er jetzt Bezirksbürgermeister war, und ich, weil ich meinen Auftrag erfüllt hatte.

Die weiteren Aufgaben waren recht schnell und einfach erledigt. Der Stellvertreter von Willenbücher musste natürlich ein Kommunist sein, und den hatte ich schnell gefunden. Bis die ganze Verwaltung stand, musste ich noch mehrmals nach Wilmersdorf fahren – aber dort konnte ich jetzt schon auf Leute bauen, die mich unterstützten. Außerdem halfen mir alte Bekannte aus der Künstlerkolonie am Breitenbachplatz, wo ich ja als Kind gewohnt hatte. Dort gab es schließlich ein Reservoir von Antifaschisten, die intelligent und hochgebildet waren und, das kam hinzu, auch bereit, sich aktiv zu betätigen.

Um die Verwaltungen zusammenzustellen, mussten wir von der «Gruppe Ulbricht» eigentlich immer nur die Spitze einsetzen, der Rest des Personals fand sich dann nach einer Art Schneeballprinzip. Um den Unterbau brauchten wir uns nicht zu kümmern.

Wichtiger war es, die Verwaltungen regelmäßig zu besuchen und wenn es Probleme oder Fragen gab, und die gab es ständig, sofort zu handeln. Nicht eine Maßnahme durfte ohne die Zustimmung des sowjetischen Befehlshabers getroffen werden – es galt schließlich Besatzungsrecht. Die Mitglieder der «Gruppe Ulbricht» hatten als Einzige Zugang zur Kommandantur. Und so bestand unsere wichtigste Aufgabe darin, den Kontakt zwischen Verwaltung und sowjetischen Kommandanten zu halten und in den wichtigsten Punkten zu vermitteln. Auf allen möglichen Gebieten machten Sachkenner ihre Vorschläge: zum Wiederaufbau der Kindergärten, zur Ausstattung der Krankenhäuser, zur Versorgung mit Medikamenten, zur Bekämpfung der Seuchengefahr bis hin zur Frage, wie und wann die Straßenbahnen wieder fahren sollten. Mit den unterschiedlichen Ideen und Plänen liefen wir zu den sowjetischen Militärs und kamen mit den Vorgaben von dort wieder zurück in die Verwaltungen.

Sehr bald schon kamen unangenehme Fragen auf: Die Ausschreitungen der Rotarmisten und die hohe Zahl an Vergewaltigungen gehörten zu den Hauptproblemen, mit denen wir in jenen Tagen beschäftigt waren. Diese furchtbaren Geschehnisse sind heute völlig unbestreitbar, obwohl es immer noch ehemalige SED-Mitglieder gibt, die linientreu und übereifrig leugnen, dass die Frauen damals massenhaft vergewaltigt wurden. Es waren bei weitem nicht alle Rotarmisten daran beteiligt, im Gegenteil, nur ein Teil von ihnen verhielt sich derart beschämend. Die Militärführung versuchte, das zu unterbinden, was aber meist nicht gelang.

Überraschungen

Meine ersten Eindrücke von Berlin waren verheerend gewesen: Bilder der Zerstörung, der Hoffnungslosigkeit und Not. Der Krieg hatte die Menschen auseinander gerissen, und überall waren Botschaften an die Mauern oder sonst wohin geschrieben, voller Verzweiflung, vielleicht würde das ja doch ein Angehöriger lesen. Mit so großem Leid hatte ich nicht gerechnet.

Aber es gab auch Eindrücke, die uns Hoffnung gaben. Vieles hier in Deutschland war ganz anders, als wir uns vorgestellt hatten. Nicht nur wir, die wir aus der Sowjetunion kamen – das Gleiche habe ich später auch von Amerikanern und Engländern gehört. Alle erwarteten in Berlin vor allem eins: Widerstand. Untergrundkämpfer, Nazis, die gegen uns rebellierten oder Anschläge auf die Besatzungsmächte verüben würden. Nichts davon geschah, keine Spur von Gegenwehr. Mir wurde kein einziges Beispiel bekannt.

Wir konnten uns viel gelassener und freier bewegen, als wir angenommen hatten. Die Kapitulation war tatsächlich eine bedingungslose und endgültige gewesen. Außerdem hatten wir fest damit gerechnet, dass es eine der größten Schwierigkeiten sein würde, die Bevölkerung zu entwaffnen. Wir hatten uns bereits große Gedanken gemacht, wie wir wohl vertrauenswürdige Antifaschisten fänden, die uns helfen und die Waffen in die Sammellager bringen könnten. Vollkommen überflüssig: Überall meldeten sich Männer, die beherzt durch die Wohnhäuser gingen und den Leuten befahlen, sofort ihre Waffen abzugeben. Andernfalls würde das gesamte Gebäude mit Sprengstoff in die Luft gejagt werden. Die ganze Aktion verlief einfach und schnell. Nicht so sehr aus Zwang, sondern weil die Berliner schlichtweg begriffen hatten, dass der Krieg zu Ende war.

Aber noch überraschter waren wir darüber, dass schon am 2. Mai überall die weißen Fahnen hingen. Später wurde oft behauptet, die Leute hätten sich der neuen Besatzungsmacht anbiedern wollen. Aber davon konnte keine Rede sein. Es war nämlich durchaus mutig, schon am 2. Mai ein weißes Laken ans Fensterbrett zu nageln, dort, wo wenige Stunden zuvor noch die Nazis durch die Straßen patrouillierten und der totale Krieg tobte.

Zur Bekräftigung gingen viele Leute auch noch mit weißen Armbinden umher. In einigen Arbeiterbezirken, in denen früher die Kommunisten sehr stark gewesen waren – in Friedrichshain, Lichtenberg und im Wedding –, hingen sogar rote Fahnen, dort trugen die Leute dann tatsächlich auch ihre Armbinden in Rot und hießen die sowjetische Armee überschwänglich willkommen. Die Briten und Amerikaner, so sagte sie, hätten die Städte heimtückisch bombardiert, während die Russen offen an der Front gekämpft hätten.

Auf der Straße sah man meist nur Kommunisten und linke Sozialdemokraten sowie vor allem ehemalige Gefangene der Konzentrationslager, die befreit worden waren. Einige trugen noch ihre gestreifte Kluft. Die Verbrechen der Nazis in den Konzentrationslagern wurden uns ziemlich genau geschildert. Noch während des Krieges hatten wir in Moskau von Auschwitz gehört. In den Mitteilungen der Sowjetführung gab es aber eine seltsame und ungeheuerliche Verschiebung: Die Ermordung der Juden wurde fast völlig ausgeblendet, das wurde nicht erwähnt. Es hieß immer, die Nazis würden die Slawen hassen und deshalb vernichten wollen. Man sprach im Zusammenhang mit Konzentrationslagern nur vom Kampf der Nazis gegen die slawischen Völker und gegen die Partisanen aus den anderen europäischen Ländern. Kein Wort von den Juden. Das änderte sich auch später nicht. Sowohl in der Sowjetunion und auch anfangs in der DDR wurde die Ermordung von sechs Millionen Juden fast völlig verdrängt und verschwiegen.

Viele Menschen versteckten sich in jenen Tagen noch in ihren zerstörten Häusern oder blieben in den Luftschutzbunkern, denn obwohl keine Bomben mehr fielen, hatten sie Angst, auf die Straße zu treten. Vor allem fürchteten sie sich vor der Roten Armee. Später wurde bekannt, dass es damals viele Selbstmorde gegeben hat. Manche nahmen sich das Leben aus reiner Angst vor dem, was nun kommen würde, oder weil sie aktive Nationalsozialisten gewesen waren. Oft gingen ganze Familien in den Tod.

Nationalsozialistische Parolen waren jedoch nirgends mehr zu hören. Die meisten Menschen hatten sich einfach der Realität angepasst, etwas anderes blieb ihnen auch nicht übrig. Nach und nach stellten sie dann fest, dass die neuen Umstände weniger schlimm waren als während der Naziherrschaft. Unter der sowjetischen Besatzung gab es zwar auch Ungerechtigkeiten und fragwürdige Verhaftungen, Kriegsgefangene wurden schlecht behandelt und Ähnliches.

Aber mit dem gezielten Terror gegen die Bevölkerung hatte es nun ein Ende. Noch in den letzten Tagen des Krieges hingen ja an vielen Bäumen Leichen von Menschen, die von den SS-Trupps in letzter Minute hingerichtet wurden, mit einem Schild versehen: «Ich habe Deutschland verraten». Auf sowjetischer Seite gab es solchen Terror, der der Abschreckung dienen sollte, nicht.

Die Leute hatten erwartet, dass jetzt sofort in der ganzen Stadt die Kommunisten die Macht übernehmen würden. Nun stellten sie plötzlich fest, dass in den Verwaltungen viele Bürgerliche das Sagen hatten. Bald sollte es sogar eine sozialdemokratische Partei geben und eine «Christlich Demokratische Union».

Wichtig waren vor allem die ersten Maßnahmen, um das Leid der Bevölkerung zu lindern: Ab Mitte Mai funktionierte eine großangelegte Lebensmittelverteilung. Dabei waren viele Berliner überzeugt gewesen, die Russen würden die Deutschen aushungern. Genau wie die Deutschen es mit den Menschen in Leningrad gemacht hatten. Das Staunen war groß, als plötzlich Lebensmittelkarten verteilt wurden.

Womit aber mit Sicherheit niemand gerechnet hatte, ich

auch nicht, war der verblüffend schnelle Aufbau eines kulturellen Lebens. Der Krieg war am 8. Mai zu Ende, und schon am 10. Mai gab es wieder Radiosendungen. Hans Mahle wurde vom sowjetischen Stadtkommandanten Bersarin zum Chef des Berliner Rundfunks ernannt. Dort arbeitete noch die ganze frühere Belegschaft. Mahle und seine leitenden Mitarbeiter erklärten ihnen: «Wir übernehmen den Sender jetzt. Wenn Sie mitarbeiten, dann wird Ihnen nichts geschehen.» Alle Musikstücke mussten durchgehört werden, ob sich nicht eine faschistische Parole oder ein Aufruf gegen die Alliierten darin fände. Man stelle sich die Aufregung vor, wenn plötzlich «Wir fliegen gegen England» in den noch funktionstüchtigen Volksempfängern ertönt wäre.

Die erste Sendung musste natürlich hochoffiziell gestaltet werden, ich war dabei, als sie organisiert wurde. Wir brauchten schnell die Nationalhymnen der vier Siegermächte, was unter den damaligen Bedingungen eine schwierige Aufgabe war. Ausgerechnet von der amerikanischen Nationalhymne ließ sich keine Aufnahme finden – es gab die Marseillaise, die sowjetische und die englische Hymne, aber die Sendung konnte unmöglich beginnen ohne die amerikanische. Hans Mahle und der sowjetische Kommandant Bersarin waren in höchster Aufregung. Endlich konnte eine Aufnahme aus Privatbesitz gegen viel Geld erstanden werden.

Die sowjetische Besatzung, vor allem die Kulturoffiziere, legten außerordentlichen Wert darauf, die Menschen für sich einzunehmen, anstatt sie in Angst und Schrecken zu versetzen. Eine große Rolle dabei spielte die Suche nach prominenten Persönlichkeiten, die man gewinnen und einbeziehen konnte, um gute Stimmung zu machen.

Fieberhaft wurde nach beliebten Schriftstellern, Schauspielern und Sängern gesucht. Dabei spielte es keine Rolle, wie sie sich während der Naziherrschaft verhalten hatten. Bersarin war bekannt für seine Kulturpolitik, als Kommandant hat er bereits am 14. Mai Schriftsteller und Künstler in ein Lichtenberger Lokal eingeladen. Immer wieder holte er später Prominente nach Berlin. Sehr bald stand er in Kontakt mit Heinz Rühmann und konnte ihn zur Mitarbeit gewinnen. Ulbricht hat ihn dabei unterstützt.

DRITTES KAPITEL

Die Stimme der Partei

Nachdem wir in den ersten Wochen die Verwaltungen in den einzelnen Bezirken aufgebaut hatten, konzentrierten wir uns in einer zweiten Phase, die ungefähr von Mitte Mai bis Anfang Juni dauerte, auf andere Aufgaben. Ein Oberbürgermeister für ganz Berlin musste bestimmt werden. Ulbrichts Wahl fiel auf Arthur Werner, einen parteilosen Akademiker. Wichtiger als der erste Mann in der Stadt war aber sein Stellvertreter, und der kam natürlich aus unseren Reihen: Karl Maron. Auch bei der Zusammenstellung des Gesamtberliner Magistrats war klar, wer hier alles in der Hand behielt.

Der Aufbau des Berliner Rundfunks war besonders dringlich gewesen, denn nur so konnte die Bevölkerung sofort über Maßnahmen informiert und der Wiederaufbau der Stadt organisiert werden. In späteren DDR-Berichten ist dies stets verschwiegen worden. Aus einem einfachen Grund: Hans Mahle geriet zu Beginn der fünfziger Jahre unter Spionageverdacht und wurde plötzlich abgesetzt. Dieser Verdacht gründete sich darauf, dass er in West-Berlin lebte, seine Frau ein Kind bekam und dieses Kind in einem West-Berliner Krankenhaus entbunden wurde. Ja, wo denn sonst? Die DDR-Führung hat sich diese Frage aber offensichtlich nicht gestellt, und dies wurde Mahle zum Verhängnis.

Am 8. Mai zog die «Gruppe Ulbricht» in ein neues, größeres Hauptquartier in der Lichtenberger Prinzenallee 80. Bald darauf öffnete sich die Gruppe und blieb nicht länger auf zehn Personen beschränkt. Wir trafen uns regelmäßig mit etwa hundert Aktivisten, meist Kommunisten, die aus den Konzentrationslagern oder aus dem Zuchthaus Brandenburg kamen, in der Gaststätte Rose, einem bekannten KPD-Lokal schon zu Zeiten der Weimarer Republik. Aber nach wenigen Wochen traten Ereignisse ein, die alles veränderten. Eine offizielle Auflösung der Gruppe Ulbricht hat es allerdings nie gegeben.

Die «Russenpartei»

Am 4. Juni 1945 war Ulbricht plötzlich verschwunden. Vergeblich suchten wir ihn. Schließlich brachte jemand in Erfahrung, dass er abgereist war – nach Moskau. Uns hatte er kein Wort gesagt. Er war nicht allein unterwegs: Die Leiter der beiden anderen Gruppen begleiteten ihn, Anton Ackermann, der mit seinen Leuten in Sachsen tätig war, und Gustav Sobottka, der in Mecklenburg agierte. Später stellte sich heraus, dass sie von höchster sowjetischer Stelle nach Moskau beordert worden waren. Komintern-Führer Georgi Dimitroff geleitete die drei Genossen aus Deutschland ins sowjetische Politbüro. Dort standen sie plötzlich Stalin gegenüber. Er gab die veränderte Linie bekannt: Unverzüglich sollte die Kommunistische Partei Deutschlands neu gegründet werden.

Das war ein totaler Bruch mit den bisherigen Direktiven. Was uns zuvor monatelang – erst in Moskau, dann in Deutschland – immer wieder gepredigt worden war, galt plötzlich nichts mehr. Auf Jahre hinaus, so hatte es geheißen, werde es in Deutschland keine politische Betätigung irgendwelcher Parteien geben. Allenfalls sollte nach einer gewissen Zeit ein «Block der kämpferischen Demokratie» gegründet werden. Aber das

Wort «Kommunistische Partei» war tabu. Ich habe damals diese Vorgabe verinnerlicht. Bei allen Schulungen hatte man uns ja erklärt, die besondere Situation Deutschlands erfordere auch besondere Maßnahmen. In der Tschechoslowakei, in Ungarn, Rumänien oder Polen würden antifaschistische Widerstandsbewegungen im politischen Leben des Landes eine große Rolle spielen. In Deutschland habe es zwar auch Ansätze von Widerstand gegeben, aber eine Bewegung, die wirkliche politische Mitgestaltung beanspruchen könne, existiere nicht. Deutschland sei ein besetztes Land und werde das auch vorerst bleiben. Die Antifaschisten sollten die Befehle der vier Besatzungsmächte umsetzen und nicht eigenständig Politik treiben.

Selbstverständlich hatte man schon während des Krieges in der Sowjetunion gewusst, dass es in Deutschland auch Regimegegner gab, und sie wurden auch nach Möglichkeit unterstützt. Im Westen wurde später immer von der «Reeducation» durch die Amerikaner gesprochen, dabei war dies ursprünglich eine Erfindung der Kommunisten. Bereits im Dezember 1941, als noch niemand in England oder Amerika an die Umerziehung der Deutschen dachte, ist Ulbricht ins Kriegsgefangenenlager nach Karaganda gefahren, um zumindest einige Wehrmachtssoldaten für den Kampf gegen den Faschismus zu gewinnen. Die Kommunisten waren sicher nicht klüger als die anderen, aber sie waren ihnen manchmal einen Schritt voraus. Das Wort «Umerziehung» war in der Sowjetunion früh ein verbreiteter Begriff.

Dennoch gab es keinen Zweifel daran, dass die Situation in Deutschland von allen faschistischen Ländern des Zweiten Weltkrieges am schwierigsten war und deshalb zunächst die Besatzungsmächte die politische Arbeit bestimmten. Ich selbst hoffte, dass wir uns nach einer Übergangszeit immer weniger nach Moskauer Direktiven zu richten hätten, und vor allem, dass sich hierzulande aus eigener Kraft freie und unabhängige Parteien etablieren würden. Die Tatsache, dass an jenem 4. Juni 1945 Ulbricht, Ackermann und Sobottka gleich bei Stalin vorstellig wurden, der ihnen die Direktive zur Neugründung der KPD gab, zeigte eine gewisse Richtung an.

Zu den ersten Dingen, die man für die Gründung einer Partei braucht, gehört der Gründungsaufruf. Unter den drei Moskaureisenden war nur Ackermann imstande, so etwas auf die Schnelle zu verfassen. Ulbricht wäre damit überfordert gewesen, rhetorisch konnte er ohnehin nie überzeugen. Ackermann hingegen setzte sich an den Schreibtisch, und schon nach kurzer Zeit konnte der Text des Aktionsprogramms ins Russische übersetzt werden. Mit Stalins Einverständnis war der programmatische Neubeginn der KPD beschlossene Sache.

Mit der kommunistischen Partei, die es vor Hitlers Machtergreifung einmal gegeben hat, jener KPD der Weimarer Republik, hatte die neue Partei nur den Namen gemeinsam. Nicht einmal das Wort «Kommunismus» kam im Gründungsaufruf vor, Marx und Engels fehlten ebenfalls. Es war ein Aufruf zur Bildung einer breiten demokratischen und natürlich antifaschistischen Front aus Anhängern verschiedener politischer Richtungen. Eine Partei, die sich so gegeben hätte wie damals die KPD in der Weimarer Republik, wäre in Deutschland 1945 und später unter den Demokraten isoliert gewesen und hätte keine Chance gehabt, ernsthaft politisch zu arbeiten. Schon allein der Verweis auf die Tradition der KPD hätte dafür ausgereicht.

Wichtiger aber noch als die Stimmung in Deutschland war der Wunsch der Sowjetunion, mit den westlichen Alliierten eng zusammenzuarbeiten. Das Letzte, was man dabei gebrauchen konnte, war eine Krawallpartei. Aber eine solche ist die frühere KPD nun mal zweifelsohne gewesen. Den traditionellen Gruß – gestreckter Arm, geballte Faust und aus voller Kehle der Ruf: «Rotfront!» – hörte man jetzt schon bald nirgends mehr. Ebenso wenig die alten Kampflieder. Bei den Versammlungen wurde nun klassische Musik gespielt: Mozart statt Marx. Gab es früher Schimpftiraden gegen die Sozialdemokraten, sprach man nun von der «Einheitsfront der Werktätigen». Von der «Revolution» oder gar der «Diktatur des Proletariats» war überhaupt keine Rede mehr.

Unmittelbar nach der Rückkehr von Ulbricht, Ackermann und Sobottka wurde die KPD dann gegründet. Kurz zuvor hatte Marschall Shukow verkündet, dass von nun an die Bildung antifaschistisch-demokratischer Parteien erlaubt sei. Wir Kommunisten waren also bestens vorbereitet und konnten gleich schon unser Parteiprogramm präsentieren. Es war wie der Gründungsaufruf sehr moderat gehalten: kein Wort vom Sozialismus und kein Wort von der früheren KPD. Die sozialpolitischen Forderungen waren maßvoll, sogar das Privateigentum sollte weitestgehend erlaubt werden. Es gab keine rote Fahne mehr, dafür eine völlig neu ausgerichtete Parteizeitung, die «Deutsche Volkszeitung». Gemeinsam mit Paul Wandel, dem früheren Komintern-Lehrer und späteren Volksbildungsminister der DDR, und Fritz Erpenbeck arbeitete ich dort in der Redaktion.

Zur ersten offiziellen politischen Großveranstaltung in Deutschland nach dem Krieg trafen sich am 12. Juni im großen Saal des Magistrats etwa 200 Aktivisten der ersten Stunde. Unter ihnen waren Kommunisten, Sozialdemokraten und einige andere, die sich noch nicht positioniert hatten, später aber zu den Gründungsmitgliedern der Ost-CDU und der Liberaldemokratischen Partei gehörten. Ich war im Auftrag der Parteizeitung gekommen, denn Walter Ulbricht verlas an diesem

Tag, ebenfalls ganz offiziell, den Gründungsaufruf der KPD. Anschließend sprach Gustav Dahrendorf im Namen der neu zu gründenden SPD.

Mir ist seine Rede unvergessen, nicht nur, weil er der erste Sozialdemokrat war, den ich bei einem so wichtigen Anlass erlebte, sondern weil er das aussprach, was viele der Anwesenden dachten: Er forderte die Bildung einer einheitlichen sozialistischen Partei. Aber, so fuhr er fort, durch den Alleingang der Kommunisten sei dieser Weg zunächst verbaut und deshalb für die nächsten Tage die Gründung der SPD vorgesehen. Danach durften sich die Zuhörer zu Wort melden. Einer machte den Anfang: «Wir sind sehr enttäuscht, dass es wieder zwei Arbeiterparteien geben wird – wir wünschen uns eine sofortige Einheitspartei.» Die folgenden Diskussionsredner stimmten ihm zu. Manche im Saal machten sich sogar schon Gedanken über einen Namen, «Sozialistische Einheitspartei» wurde vorgeschlagen oder «Partei der Werktätigen».

Im Juni 1945, zu Beginn der politischen Entwicklung in Berlin und in der Sowjetzone, waren solche Gedanken weit verbreitet. Die Mehrheit der Sozialdemokraten und der Kommunisten wollte die Einheitspartei, ohne Zweifel. Nach den chaotischen Jahren der Weimarer Republik und den Erfahrungen unter der nationalsozialistischen Diktatur sollte Schluss sein mit dem ständigen Streit der Linken. Das war die Stimmung im Sommer 1945, und besonders deutlich war sie an jenem Tag im Juni zu spüren.

Ich musste den Bericht für die «Deutsche Volkszeitung» schreiben. Paul Wandel strich mir rigoros alles raus, was auch nur im Entferntesten auf die mögliche Schaffung einer Einheitspartei verwies. Ihr schärfster Gegner war Walter Ulbricht. Er wollte die KPD innerhalb weniger Monate zur stärksten Partei machen. Dann, so glaubte er, brauche man auf die SPD keine Rücksicht mehr zu nehmen. Das konnte er natürlich nicht so offen sagen, sondern er verkündete stattdessen: «Eine baldige Einheitspartei ist verantwortungslos. Wir brauchen eine längere Zeit der ideologischen Klärung.»

Und tatsächlich, die nächsten Monate sollten für Klarheit sorgen. Zunächst jedoch anders, als Ulbricht es sich vorgestellt hatte. Zwischen Juni und Oktober 1945 veränderte sich die politische Stimmung in Berlin und in der Sowjetzone. In diesen vier Monaten erlebte die Bevölkerung, dass die Kommunisten zwar ihre Parolen gewechselt hatten und sich als Partei demokratisch gaben, aber immer ihre eigenen Interessen über das Wohl der Menschen stellten. Tatsächlich pflegten viele Kommunisten ihre alten Vorbehalte gegenüber den Sozialdemokraten. Selbstverständlich wussten alle in der KPD, dass wir uns für die enge Zusammenarbeit sämtlicher demokratischen Kräfte einsetzen sollten. Immerhin war das die offizielle Parteilinie. Es gab manche unter uns, vor allem jüngere Kommunisten, die waren richtig enthusiastisch. Auch ich zählte zu ihnen. Ganz aufrichtig arbeiteten wir Hand in Hand mit den Leuten anderer politischer Richtungen, mit Christdemokraten, Liberalen und Sozialdemokraten. Es hat uns große Freude gemacht. Aber eine andere, größere Gruppe in der KPD waren die stalinistischen Funktionäre. Sie hielten sich selbstverständlich an die offizielle Losung, sahen sie aber allenfalls für ein vorübergehendes Übel an.

Sowohl von den sowjetischen Kommandanten als auch von der KPD-Führung wurden Kommunisten meist bevorzugt und Sozialdemokraten mit Misstrauen betrachtet. Streitfälle wurden einseitig entschieden. Die Sozialdemokraten waren bald ohne Illusionen. Man war wieder fast bei den Verhältnissen der Weimarer Republik gelandet. Die alten Narben wurden aufgerissen und manche neuen Wunden zugefügt.

Nicht zu schweigen von den Privilegien, die wir genossen. Wir hatten einen eigenen großen Fuhrpark und konnten jeden beliebigen Ort in der ganzen Besatzungszone problemlos erreichen. Die armen Sozialdemokraten hatten ein paar alte Kleinwagen und nie genug Benzin. Bereits im Oktober 1945 hatten die Zeitungen der KPD eine Gesamtauflage von vier Millionen, die Zeitung der Sozialdemokraten brachte es auf eine Million. So wuchs das Misstrauen der Sozialdemokraten gegen die Kommunisten. Was aber für unsere Partei noch fataler war: Nicht nur die politisch aktiven, auch die normalen Bürger betrachteten uns zunehmend mit Argwohn. Die KPD galt als verlängerter Arm der sowjetischen Besatzungsmacht. Wir waren bald schon als «Russenpartei» verschrien. Die Sozialdemokraten hingegen hatten den Nimbus einer selbständigen Linkspartei.

Im Oktober schon zählten sie deutlich mehr Mitglieder als wir. Ulbricht hatte sich verkalkuliert. Selten hat er in seiner politischen Karriere die Lage so falsch eingeschätzt. Für zusätzlichen Wirbel in der Führung der KPD sorgten dann in diesem Herbst die Ergebnisse der österreichischen Parlamentswahlen. Dort hatte man mit einem Kopf-an-Kopf-Rennen zwischen Kommunisten und Sozialdemokraten gerechnet. Die tatsächliche Sitzverteilung nach der Wahl: SPÖ 76, KPÖ 4.

Von diesem Tag an gab es nur noch ein Ziel: Die sozialistische Einheitspartei für Deutschland musste her, um jeden Preis. Ende Januar 1946 reiste Ulbricht erneut nach Moskau – zu Stalin. Nachdem dieser die Vereinigung von SPD und KPD selbst befohlen hatte, legte er nun sogar das genaue Datum fest. In einem Vier-Augen-Gespräch teilte er Ulbricht am 2. Februar mit, dass die Gründung der SED bis zum 1. Mai 1946 vollzogen sein müsse.

Ein besonderes Geschenk

In die Zeit davor, in die Wochen und Monate des Umschwungs, fiel der Jahrestag der Novemberrevolution von 1918. Die Sozialdemokraten hatten den Wunsch der KPD nach einer gemeinsamen Feier zurückgewiesen und veranstalteten lieber ihre eigene. Immerhin, wir wurden eingeladen. Wilhelm Pieck, der seit Juli 1945 wieder in Deutschland war, bot mir an, ihn zu begleiten. Otto Grotewohl sollte sprechen. Höflich, aber doch kühl wurden wir in die Gäste-Loge geleitet.

Es waren fast 2000 Leute im Saal, als Grotewohl ans Rednerpult trat und lauthals verkündete, von einer Vereinigung mit der KPD könne gar keine Rede sein. Denkbar sei eine solche Maßnahme ohnehin nur für ganz Deutschland. Beschließen könnten das auch nicht einzelne Personen, sondern es sei eine Frage, die alle Mitglieder angehe. Wenn überhaupt, müsste es eine freie Entscheidung geben.

Dann donnerte er in den Saal, die Sozialdemokratie werde die führende Partei Deutschlands sein. Innenpolitisch gebe es keine stärkere Kraft, und außenpolitisch, das sei ja wohl klar, dürfe Deutschland weder einseitig an die Sowjetunion noch an den Westen gekoppelt werden. Wer wolle denn von den Russen verlangen, dass sie sich ernsthaft auf die Ost-CDU und Liberalen konzentrierten, und man könne von den westlichen Besatzungsmächten ja nicht erwarten, dass sie sich mit den Kommunisten unterhielten. Es gebe deshalb nur eine zentrale Kraft für die politische Zukunft Deutschlands, und die heiße SPD.

Pieck wurde blass: Grotewohl hatte sich eindeutig als Gegner der Vereinigung von SPD und KPD erwiesen. So war die Lage Anfang November 1945. Für die KPD ging es ums Ganze – denn im Spätherbst 1945 hatten die vier Besatzungsmächte in einer Erklärung des Alliierten Kontrollrats bekanntgegeben, dass noch im Laufe des Jahres 1946 in allen Zonen und Ländern Kommunal- und Landtagswahlen stattfinden würden. Die stärkste Partei Deutschlands wäre dann die SPD. Der KPD bliebe, wenn überhaupt, bestenfalls der zweite Rang. Es drohte die Opposition in einer parlamentarischen Demokratie – für stalinistische Apparatschiks ein Albtraum.

Ich sah Grotewohl damals nach seiner Rede weniger kritisch, als Wilhelm Pieck es tat. Aus heutiger Sicht würde ich sagen, dass ich ein gemäßigter KPD-Funktionär war: Ich habe gern mit den Sozialdemokraten zusammengearbeitet und versuchte nun auch, der Position Grotewohls gegenüber Verständnis aufzubringen. Ich kannte den SPD-Mann durch seinen besten Freund Erich W. Gniffke, einen Sozialdemokraten, der später bei der Vereinigung von KPD und SPD zur SED engagiert war. Gniffke ist im Oktober 1948 aus der Sowjetzone Deutschlands geflohen und war im Westen erneut für die SPD tätig.

Erstaunt verfolgte ich jedoch den wundersamen Wandel Grotewohls in den nächsten Wochen. Nach seiner Rede galt er als größter Feind der Vereinigung schlechthin. Ab Ende Dezember 1945 kursierten im Zentralkomitee der KPD erste Gerüchte: Er sei zu Marschall Shukow eingeladen worden. Mit dem Oberkommandierenden der sowjetischen Streitkräfte traf man sich nicht zum Tee. Es wurde spekuliert, was Shukow zu Grotewohl gesagt haben könnte.

Ich hörte damals folgende Version: «Genosse Grotewohl, über uns Sowjetkommunisten kann man verschiedener Meinung sein, das ist auch gestattet. Es gibt vieles zu kritisieren. Aber niemand hat je – auch die schlimmsten Antikommunisten nicht – den Sowjetkommunisten vorgeworfen, sie seien dumm. Aber wir wären dumm, Genosse Grotewohl, wenn wir uns in unserer Deutschlandpolitik alleine auf die deutschen Kommunisten konzentrieren würden. Das wäre geradezu lächerlich. Jeder, der sich in der deutschen Politik auskennt, weiß, dass es nur eine Kraft gibt, auf die sich ein Land wie die Sowjetunion stützen sollte, und das ist die SPD. Deswegen wollen wir die Vereinigung von SPD und KPD. Wir wollen dadurch nicht die KPD retten, sondern endlich eine einheitliche Linkspartei haben unter einer ernstzunehmenden Führung – und da denken wir an Sie und Ihre Partei.»

Es ist sehr wahrscheinlich, dass Shukow tatsächlich auf diese oder eine ähnliche Weise Otto Grotewohl Avancen gemacht hat – ich hatte ihn mehrfach reden gehört. Mit Sicherheit hat er es nicht mit dem losen Versprechen von Geld und Posten versucht, sondern mit einem Angebot, das eine Mischung darstellte aus Einfluss für die Sozialdemokratie und persönlichen Vorteilen. Zusätzlich soll Shukow noch gefragt haben, ob Ulbricht ein Störenfried sei, ob Grotewohl wünsche, dass Ulbricht zurückgezogen werde. Was für ein Vorschlag – allein diese Möglichkeit zu erwähnen, muss Wunder gewirkt haben.

Am 3. Januar 1946, nur wenige Tage nach Grotewohls Gespräch bei Shukow, feierte Wilhelm Pieck seinen 70. Geburtstag. Auch der neue Oberbürgermeister von Berlin, Arthur Werner, war bei der Festveranstaltung anwesend. Wir hatten ihn ja selbst ausfindig gemacht und eingesetzt, heute nun würde er Pieck die Ehrenbürgerschaft von Berlin verleihen. Werner überreichte eine Urkunde, und alle glaubten, das sei der Höhepunkt des Abends – bis Otto Grotewohl kam. Wie aus dem Nichts stand er plötzlich auf der Bühne.

Unter den Anwesenden machte sich Unruhe breit, denn in diesen Tagen war Grotewohl für jeden Kommunisten ein rotes Tuch. Auch ich befürchtete einen Eklat. Aber Grotewohl ging mit ausgestreckten Armen auf Pieck zu. Selbst heute kann ich fast nicht glauben, was ich dann hörte. Grotewohl erklärte: «Wenn wir auch keinen Ehrenbürgerbrief zu überreichen haben, so haben wir dafür etwas Schlichteres, aber von Herzen Kommendes zu überreichen, nämlich dir, lieber Wilhelm Pieck, einen Händedruck: einen Händedruck, der nicht nur für heute Bedeutung haben soll, sondern so lange währen soll, dass die Hände sich nicht mehr trennen.» Das schlug ein wie eine Bombe. Wir wussten sofort, was das bedeutete. Was sich da auf der Bühne soeben abgespielt hatte, das war nichts anderes gewesen als der vorweggenommene symbolische Gründungsakt der SED.

Das Gespräch mit Shukow hatte offenbar seine Wirkung nicht verfehlt. Grotewohl war wie ausgewechselt. Ich erlebte das schon bald selbst. Seit Gründung der KPD im Juni 1945 arbeitete ich in der Abteilung «Agitation und Propaganda» im Zentralkomitee der KPD in der Wallstraße. Eines Tages – die gesamte Parteiarbeit konzentrierte sich bereits auf die Neugründung – besuchte uns Grotewohl, ohne vorherige Anmeldung. Er stellte sich kurz vor und kam dann gleich zur Sache. Er habe über das Emblem der neuen Einheitspartei nachgedacht. Es gab bereits verschiedene Vorschläge von Künstlern, aber Grotewohl hatte seine eigene Idee. Wir sollten einen Händedruck abbilden – sein Auftritt bei Piecks Geburtstag war ihm wohl noch in guter Erinnerung. Im Hintergrund des Parteizeichens sollte eine rote Fahne wehen. Er zog ein paar Skizzen aus der Tasche und war mit den Worten «Ihr kriegt das schon hin» wieder verschwunden. Danach haben wir uns häufiger getroffen. Er kam einige Male zu uns ins Zentralkomitee der KPD.

Grotewohl war kein gewöhnlicher Parteifunktionär. Seine Reden hielt er frei, etwas, was Kommunisten nie richtig beherrschten, und dabei brachte er Dinge zur Sprache, die sonst niemand zu äußern wagte. Auch bei seiner Rede im Admiralspalast auf dem Vereinigungsparteitag von SPD und KPD am 21. und 22. April 1946. Später wurde seine Rede zensiert, weil sie Ansichten enthielt, die in der DDR tabu waren: Die neugeschaffene Sozialistische Einheitspartei werde eine so starke Kraft sein, dass – und er rief es krachend in den Saal hinein – «wir auf die Bajonette der Russen nicht mehr angewiesen sind!». Man merkte sofort, darauf hoffte er nicht nur, davon war er wirklich überzeugt: Die SED würde das Ende der Besatzung einleiten, denn die Sowjets wollten nur politische Stabilität erreichen, und mit der SED sei dieser Forderung wohl Genüge getan. Vielleicht hat Shukow selbst ihm bei jenem Geheimgespräch sogar den Abzug der sowjetischen Truppen in Aussicht gestellt.

Ich habe Grotewohls Hoffnung damals jedenfalls geteilt, und deshalb war auch ich, wenn zuweilen etwas besorgt, für die Gründung der SED. Im Nachhinein hat sich dieser Glaube allerdings als Illusion erwiesen.

In all seinen verschiedenen Phasen umfasste der Vereinigungsprozess den Zeitraum von Juni 1945 bis April 1946. Auf mehreren Konferenzen trafen sich Vertreter beider Parteien zu Verhandlungen. Die KPD startete eine riesige Kampagne, die für den Zusammenschluss werben sollte. Bald schon gab es gemeinsame Schulungsabende. Während dieser Zeit habe ich auch versucht, die Stimmung bei den Sozialdemokraten kennenzulernen. Als Kommunist ging ich mehrfach auf SPD-Konferenzen und war stets schon am Eingang überrascht. Keiner fragte mich nach meinem Parteibuch, gab es hier denn keine Kontrolle? Ich fühlte mich ein wenig unwohl, aber gespannt lauschte ich den Argumenten der Sozialdemokraten.

Es gab alle möglichen Auffassungen: Manche hofften, die

Kommunisten hätten sich verändert, und glaubten nun, man müsse ihnen entgegenkommen, andere befürchteten, die KPD würde die Sozialdemokraten als politische Blutspender nutzen. In den späteren Darstellungen wird gerne behauptet, die SPD-Mitglieder seien fast alle gegen die Vereinigung gewesen, aber das ist genauso einseitig und falsch wie die Behauptung der DDR-Geschichtsschreibung, die Sozialdemokraten hätten allesamt die Vereinigung begrüßt. Damals wurden viele Sozialdemokraten von den sowjetischen Kommandanten unter Druck gesetzt, ja gezwungen, den Widerstand gegen die Vereinigung aufzugeben. Manche Delegierte wurden noch während der Fahrt zum zentralen Parteitag, auf dem die endgültige Entscheidung getroffen wurde, aus den Zügen geholt und verhaftet. Zuvor hatten sie eine Urabstimmung gefordert, aber im Sowjetsektor wurde sie verboten. Damals wusste ich noch nicht, wie unnachgiebig sich der sowjetische Apparat gegenüber den Sozialdemokraten verhielt.

In den Monaten vor der Gründung der SED war ich überzeugt, es gehe um das Schicksal Deutschlands. Ich dachte, jeder müsse sich dafür interessieren. Zum 50. Jahrestag der Vereinigung von KPD und SPD im April 1996 habe ich mir dann die Mühe gemacht und alle Berliner Zeitungen der damaligen Zeit bestellt, vor allem die aus den westlichen Sektoren. Ich wollte nachlesen, was damals geschrieben wurde. Das Ergebnis war ernüchternd. Der ganze Vereinigungsprozess kam in der Berichterstattung nur am Rande vor. Die Vorstellung, der «Tagesspiegel» und andere westliche Zeitungen hätten die Gründung der SED täglich kritisiert, war irrig. Über die griechischen Monarchisten wurde ausführlicher berichtet als über die Berliner SPD. Wenn sich die Menschen damals so sehr für den SED-Vereinigungsprozess interessiert hätten, wie sie es heute tun, über 60 Jahre später, dann hätte es womöglich gar keine Vereinigung gegeben. Mit Sicherheit aber hätte sie eine andere politische Gestalt angenommen. Nicht unwichtig, denn immerhin wurde mit der SED in jenen Monaten die Organisation gegründet, die später für vier Jahrzehnte alle Fäden im östlichen Teil Deutschlands in der Hand hielt.

Bei den Wahlen am 20. Oktober 1946 wurde die SED zur stärksten Partei in der sowjetischen Besatzungszone. Nur bei der Wahl für Gesamtberlin musste sie eine herbe Niederlage einstecken, denn hier konnte die SPD als eigenständige Kraft antreten. Die SED hat es indes schon bald verstanden, sich um die Privilegien ihrer Funktionäre zu kümmern. Zu den Anfangszeiten der KPD war es bescheidener zugegangen. Ich besitze noch die Kopien der Gehaltslisten des Zentralkomitees vom Juli 1945. Die vier Spitzenfunktionäre, die das «Sekretariat» bildeten, bekamen ein Gehalt von 800 Mark, dann folgten die fünf Hauptreferenten. Danach kamen etwa zwölf Referenten, zu denen gehörte ich, uns standen damals 600 Mark zu. Die Reihenfolge der Namen in der Liste war hierarchisch gegliedert, ich war vor Erich Honecker und Lotte Kühn-Ulbricht aufgeführt. Etwas weniger bekamen die einfachen Sekretäre. Insgesamt gehörten 24 Mitarbeiter zur Parteileitung. Später arbeiteten im Zentralkomitee der SED zweitausend Menschen. Die Zahl spricht Bände, vor allem, weil sie das Ausmaß der Bürokratisierung der Partei verdeutlicht.

Vor Gründung der SED waren nur wenige so privilegiert, dass sie im sogenannten «Ghetto» in Niederschönhausen lebten. Hier lag die Residenz der Spitzenfunktionäre, bevor sie nach Wandlitz gezogen sind. Man konnte den Bezirk nicht einfach betreten, man musste zuvor um einen Einlassschein bitten. Und nur mit dieser Erlaubnis kam man auch wieder raus. Alles wurde notiert, fast wie damals im Hotel «Lux» in

Moskau. Manchmal lehnten die Spitzenfunktionäre es aber auch ab, in Villen zu wohnen.

Ich teilte mir mit dem ersten Sekretär der KPD von Berlin, Waldemar Schmidt, eine Wohnung. Schlicht, möbliert und in Pankow. Auch uns waren große Häuser angeboten worden, aber wir lehnten ab. Nicht zuletzt deshalb, weil es sich hier etwas unbeobachteter leben ließ und man nicht ständig unter Aufsicht stand. Ein wirkliches Privatleben kannte ich trotzdem nicht. In der Sowjetzone schloss ich Bekanntschaften eigentlich nur über die Partei. So fuhr ich gelegentlich in FDJ-Schulen, um Vorträge zu halten. Mit den hübschen Mädchen dort flirtete ich natürlich auch, und manchmal gab es in den Schulen sogar eine Tanzveranstaltung, auf der man sich näherkommen konnte.

Nachdem ich für die Gruppe Ulbricht und für die KPD-Zeitung gearbeitet hatte, war ich im Zentralkomitee für die Schulungsabteilung tätig. Die Partei begann, wöchentlich ein Schulungsheft herauszugeben, die sogenannten «Vortragsdispositionen». Erst gab es mehrere Autoren für die Hefte, aber sie hielten sich nicht an den Redaktionsschluss. Ich sollte das dann alleine besorgen: jeweils 16 Schreibmaschinenseiten lang, mit einer klaren Gliederung, leicht verständlich und, besonders wichtig, zehn Kontrollfragen am Ende, wie es bei Kommunisten eben üblich war. Das Ganze wurde noch ergänzt um eine Literaturliste von acht Artikeln, die nur von Parteifunktionären oder den «Klassikern» verfasst sein durften: Marx, Engels, Lenin, bis 1953 noch Stalin.

Die Hefte wurden, wenn ich mich richtig erinnere, in einer Auflage von etwa 100 000 Stück an die Mitglieder der Partei vertrieben. In den Betrieben und Wohnbezirken gab es dann wöchentliche Schulungstage, auf denen die jeweils vorher festgelegten Themen anhand der Hefte besprochen wurden, etwa die aktuellen Fragen der Ernährungspolitik, die Arbeit der Partei auf dem Lande oder der notwendige Kampf gegen Militarismus und reaktionäres Preußentum. Ich schrieb die Texte mit der politischen Linie, die für alle Mitglieder verbindlich war. Doch mein Name tauchte dabei nie auf. Ich war die anonyme Stimme der Partei.

Ein gewichtiger Unterschied zwischen einer parlamentarischen Demokratie und einem System sowjetischer Prägung liegt darin, dass in Ersterer jeder zu allem seinen Kommentar abgibt, im Kommunismus aber jeder ausschließlich über sein Gebiet zu reden hatte. Was für die anderen Bereiche galt, erfuhr man aus den Schulungsheften.

Vor der Drucklegung fuhr ich jeden Sonntagabend nach Niederschönhausen zu Anton Ackermann, der damals für die Bereiche Kultur und Bildung verantwortlich war. Wir verstanden uns ausgezeichnet, tranken ein bisschen Wein und besprachen das Heft. «Darf ich daran erinnern, lieber Wolfgang, dass wir keine Oppositionspartei sind», scherzte er manchmal. Ich habe ihn als sehr offenen und herzlichen Menschen erlebt. Schon früher in Moskau, als ich mit ihm beim Radio «Freies Deutschland» arbeitete, hatte er nie hierarchisch gedacht. Er hörte zu und argumentierte – eine Seltenheit in der Sowjetunion unter Stalin. Obwohl ich damals erst knapp über zwanzig war, zog er mich zu Gesprächen hinzu, bot mir an, Kommentare zu schreiben, und setzte mich schließlich sogar vors Mikrophon, ohne dass ich Übung besaß. Er hatte sich schließlich auch gegen das Establishment durchgesetzt. Er stammte nicht aus intellektuellen Kreisen. Andere Kulturpolitiker wie Rudolf Herrnstadt und Lothar Bolz kamen aus jüdischen Anwaltsfamilien, Ackermann hingegen wurde kein Buch in die Wiege gelegt.

Im September 1947 rief mich Franz Dahlem zu sich. Er war für «Kaderfragen» zuständig, im Westen «Personalfragen» genannt. Es war durchaus üblich, dass ein Funktionär nach gut zwei Jahren eine neue Aufgabe bekommen sollte. Und in der Tat, für die Parteihochschule «Karl Marx» in Liebenwalde wurden dringend Dozenten gesucht. Die Wahl fiel auf mich. Ich leitete dort fortan Kurse für die älteren Genossen. Sechs Monate lang wurden sie mit den Grundsätzen der Partei vertraut gemacht. Die Jüngeren belegten zweijährige Kurse, in der sie die marxistisch-leninistische Weltauffassung von Grund auf lernen durften. Unter den Studenten waren auch etliche KPD-Mitglieder aus dem Westen Deutschlands.

Hier traf ich Walter Köppe von der «Gruppe Ulbricht» wieder. Ich duzte ihn allerdings noch, nannte ihn, wie alle anderen auch, «Genosse Direktor». Die Fakultät, für die ich lehren sollte, konnte ich mir selbst aussuchen, und meine Wahl fiel auf Geschichte, ganz wie damals, als ich in Karaganda während der Umsiedlung mein Studium fortführen konnte. Schon im Januar 1948 zog die Schule von Liebenwalde nach Kleinmachnow um. Dort beherbergte sie ein riesiger Gebäudekomplex auf dem Gelände der Hakeburg. Unter den Nazis gehörte das Anwesen offiziell dem Reichspostministerium, war tatsächlich aber ein geheimes Forschungszentrum für Raketentechnik.

Viele Menschen fragen mich, wie die Atmosphäre auf der Parteihochschule war. Ich antworte dann immer mit einer Gegenfrage: Wann? Denn als ich im September 1947 dort meine Lehrtätigkeit begann, konnte ich fast nicht fassen, wie liberal es zuging. Ich war auf der Komintern-Schule gewesen, dort hatten Drill und Disziplin geherrscht. Hier wurde frei diskutiert. Nur Trotzki konnte man selbst jetzt nicht gefahrlos erwähnen. Mit der Freiheit war es allerdings schnell vorbei. Ab Januar 1948 nahm die Schärfe im Umgang Monat für Monat zu, offene Debatten über politische Fragen wurden seltener, bis schließlich nur noch eins galt: die Parteilinie. Man spürte förmlich, wie die Luft jeden Tag dünner wurde. Der Hauptgrund für diese Veränderung wurde mir im Frühjahr bewusst.

Am 16. April 1948 hielt Walter Ulbricht an der Parteihochschule einen großangekündigten Vortrag, fünf Stunden lang. Genug Zeit, um unmissverständlich klarzumachen, dass sich die Lage verändert hatte und bald schon eine neue Linie gefahren würde: «Wir haben jetzt die Möglichkeit, unsere Forderungen mit Hilfe der Staatsgewalt durchzusetzen.» Unsere Partei sei zu einer Staatspartei geworden, welche die Hauptverantwortung für die Lösung aller Fragen der Volkspolizei, der Wirtschaftsplanung, der Landwirtschaft und der Kulturpolitik trage. Diese Rede bekräftigte nicht nur, welch große Macht die SED nun im Staat besaß, sie klärte auch die Machtverhältnisse in der Partei selbst. Ulbricht war bis dahin eigentlich gemeinsam mit Max Fechner hinter Pieck und Grotewohl nur stellvertretender Vorsitzender. Die Tatsache, dass nun er diese wegweisende Rede hielt, zeigt: Tatsächlich hatte ein Wechsel in der Parteiführung von Pieck und Grotewohl zu Walter Ulbricht stattgefunden.

Die Machtverschiebung innerhalb der SED kann in ihrer Bedeutung, vor allem auch für den späteren Verlauf der Geschichte, gar nicht überschätzt werden. Die Rede Ulbrichts vom 16. April 1948 markierte offiziell das Ende der antifaschistischen, demokratischen Periode. Auch wenn die Kommunisten zuvor schon die führende Rolle spielten, so war man doch bemüht gewesen, wichtige Aufgaben gemeinsam mit anderen Kräften zu lösen. Gleichzeitig leitete diese Rede den Beginn eines bürokratischen und diktatorischen Systems ein, in dem die SED, und allen voran Walter Ulbricht, die ganze Macht in Händen hielt. In den drei Jahren zuvor, von 1945 bis 1948, ging es darum, Menschen zu überzeugen und auf Menschen einzuwirken. Pieck und Grotewohl hatten genau diese Fähigkeiten. Sie hatten Charisma, sie konnten die Leute begeistern und für sich einnehmen.

Im April 1948 war dies nicht mehr nötig. Da herrschte bereits ein bürokratischer Apparat, der auf Volkstribunen wie Grotewohl und Pieck nicht mehr angewiesen war. Die Bevölkerung und die einfachen Parteimitglieder spielten kaum noch eine Rolle. Jetzt brauchte man einen Apparatschik an der Spitze der Partei, einen sachorientierten, gehorsamen Funktionär, wie Ulbricht es war.

Im Unterschied zu Ulbricht waren Pieck und Grotewohl über Jahrzehnte hinweg führende Repräsentanten der deutschen Linken gewesen, die weit über die Parteigrenzen hinaus Achtung erfuhren. Von Pieck wusste man, dass er mit Karl Liebknecht und Rosa Luxemburg befreundet war und auch sein eigenes Leben bedroht war, als die beiden ermordet wurden. Er gehörte schon vor 1918 zur Spartakusgruppe, saß dann lange als KPD-Abgeordneter im Reichstag und hielt dort flammende Reden. Nach zwölf Jahren im sowjetischen Exil war er insgesamt milder geworden und neigte zum Ausgleich, so empfanden es die, die ihn von früher kannten. Er lobte zwar Stalin und verteidigte die Parteilinie aus Moskau, aber er versuchte trotzdem, einen eigenen politischen Stil zu pflegen. Es kam auf die Feinheiten an.

Mit Piecks ältester Tochter, Elli Winter, war ich befreundet, und seine jüngere Tochter Lore kannte ich schon seit meiner Zeit in der Sowjetunion. In Deutschland war ich nun öfter zu Besuch in ihrem Haus. An einem Sonntag im März 1948 kam ich mittags in Piecks Villa, und der Hausherr war noch in seinem Arbeitszimmer. Er hatte noch einmal Friedrich Engels' «Revolution und Konterrevolution in Deutschland» gelesen, aus Anlass des bevorstehenden 100. Jahrestags der Revolution von 1848. Dann schwärmte er: «Herrlich – ich konnte wieder bei den Klassikern Kraft schöpfen!» Niemand sonst in der SED, da bin ich mir sicher, hatte eine solche Freude bei der Lektüre derartiger Texte, und kein anderer hat den Jahrestag von 1848 so zu würdigen gewusst wie Wilhelm Pieck. Als leidenschaftlicher Kenner von Kultur und Kunst ging er oft ins Theater, schaute sich die Inszenierungen an, selbst diejenigen, die anzuschauen die Partei nicht zwingend vorschrieb. Wäre er nicht Vorsitzender der SED gewesen, man hätte ihn glatt einen Bildungsbürger nennen müssen.

Ich habe Wilhelm Pieck als Mensch geschätzt. Er war auch einer der wenigen Spitzenfunktionäre, die sich für das Schicksal meiner Mutter interessierten. Er hat sich sogar mehrfach für sie eingesetzt. Nach zehn Jahren im Gulag Workuta war sie 1946 in den Osten Kasachstans verbannt worden. Pieck bat mich, dies zu notieren. Vielleicht könne er etwas ausrichten. Das war kein leeres Versprechen, er hat sich wirklich bemüht. Im August 1948, als ich gerade Urlaub in Zinnowitz an der Ostsee machte, erreichte mich ein Telefonanruf aus Berlin. Ein Funktionär der Kaderabteilung war am Apparat: «Deine Mutter ist angekommen. Komm sofort nach Berlin.» Offiziell war sie ja nur zu fünf Jahren Haft verurteilt worden, allerdings wurden die Entlassungen zu Kriegsbeginn 1941 gestoppt. Und nach 1945 entspann sich ein langes bürokratisches Ringen, bei dem Wilhelm Piecks Hilfe schließlich den Ausschlag gab.

Zwölf Jahre hatte ich sie nicht gesehen. Damals war ich ein Kind, jetzt ein junger Mann. Beide waren wir andere Menschen geworden, und beide hatten wir dem Stalinismus abgeschworen. Meine Mutter, nach all dem Leid, das sie ertragen musste, natürlich noch viel deutlicher als ich. Mir gegenüber sprach sie Klartext: «Die Sowjetunion ist kein sozialistisches Land!» Langsam dämmerte es auch mir.

Ulbricht war das Schicksal der Kommunisten, die unschuldig inhaftiert waren, gleichgültig. 1948 hatte ich, anders als in den Jahren zuvor, keine engen Kontakte mehr zu ihm. Mir liegt sehr daran, den Unterschied zwischen 1945 und 1948 klarzumachen. Das Klima in der Parteispitze hatte sich komplett verändert. Direkt nach Kriegsende waren die politischen Strukturen noch nicht so erstarrt, und gerade deshalb war der Umgang untereinander lockerer und entspannter. Man musste ständig improvisieren. Sicher war Ulbrichts Auftreten schon in unseren ersten Wochen in Berlin sehr dominant, aber man konnte damals noch mit ihm reden. Jetzt war das undenkbar. Es wäre mir nicht im Traum eingefallen, das Wort an ihn zu richten. Er hätte das wohl als eine Anmaßung betrachtet.

Ich kann nicht behaupten, dass Walter Ulbricht mich enttäuscht hätte. Persönlich schon gar nicht, meine Zuneigung ihm gegenüber hatte sich schon immer in Grenzen gehalten. Sein harter politischer Kurs überraschte mich nicht. Stattdessen versuchte ich, auch diese Entwicklung möglichst nüchtern zu beurteilen: Meine letzte Hoffnung auf eine sozialistische Entwicklung war längst begraben. In seinem fünfstündigen Auftritt an der Parteihochschule hatte Ulbricht ihr die Totenrede gehalten.

Ulbricht war sehr fleißig. Zu den Sitzungen des Politbüros erschien er immer perfekt vorbereitet. Alle wichtigen Unterlagen hatte er gelesen, die nötigen Fakten parat. Sein Gedächtnis war phänomenal, er konnte sich jeden Namen merken, und jede Person mit ihren wichtigsten Eigenschaften und Fähigkeiten war in seinem Kopf gespeichert. Bei Bedarf griff er darauf zurück. Folgerichtig bestand seine große Stärke und seine liebste Beschäftigung darin, Personalfragen zu klären: Einsetzen und Absetzen, von Ulbricht als «Nehmen und Stecken» bezeichnet.

Ich erinnere mich an einige Treffen in den ersten Nachkriegswochen. Wir saßen öfter beieinander, und dann wurde diskutiert, manchmal ging es sogar heiter und laut her. Aber das sächsische Nuscheln vom Nachbartisch, dort, wo Ulbricht mit seinen Leuten saß, mit Gyptner und Winzer, war immer deutlich vernehmbar: «Den nehmen wir, den können wir gebrauchen. Der andere kann auch was, der ist ein guter Mann – aber zu weich, zu weich! Den stecken wir.» Es ist bemerkenswert, dass Ulbricht sich höchstpersönlich um die personelle Zusammensetzung von Institutionen, Behörden und Parteiorganen gekümmert hat. Gelegentlich erschien er sogar unangemeldet in irgendwelchen Behörden, zur Kontrolle. Einerseits hat er also zielstrebig den bürokratischen Apparat aufgebaut, dieses anonyme System, in dem der Einzelne eigentlich nichts zählte. Andererseits kannte er alle wichtigen Personen und alle ihre Schwächen. Sicher gründete sich auch darauf seine spätere Machtfülle. Alles andere interessierte ihn nicht, weder Literatur noch Kunst, Malerei oder Musik. Und die Schönheit der Natur schon gar nicht.

Einmal, im Sommer 1945, es ging um die Bodenreform, bin ich mit ihm übers Land gefahren, durch die einzigartige Mark Brandenburg. Ich war nicht so vermessen, ein Gespräch über Fontanes Wanderungen zu erwarten, aber Ulbricht hat nicht einmal aus dem Fenster geschaut. Sein Blick klebte an den Akten auf seinem Schoß. Gerüchte über sein Privatleben gab es kaum, nicht einmal Frauengeschichten. Es wird behauptet, er habe in der Sowjetunion, im «Hotel Lux», eine Affäre mit einer Rumänin gehabt. Ob das stimmt, weiß ich nicht, denn

Frauen spielten in seinem Leben eigentlich keine große Rolle. Mit Ausnahme seiner eigenen. Lotte und er passten ausgezeichnet zusammen. Sie besaß nicht einen Hauch von persönlicher Ausstrahlung. Im Unterschied zu den Honeckers später zeigten die Ulbrichts jedoch nie das Luxusgehabe der Herrschenden.

Damals hätte ich nicht gedacht, dass ausgerechnet Honecker einmal zum starken Mann der SED avancieren würde. Ich hatte ihn schon im Mai 1945 kennengelernt. Hans Mahle hatte ihn zufällig getroffen, nachdem er aus dem Zuchthaus Brandenburg freigekommen war. Etliche prominente Kommunisten waren während der Nazi-Herrschaft dort gefangen gehalten worden, Honecker auch, aber er war damals noch unbekannt. Hans Mahle brachte ihn gleich mit zur «Gruppe Ulbricht». Jemand, der wie Honecker schon in der Weimarer Republik bei der KPD gewesen war, galt bei uns in der Regel sofort als willkommen. Aber Ulbricht lehnte ab: «Kein Interesse.» Honecker wurde zunächst auch nicht zu den weiteren Treffen eingeladen, und erst später fiel ihm die Aufgabe zu, sich gemeinsam mit Heinz Keßler um die FDJ zu kümmern. Wer hätte ahnen können, dass er einst die Ära Ulbricht beenden würde, so wie Ulbricht der Ära Pieck und Grotewohl ein Ende setzte.

Neue Wege

Es fällt schwer, von Parteifunktionären als Freunden zu sprechen. Allerdings gab es Ausnahmen: Hans Mahle, meinen guten Freund, habe ich schon erwähnt. Ebenso Anton Ackermann, dem ich mich eng verbunden fühlte. Die munteren Sonntagabende in seinem Haus sind mir unvergessen, seine

Gastfreundschaft und seine Herzlichkeit, vor allem aber sein politischer Verstand. Die Zeit, in der wir wöchentlich die von mir verfassten Schulungshefte besprachen, ist wohl – politisch betrachtet – die glücklichste in seinem Leben gewesen. Das ist weniger auf die Lektüre meiner Hefte zurückzuführen, obwohl die ihm sehr gut gefallen haben. Nein, er selbst schrieb Ende 1945 seinen berühmten Artikel «Gibt es einen besonderen deutschen Weg zum Sozialismus?». Eigentlich müsste man von einer Deklaration sprechen, welche die Hoffnungen derjenigen nährte, die sich vom Sowjetsystem lösen wollten. All derjenigen, die einen Sozialismus wollten, der Freiheit bedeutete und nicht stalinistischen Terror. Ackermann musste zwar einige Passagen von der Sowjetunion absegnen lassen, aber es war sein ganz eigener Wille, diesen besonderen deutschen Weg zum Sozialismus zum Thema zu machen.

Die Idee kam keinesfalls aus dem Nichts. Bereits 1943 hatte er in Moskau erste Überlegungen dazu angestellt in einem Beitrag für die Wochenzeitung «Freies Deutschland». Dort beschrieb er acht verschiedene Länder und zeigte auf, wie unterschiedlich sie sich ökonomisch und gesellschaftlich entwickelt hatten und dass deshalb keine Gewalt von außen bestimmen dürfe, was in den Ländern politisch zu geschehen habe.

An einem Novemberabend 1945 las er mir in seinem Haus, erregt, wie ich ihn noch nie erlebt hatte, aus einem handgeschriebenen Manuskript vor, das er an jenem Abend allerdings erst zur Hälfte beendet hatte. Kaum hatte er begonnen, war ich wie elektrisiert. Und noch heute – sechzig Jahre später – spüre ich die Faszination von damals.

Bereits der Anfang war höchst ungewöhnlich: Ackermann erinnerte daran, dass Karl Marx einen revolutionären, gewaltsamen Übergang zum Sozialismus auf die kontinentalen Länder Europas beschränkt hatte, im damaligen England und

Amerika aber einen friedlichen, demokratischen Übergang zum Sozialismus für möglich hielt, weil in diesen Ländern bürgerlich-demokratische Regierungsformen herrschten ohne ausgeprägten Militarismus und ohne große Bürokratie. Daher, so Ackermann, sei es falsch, unter allen Umständen und für alle Länder und Zeiten die Möglichkeit eines friedlichen Übergangs zum Sozialismus zu verneinen.

Schon diese Feststellung war für Kommunisten, die fast immer nur vom gewaltsamen Weg gesprochen hatten, eine kleine Sensation. Ackermann ging jedoch weiter: Auch in Deutschland seien nach 1945 die Chancen für eine solche friedliche Entwicklung gegeben. Falls sich die antifaschistisch-demokratische Republik als ein Staat aller Werktätigen entwickle, so sei «der friedliche Weg zum Sozialismus durchaus möglich», und er fügte hinzu: «Niemand wünscht sich sehnlicher als wir, dass neue Kämpfe, neues Blutvergießen vermieden werden.»

Doch Ackermann ließ es auch damit nicht bewenden. Es sei notwendig, einen selbständigen Weg zum Sozialismus zu gehen, der sich von dem Russlands unterscheide. Vergnügt las er mir vor, Lenin habe stets betont, es sei der größte Fehler, die Allgemeingültigkeit russischer Erfahrungen zu übertreiben. Sie gelte nur für einige Grundzüge, und daher sei es durchaus berechtigt, einen besonderen deutschen Weg zum Sozialismus zu bejahen.

Anschließend verwies Ackermann – was besonders heikel war – auf die unterschiedliche Entwicklung in Deutschland nach 1945 und in Russland nach 1917. Dort, so schrieb er, sei die Produktivität der Arbeit relativ niedrig gewesen, die Industrie schwach entwickelt, der industrielle Teil der Arbeiterklasse gegenüber der Gesamtbevölkerung deutlich unterrepräsentiert. In Deutschland nach 1945 aber könne das hohe Niveau der Produktion rasch wieder erreicht werden, und es gebe eine unvergleichlich größere Zahl von qualifizierten Arbeitskräften.

Ackermann zog daraus zwei Schlussfolgerungen. Im Verhältnis zu den Opfern, die vom russischen Volk für den Aufbau des Sozialismus gebracht wurden, seien die Anstrengungen in Deutschland möglicherweise geringer, um einen sozialistischen Wohlstand aufzubauen. Und im Unterschied zu Russland nach 1917, so sein zweites Fazit, stelle in Deutschland die Arbeiterklasse die Mehrheit der Gesamtbevölkerung dar, und dies könnte nach ihrem Sieg den inneren politischen Kampf erleichtern und die Entfaltung einer sozialistischen Demokratie möglicherweise beschleunigen.

Ich habe mit Ackermann auch noch danach politische Diskussionen geführt. Nie aber habe ich ihn so tief bewegt erlebt wie damals, als er mir als Erstem seine Gedanken offenbarte. Es ging ja um weit mehr als einen Vorschlag für einen anderen Weg zum Sozialismus – es ging um eine Entwicklung in Deutschland, die sich von jener in der Sowjetunion vollkommen unterscheiden würde!

Dadurch musste natürlich auch die Gegenwart in einem anderen Licht erscheinen. Die Übergriffe der Roten Armee bei der Besetzung, die Demontagen, die politische Kontrolle durch die sowjetischen Offiziere, die wachsende Bejubelung der Sowjetunion – dies alles waren demzufolge zwar unangenehme, aber letztlich eben nur zeitweilige Erscheinungen.

Nach meinem Besuch bei Ackermann kam ich erst um vier Uhr früh – von den neuen Hoffnungen ganz benommen – in meine Pankower Wohnung zurück. Ich musste dann noch einige Wochen warten, bis der Artikel «Gibt es einen besonderen deutschen Weg zum Sozialismus?» im Januar 1946 endlich veröffentlicht wurde.

Der Text wurde sehr unterschiedlich aufgenommen. Die

hundertprozentigen Funktionäre übernahmen die Gedanken Ackermanns meist nur widerwillig, weil es eben die offizielle Parteilinie war. Für uns, die nachdenklichen Funktionäre, die einen eigenen Weg schon immer befürwortet hatten, war von Ackermann aber die Möglichkeit einer zukünftigen Entwicklung Deutschlands formuliert worden, die viel weiter ging, als wir es erhofft hatten.

Niemand hätte damals gedacht, dass diese gewaltigen Thesen nur wenige Jahre gelten sollten. Kaum drei Jahre später wurde alles sang- und klanglos begraben. Am 24. September 1948 wurde Anton Ackermann genötigt, einen Artikel zu veröffentlichen unter dem Titel «Über den einzig möglichen Weg zum Sozialismus». Darin sagte er sich von all seinen bisherigen marxistischen Darlegungen über den besonderen deutschen Weg los und gab als Begründung nur einen einzigen Satz an: «Diese Theorie enthält das Element von einer Abgrenzung von der Arbeiterklasse und von der bolschewistischen Partei der Sowjetunion.»

Das war das Ende der Theorie vom besonderen deutschen Weg zum Sozialismus – nicht zufällig wenige Monate nachdem Ulbricht seine Rede an der Parteischule gehalten hat. Damit aber zerriss der letzte Faden, der mich bis dahin noch mit jener Partei verband, an deren Gründung ich anfangs mit so großer Begeisterung mitgewirkt hatte.

Hat es je einen besonderen deutschen Weg zum Sozialismus gegeben? Die Antwort fällt ernüchternd aus: nein. Der Aufbau des Sozialismus verlief keineswegs eigenständig und unabhängig, sondern ganz nach dem stalinistischen Muster der Sowjetunion. Stalin wollte die SED, und die SED wollte Stalin. Ob die anfängliche Zustimmung zu Ackermanns Thesen ehrlich gemeint war, vermag ich nicht endgültig zu beantworten. Möglich, dass sie nur zum Schein unterstützt wurden, um die kommunistische Partei in Deutschland zu festigen und anschließend – wie geschehen – den «deutschen Weg» wieder in die sowjetische Fahrbahn einmünden zu lassen.

An diesem Manöver war Walter Ulbricht maßgeblich beteiligt. Mit der Ulbrichtisierung der Partei war die Sowjetisierung des Landes einhergegangen. Immer häufiger wurden Feiern zu Ehren der Sowjetunion abgehalten, die Zeitungen waren auf den Kurs Moskaus getrimmt, die Demontage der deutschen Industrie durch die Sowjetunion wurde klaglos hingenommen oder gar noch begrüßt, und auf ihr Betreiben hin ließen die Vertreter der Sowjetzone die Münchner Ministerpräsidentenkonferenz im Sommer 1947 platzen – und damit alle Träume von einem einheitlichen Deutschland.

Dass die Angleichung an die Sowjetunion keine Selbstverständlichkeit war, dass es auch anders ging, hat damals ein Land bewiesen: Titos Jugoslawien. Vielen ist heute gar nicht mehr bewusst, welche Bedeutung dieser Staat für die politische Landschaft in Europa hatte und wie mutig die politische Führung des Landes sich Moskau widersetzte. Ich selbst bin im Sommer 1947, wenige Tage nach dem Scheitern der Münchner Konferenz, zum ersten Mal nach Jugoslawien gefahren, um mich mit Vertretern der «Jugoslawischen Volksjugend» zu treffen, einer Vereinigung, die ungefähr der FDJ entsprach. Dort habe ich sehr schnell Freunde gefunden, die mir das Land zeigten. Ich war begeistert. Ich sah funktionierende Fabriken, wundervolle Museen und einige faszinierende Großprojekte, so auch den Bau einer Bahnstrecke zwischen Schamaz und Sarajevo, ein Gemeinschaftswerk von Jugendlichen aus verschiedenen Ländern.

Was ich nicht sah, waren pompöse Parteibüros und blecherne Parteiabzeichen. Stattdessen gab es die sogenannte Volksfront, die vergleichsweise eigenständig und von lästigen Parteistatuten befreit den Aufbau des Landes vorantrieb. Die Sache gefiel mir. Sehr schnell merkte ich, dass hier eine andere Stimmung herrschte als in der Sowjetunion und in der Sowjetzone.

Die Menschen gingen offener miteinander um, sprachen deutlich aus, was sie dachten, und vor allem die Jüngeren unter ihnen waren voller Begeisterung für den Fortschritt des Landes aktiv. Schweren Herzens bin ich wieder abgereist.

Umso deutlicher stand mir jetzt die Situation in der Sowjetzone vor Augen. Der Enthusiasmus und der Tatendrang, den ich auf meiner Reise kennengelernt hatte, waren hier schon lange zum Erliegen gekommen. Das enge Korsett der Einheitspartei nahm der politischen Freiheit den Atem. Seit Ulbrichts Rede hatte ich Angst zu ersticken.

Einige Wochen darauf, Ende Juni 1948, traf mich eine Zeitungsmeldung des «Telegraf» wie ein Blitz: «Stalin bricht mit Tito, Tito des Trotzkismus beschuldigt». Wie bitte? Stalin, Tito, Trotzki? Nach und nach erfuhr ich die Hintergründe: Die Kominform, die Nachfolgerin der Komintern, hatte eine Resolution erlassen, in der Jugoslawien schwere politische Fehler und «Abweichungen» unterstellt wurden. Die Resolution war eine Sammlung primitiver Lügen, ich wusste das aus eigener Erfahrung. In Jugoslawien gab es keinen «bürgerlichen Nationalismus», keine «Unterstützung der kapitalistischen Elemente auf dem Dorf» und schon gar keine «sowjetfeindliche Einstellung!». Es kam aber noch schlimmer: Man forderte von Tito das Eingeständnis dieser angeblichen Verfehlungen, und notfalls sogar eine neue Führung. Das war eine kaum verhohlene Drohung, und zwar von Seiten der Sowjetunion.

So deutlich diese Worte waren, so deutlich war auch meine Position: Ich stand auf der Seite Jugoslawiens, denn einige Stunden später kam die Antwort vom Balkan: «Das Zentralkomitee der Kommunistischen Partei Jugoslawiens hat die Anwürfe der Kominform als unberechtigt zurückgewiesen.» Im Klartext: Tito bricht mit Stalin.

Und wie reagierte die SED? Erbärmlich. Sie verurteilte die jugoslawische Führung nicht nur, sondern besaß die Schamlosigkeit, sogar noch die eigene Unterjochung gutzuheißen: «Ganz besonders zeigen die Fehler der Kommunistischen Partei Jugoslawiens unserer Partei, dass die klare und eindeutige Stellungnahme für die Sowjetunion heute die einzige mögliche Position für jede sozialistische Partei ist.» Einer Partei, deren Mitglied zu sein ich mich geschämt habe, als ich das las.

Ich wusste, dass es meine Pflicht war, meine Pflicht als Sozialist wohlgemerkt, etwas gegen diese Ungerechtigkeit und Unwahrheit zu unternehmen. Gleichzeitig hatte die Führung ihre Chance genutzt und die letzten Hoffnungen auf Ackermanns Thesen im Keim erstickt: «Der Parteivorstand stellt fest, daß auch in der SED falsche ‹Theorien› über einen ‹besonderen deutschen Weg› zum Sozialismus vorhanden sind … Der Versuch wurde dazu führen, das große sowjetische Beispiel zu mißachten.» Die SED hängte ihre Fahne nach dem Moskauer Wind.

Im November 1948 fiel mein Blick auf das Schwarze Brett im Gebäude der Parteihochschule. Jemand hatte einen selbstverfassten Artikel aufgehängt unter dem Titel: «Jugoslawien und der Genosse Leonhard». Geschrieben hatte ihn ein Lehrer aus der ökonomischen Fakultät, aber gewiss war die Weisung von oben gekommen. Meine früheren, schwärmerischen Erzählungen über die Jugoslawienreise wurden dort erwähnt, und man warf mir vor, dass ich mich nach den Ereignissen nicht klar und deutlich von Jugoslawien distanziert hätte. Man drohte mir, anders war der Aushang am Schwarzen Brett nicht zu deuten, zwar im Namen eines einzelnen, harmlosen Wirtschaftsdozenten, aber eigentlich mit der anonymen Stimme der Macht.

Dieser Druck, der jetzt auf mir lastete, erinnerte mich unweigerlich an meine Zeit in der Sowjetunion. Plötzlich waren die Bilder wieder da: wie ich als Schuljunge in meinem Bett im Schlafsaal der Karl-Liebknecht-Schule liege und zittere, ob ich tagsüber etwas Falsches gesagt haben könnte. Wie ich vor der versiegelten Wohnungstür meine Mutter stehe, die von Stalins Schergen deportiert wurde. Die ständige Verunsicherung der Menschen in der Sowjetunion, wo jede unbedacht geäußerte Silbe Verschleppung, Haft und Tod bedeuten konnten.

Und jetzt? Ende 1948 in der sowjetischen Besatzungszone Deutschlands musste ich mich sogar rechtfertigen, weil ich etwas nicht gesagt hatte. Weil ich nicht die Lügen der Parteipropaganda nachplapperte. Ich möchte nicht die Zeit der «Großen Säuberung» in der Sowjetunion mit der Atmosphäre wenige Wochen vor Gründung der DDR vergleichen, aber die jüngsten Ereignisse machten doch überdeutlich, was ich spätestens seit der Fünf-Stunden-Rede Ulbrichts an der Parteischule wusste: Einen eigenständigen Weg in Deutschland zum Sozialismus würde es nicht geben, niemals. Ulbricht hatte ganze Arbeit geleistet. Das System herrschte nach stalinistischer Manier. Was hatte ich hier noch zu suchen?

VIERTES KAPITEL

Freiheit

Am 26. April 1949 war im SED-Zentralorgan «Neues Deutschland» folgende Meldung zu lesen:

«Ausschluß aus der Partei.

Vom Sekretariat des Politbüros wird uns mitgeteilt: Wolfgang Leonhard und Ilse Streblow wurden wegen trotzkistischer Tätigkeiten aus der SED ausgeschlossen. Wie die Untersuchung des parteifeindlichen Verhaltens Leonhards ergab, hat L. mit der jugoslawischen Mission in Berlin in Verbindung gestanden und in ihrem Auftrag trotzkistische Literatur vertrieben. Er wurde dafür mit jugoslawischen Zigaretten und Lebensmitteln entlohnt. Daraus ergibt sich, daß die jugoslawische Mission in Berlin in der sowjetischen Besatzungszone trotzkistische Tätigkeit entfaltet und damit die demokratische Aufbauarbeit stört. Sie sinkt dadurch zu einer Agentur des amerikanischen Imperialismus herab, dessen Geschäfte sie besorgt. Wir warnen alle Parteimitglieder und Werktätigen vor der verbrecherischen Tätigkeit dieser Agenten.»

Jugoslawische Zigaretten, amerikanischer Imperialismus, verbrecherische Tätigkeit – es war einfach grotesk. Dennoch konnte ich diese Zeilen entspannt lesen: Ich war schon nicht mehr in Deutschland. Ich war in Belgrad, in Sicherheit. Plötzlich hatte alles ganz schnell gehen müssen.

Fluchtpunkt

Meinen Entschluss, die Sowjetzone Deutschlands zu verlassen, hatte ich schon einige Monate vorher gefasst, als mir bewusst wurde, dass ich in der Jugoslawien-Frage zu keinem Kompromiss bereit war, dass ich die Lügen der Kominform, der Sowjetführung und des SED-Politbüros nicht ertragen konnte.

Wie hatte sich die Situation in den letzten vier Jahren doch verändert! Als ich 1945 nach Berlin kam, war ich davon überzeugt, dass wir im Verlauf einer antifaschistisch-demokratischen Periode nach und nach den Weg zum Sozialismus beschreiten würden, aber es würde ein Sozialismus nach deutschen Erfahrungen und deutschen Traditionen sein, keine Kopie der Stalin'schen Sowjetunion.

Ich habe dann miterleben müssen, wie der bürokratische Apparat siegte – Ulbrichts Rede vom 16. April 1948 war der Wendepunkt. Von da an spürte ich einen inneren Widerstand. Ich fühlte, wie mir die Luft zum Atmen genommen wurde. Selbst kritische Genossen wie Anton Ackermann fielen um, der sich öffentlich dafür geißelte, dass er die angeblich «falsche Theorie» vom unterschiedlichen Weg zum Sozialismus propagiert hatte.

Ich hatte gehofft, der Zusammenschluss von Sozialdemokraten und Kommunisten würde eine Linkspartei hervorbringen, der es gelänge, das langjährige demokratische Selbstverständnis der Sozialdemokratie mit kommunistischem Aktivismus zu vereinen. Doch die anfangs vielbeschworene Parität, nach der alle wichtigen Funktionen zur Hälfte mit Kommunisten und zur Hälfte mit Sozialdemokraten besetzt waren, wurde seit 1948 einfach wieder aufgehoben.

Die SED hatte sich schon ein Jahr früher zur «Partei neuen Typs» entwickelt, ganz nach dem alleinigen Vorbild der kommunistischen Partei der Sowjetunion, auch wenn dies erst im Januar 1949 offiziell verkündet wurde. Als «bewusste Vorhut der Arbeiterklasse» beanspruchte sie die alleinige Führung der Arbeiterschaft. Sie verlangte «straffe Parteidisziplin». Sämtliche Positionen wurden von oben besetzt, den Gremien weiter unten blieb nur Gehorsam. Als «höchste Form der Klassenorganisation» sah sich die SED verpflichtet, alle anderen politischen und gesellschaftlichen Organisationen des Landes «anzuleiten». Das bedeutete nichts anderes als die totale Kontrolle des gesamten politischen Lebens.

Die SED war damit nicht mehr meine Partei. Seit Sommer 1948 ging ich den Weg in die Opposition. Und ich suchte gleichzeitig den Kontakt zu meinen jugoslawischen Freunden. Wir trafen uns entweder in der jugoslawischen Militärmission in Pankow oder später am Bahnhof Zehlendorf. Es war kurios, dass sich kritische Kommunisten mittlerweile nur noch im amerikanischen Sektor unbehelligt unterhalten konnten. Immer häufiger sprachen wir über meine Flucht nach Jugoslawien. Für mich war es selbstverständlich, nicht über den Westen zu fliehen. Später wurde ich gefragt, warum ich nicht einfach nach West-Berlin gegangen sei. Damals kam mir nicht einmal der Gedanke daran. Meine Unterstützung galt einem unabhängigen, blockfreien und sozialistischen Land. Nur dort sah ich meine Zukunft.

Doch bevor es so weit war, informierte ich in meinem Umfeld und an der Parteihochschule so viele Menschen wie möglich über die wahren Vorgänge in Titos Land. Das war nicht einfach. Wochenlang musste ich äußerst vorsichtig operieren, mich in Andeutungen ergehen und scharfen Nachfragen ausweichen, nur um ebenfalls kritisch gesinnte Genossen aufzuspüren, denen ich mich offenbaren konnte. Zu ihnen gehörte auch Ilse Streblow, eine junge FDJ-Funktionärin, mit der ich sogar über die Möglichkeit einer Flucht sprach. Ich hatte die Stellungnahme der jugoslawischen Regierung zu den Vorwürfen der Kominform aufbewahrt – das Schriftstück war in der Sowjetzone natürlich verboten. Bei Gelegenheit zeigte ich es Kollegen, von denen ich zu hoffen glaubte, dass sie ähnliche Gedanken hatten wie ich.

Einem jungen Funktionär, der zu mir kam, vertraute ich die Unterlagen an. Dass er ebenso naiv wie unbedarft war, merkte ich erst einige Tage später. Im Speisesaal der Parteihochschule saß er mit einigen Dozenten und Kursteilnehmern zusammen und verkündete lauthals, wie falsch die Sowjetunion und die SED-Führung in der Jugoslawien-Frage doch lägen, die Sache sei ja in Wahrheit ganz anders, nein, er sei sich da ganz sicher, Wolfgang Leonhard habe auch ... Er stockte, zu spät. Der Name war gefallen.

Am nächsten Tag, es war der 12. März 1949, wurde ich zum Direktor der Parteihochschule, Rudolf Lindau, bestellt. Als ich in sein Zimmer trat, saßen dort fünf Funktionäre von der Parteikontrollkommission, mit Papier und gespitztem Bleistift in der Hand. Es folgte ein gnadenloses Verhör:

«Ist es wahr, dass du parteifeindliche jugoslawische Materialien an Genossen zum Lesen gegeben hast?»

«Ist es wahr, dass du die sowjetischen Aktiengesellschaften als negativ und einem sozialistischen Land unwürdig bezeichnet hast?»

«Hast du erklärt, man sollte auf einer SED-Parteihochschule auch die Schriften Trotzkis und Bucharins durchnehmen?»

Dann folgten noch weitere Fragen, insgesamt über zwanzig. Ich antwortete jeweils mit Ja, weil ich wusste, dass alles andere zwecklos gewesen wäre. Es gab für mich nur ein Ziel: Zeit gewinnen. Ich musste erreichen, dass es noch eine weitere

Sitzung geben würde – nur noch in Freiheit bleiben und nicht gleich verhaftet werden.

Am Schluss stellte mir einer der Genossen eine Frage, die auch eine Falle sein konnte: «Erkläre doch mal, wie es kommt, dass sich ein in der Sowjetunion geschulter Genosse zu derart parteifeindlichen Äußerungen hinreißen lässt.»

Ich musste vorsichtig sein. Also erwiderte ich, es sei ja schließlich keine Kleinigkeit, dass eine kommunistische Partei mit der Sowjetunion in Konflikt gerate. Es müsse doch gestattet sein, darüber zu diskutieren. Es sei doch schließlich eine ideologische, politische, ja, eine theoretische Frage!

Die Antwort war unmissverständlich: «Du irrst, Jugoslawien ist keine politische, sondern eine administrative Frage.» Ich stockte. Eine «administrative Frage»? Das war, ich hatte es unter Stalin gelernt, eine Frage, die allein durch Vernichtung gelöst werden konnte. Am Ende des Verhörs wurde mir erklärt, mein Fall würde unmittelbar von der Parteiführung verhandelt werden, in wenigen Tagen teile man mir die Entscheidung mit.

Wenige Tage – das musste reichen. Ich ließ mich mit einem parteieigenen Auto, das gerade zufällig nach Berlin unterwegs war, vom Gelände der Parteihochschule in Kleinmachnow zur S-Bahn-Station Düppel bringen, die direkt an der Grenze zu den Westsektoren lag. Von dort aus fuhr ich zu meiner Wohnung in Pankow. Auf der Parteihochschule, so wurde mir später berichtet, hätten sie mit einer solch dreisten Flucht, wie sie es nannten, nicht gerechnet.

Meinen Nachbarn erzählte ich, dass ich schnell auf eine «Kommandierung» müsse. Ich hatte die Flucht bereits bis in die Einzelheiten geplant, und die jugoslawische Mission hatte mir dabei Unterstützung zugesagt. So ging es von Pankow eine Stunde später in einem anderen Wagen bis kurz vor die tschechoslowakische Grenze. Nach sechs Stunden setzte mich mein Fahrer ab. Dort, in der Nähe von Bad Schandau, traf ich einen Mann, den ich nicht kannte: einen Schmuggler. Zu Fuß und buchstäblich bei Nacht und Nebel überquerten wir die Grenze zur Tschechoslowakei.

Per Schlitten und Bahn gelangte ich dann nach Podmokly, und von dort fuhr ich mit dem Zug nach Prag. Mein Bekannter, bei dem ich hätte Zuflucht finden sollen, war nicht zu Hause. Vergeblich klopfte ich an seiner Tür. Wo sollte ich nur hin? Es war spät, die jugoslawische Botschaft schon geschlossen. In ein Hotel oder eine Pension? Undenkbar, jeder Ausländer wäre sofort den Behörden gemeldet worden. Und nach Mitternacht durch die Straßen zu spazieren war äußerst riskant.

Also zurück zum Bahnhofseingang, dort gab es wenigstens noch andere Menschen. Darunter leider auch zwei Milizionäre, die die Dokumente der Leute prüften. Ich schloss mich auf der Toilette ein. Plötzlich klopfte es an die Tür, und eine Stimme forderte mich auf, sofort zu öffnen. Kein Polizist, ein Glück, nur ein Bahnhofsbeamter. Ich antwortete auf Russisch, er nahm mir sogar ab, dass ich angeblich zu viel getrunken hatte. Unschlüssig machte ich mich wieder daran, den Bahnhof zu verlassen, am Ausgang kam ich zufällig mit einem Mann ins Gespräch. Er war mir sympathisch und fragte, wohin ich fahren wolle.

Ich setzte alles auf eine Karte: nach Belgrad. Er schaute sich erschrocken um. Als er dann noch hörte, ich hätte für die Nacht keine Bleibe, lud er mich zu sich nach Hause ein. Ich musste ihm vertrauen, ich hatte keine Wahl. Was, wenn ich ihn nicht getroffen hätte, was gar, wenn es eine Falle gewesen wäre? Ich möchte es mir lieber nicht ausmalen.

Nachdem ich die erste Nacht überstanden hatte, ging ich am nächsten Morgen zur jugoslawischen Botschaft. In den

Straßen der näheren Umgebung liefen tschechische Polizisten Streife, in regelmäßigen Abständen kamen sie am Eingang des Gebäudes vorbei. Ich beobachtete sie eine Weile und passte dann einen günstigen Zeitpunkt ab. Ohne gesehen zu werden, schaffte ich es ins Innere der Botschaft. Dort hatte man schon auf mich gewartet.

In meinem Buch «Die Revolution entlässt ihre Kinder», das nur wenige Jahre nach diesen Ereignissen erschien, musste ich die Rolle der jugoslawischen Behörden bei meiner Flucht notgedrungen verschweigen – ich wollte niemanden unnötig gefährden. Immerhin hatte ein Staat einem Republikflüchtling bei seiner Flucht geholfen. Ich war, wenn man so will, der erste Prager Botschaftsflüchtling aus dem Osten Deutschlands. Erst heute kann ich davon erzählen.

Man darf nicht vergessen: Selbst in der jugoslawischen Botschaft war ich damals keineswegs in Sicherheit. Die Beziehungen Jugoslawiens zum Ostblock waren schließlich schwer belastet, und wenn die tschechische Geheimpolizei herausgefunden hätte, wo ich mich befand, hätten mich auch die Jugoslawen möglicherweise nicht mehr schützen können.

Ich musste also mehrere Tage im Botschaftsgebäude verbringen, und man beschloss, mir aus Sicherheitsgründen eine neue Identität zu verschaffen. Man wollte mich als jugoslawischen Staatsbürger ausgeben, der aus der Tschechoslowakei in seine Heimat zurückkehrte, und stattete mich deshalb mit neuen Papieren aus. Mir half jetzt, was ich auf der Komintern-Schule gelernt hatte – konspiratives Verhalten gehörte damals zum Unterrichtsstoff.

Über eine Woche später wurde beschlossen, dass man es nun wagen konnte, mich auszufliegen. Da die tschechischen Behörden offenbar immer noch keine Ahnung hatten, dass ich in Prag war, gelang es mir, unbehelligt durch die Kontrollen zu kommen und das Flugzeug zu besteigen. Was wir damals nicht wussten: Es war die letzte Maschine, die für lange Zeit überhaupt von Prag nach Belgrad flog – wenig später wurden sämtliche Beziehungen zwischen Jugoslawien und den Ostblockstaaten abgebrochen.

Am 25. März 1949, dreizehn Tage nach meiner Flucht aus Berlin, landete das Flugzeug in Belgrad. Ich hatte es geschafft.

Zunächst wohnte ich bei Branko. Ich kannte ihn von der jugoslawischen Militärmission in Berlin. Er hatte mich bei der Vorbereitung meiner Flucht unterstützt, und nun half er mir auch hier. Schon am nächsten Morgen fuhren wir zu einem ehemaligen Bankgebäude, in dem das Zentralkomitee der Kommunistischen Partei residierte.

Veljko Vlahović, Mitglied des Politbüros, begrüßte mich auf Russisch: «Ich freue mich sehr, Genosse Linden, dass du jetzt hier bei uns bist.» Hatte er «Linden» gesagt? Meinen Geheimnamen, den ich in der Komintern-Schule getragen hatte? Später habe ich ihn nie wieder erwähnt, und seit Jahren hatte ich ihn nicht gehört. Aber Veljko kannte ihn. Er lachte nur: «Ich war doch damals in der Komintern, weißt du nicht mehr?» Er hatte sich einen Spaß daraus gemacht, mich zu erschrecken. «Und außerdem sind wir jetzt in Jugoslawien, hier kann man über alles reden.»

Er bot mir an, die deutschsprachigen Sendungen von Radio Belgrad zu leiten. Natürlich war ich einverstanden. Außerdem erzählte ich ihm von meinem Wunsch, eine Erklärung an meine deutschen Genossen zu richten. Es ging mir darum, die Gründe für meine Flucht zu nennen, und vor allem wollte ich, dass in der Sowjetzone die Menschen die Wahrheit über Jugoslawien erführen.

Veljko stimmte zu. Man würde die Schrift in der Sowjetzone illegal verbreiten. Er meinte aber, ich solle mir mit der Veröffentlichung Zeit lassen: «Die in Ost-Berlin wissen doch gar nicht, wo du bist. Die warten wohl, dass du in West-Berlin auftauchst, aber keiner kommt auf die Idee, dass du es von Berlin-Pankow nach Belgrad geschafft hast. Lassen wir sie doch zappeln!»

Tatsächlich wurde erst am 25. April – einen Monat nach meiner Ankunft – meine persönliche Erklärung im Rundfunk gesendet. Ich verlas sie selbst, auf Deutsch, Russisch und Englisch: «Die Verurteilung der Verleumdungskampagne gegen die KP Jugoslawiens und das sozialistische Jugoslawien wird zur dringenden und notwendigen Aufgabe aller Genossen, für die Internationalismus und internationale Solidarität keine leeren Worte sind.» Wenige Monate später wurde auch meine inzwischen verfasste Schrift «Die Wahrheit über das sozialistische Jugoslawien» gedruckt und heimlich in die Sowjetzone gebracht.

Mein Ausschluss aus der Partei blieb nicht die einzige Reaktion auf meine Flucht, die SED organisierte eine regelrechte Kampagne gegen meine Person. 47 Jahre später, 1996, erhielt ich Einblick in über dreihundert Seiten Dokumente, die diesen Vorgang detailliert beschreiben. Sie entstammen der Zentralen Parteikontrollkommission der SED. Dass meine Flucht solche Auswirkungen hatte, habe ich bis dahin nicht gewusst. Neben Walter Ulbricht nahmen noch weitere spätere Mitglieder des Politbüros aktiv an der Kampagne gegen mich teil, darunter Hermann Matern, Kurt Hager und Erich Mielke.

Dass meine Flucht so hohe Wellen schlug, hatte mehrere Gründe. Ich war ein hochrangiger SED-Funktionär gewesen, der nicht aus der SPD, sondern aus der früheren KPD stammte. Dass einer aus den eigenen Reihen, noch dazu jemand aus der Moskauer Emigration und Absolvent der Komintern-schule, zu so einem Schritt fähig war, das war ungeheuerlich. Außerdem war ich nicht in den Westen geflohen – das muss die Parteispitze provoziert haben. Sie versuchte zwar, Jugoslawien als abtrünniges Land hinzustellen, als Teil des «imperialistisch-trotzkistischen Banditentums», doch trotz aller Propaganda verbanden viele Menschen mit dem Namen Tito ein positives Bild vom Sozialismus. Auf der Parteihochschule gab es Dutzende, oft mehrstündige Sitzungen und zusätzliche Seminare für die Studenten, um das «verräterische Tun Wolfgang Leonhards» zu erörtern. Ein ähnlicher Fall sollte unter jeden Umständen verhindert werden.

Lehrende wie Lernende wurden überprüft und befragt, in welcher Verbindung sie zu mir standen. Die Atmosphäre wurde mit jedem Tag unerträglicher. Mein Freund, der DDR-Experte Hermann Weber, studierte von 1947 bis 1949 an der Parteihochschule und hat mir später von den Ereignissen berichtet. Die Verleumdungen nahmen zu, und schließlich kam es sogar zu Verhaftungen. Alle meine Sachen, die ich zurücklassen musste, wurden natürlich durchsucht, darunter sämtliche persönlichen Briefe. Bei der Abwicklung meiner Hinterlassenschaften erhielt Erich Mielke persönlich den Auftrag, mein Konto aufzulösen. Diese Aufgabe erschien ihm für seine Person wohl etwas zu profan, bis Ende Juli blieb mein Guthaben unangetastet, dann floss es in die Kassen der Partei.

Jenseits der Blöcke

In Jugoslawien erlebte ich derweil, wie eine frühere kommunistische Diktatur langsam, aber beständig lockerer und freier wurde. Die offiziellen Texte der Zentralredaktion von Radio

Belgrad wurden automatisch in andere Sprachen, darunter ins Deutsche, übersetzt. Bald übermittelte man mir auch Erklärungen von Tito selbst, und ich habe gefragt, ob ich sie kürzen oder Veränderungen anbringen könne. Ja, ich konnte. So habe ich die Worte des Generalsekretärs eigenmächtig redigiert. In allen Ostblockstaaten wäre das undenkbar gewesen!

Die kommunistische Partei Jugoslawiens zog sich aus vielen Lebensbereichen zurück. Es gab seit Frühjahr 1949 keine überflüssigen Parteiresolutionen mehr, nicht über den Fischfang, die historisch korrekte Einschätzung des Mittelalters, den Gesangsunterricht in Kindergärten – oder was man sonst noch alles in kommunistischen Ländern von oben bestimmen wollte. Das Stichwort hieß stattdessen: Dezentralisierung.

Auch an anderer Stelle erlebte ich die Öffnung. Oft besuchte ich in Belgrad den Schriftstellerklub in der Französischen Straße. Dort trafen sich die «befreundeten Ausländer», wie wir genannt wurden, Intellektuelle aus Polen, Ungarn, Rumänien, der Tschechoslowakei und weiteren Ostblockstaaten. Manchmal waren auch spanische oder italienische Tito-Kommunisten zu Gast. Zweimal im Monat gab es im Schriftstellerklub eine Parteiversammlung. Stets übermittelte der Agitprop-Sekretär Milovan Djilas bei dieser Gelegenheit die Direktiven des Zentralkomitees an die versammelte Intelligenz.

An einem dieser Tage im April 1950 gab Djilas die Direktive aus: «Genossen, von nun an wird es keine Direktiven mehr geben!» Die Versammelten schauten ungläubig – was sollten sie denn jetzt tun? Djilas schmunzelte: «Ich würde sagen, mit dem eigenen Kopf denken. Ihr seid doch Schriftsteller, das müsste euch doch gelingen!» Tatsächlich konnten sich Literatur und Kunst fortan freier entfalten und waren nicht mehr an die Vorgaben eines «sozialistischen Realismus» und hunderte Detaildirektiven gefesselt. Prompt, am selben Abend noch, brach der jugoslawische Schriftstellerverband auseinander, spontan entstanden verschiedene Arbeitskreise: für historische Literatur, für Gegenwartsliteratur oder für «Persönliche Schicksale». Man traf sich nun nach Interessen.

Ich erlebte in Jugoslawien seit Frühjahr 1949 das genaue Gegenteil dessen, was ich zuvor in der Sowjetzone erfahren hatte, wo allmählich sämtliche Lebensbereiche zentralisiert wurden und eine isolierte Führungsgruppe immer mehr die Entscheidungsgewalt an sich riss.

Von den jugoslawischen Spitzenführern lernte ich vor allem Milovan Djilas gut kennen, weil er auch die wöchentlichen Pressekonferenzen für die ausländischen Journalisten leitete. Es waren eigentlich eher Gespräche, in der Regel mit etwa einem Dutzend Auslandskorrespondenten. Diese Treffen waren beliebt, weil Djilas von Mal zu Mal origineller und unterhaltsamer wurde, er hielt Vorträge aus dem Stegreif, manchmal wusste man nicht mehr genau: Sprach er nur für sich oder noch für die jugoslawische Parteiführung? Er selbst hat einmal erklärt: «Wenn ich anfange, weiß ich nie, wo ich aufhöre.»

Über eines ließ Djilas keinen Zweifel: dass die jugoslawische Partei Moskaus Führungsanspruch bestritt. Die kommunistisch geführten Länder in ganz Europa sollten sich auf Augenhöhe begegnen und zugleich ihre ökonomische Selbständigkeit und ihre kulturellen Traditionen bewahren. Er brachte es auf die bündige Formel: «Alle auf dieselbe Art, nach demselben Rezept zum Sozialismus ist ebenso sinnlos, wie sich den Sozialismus als eine Kaserne vorzustellen, in der alle Völker in Reih und Glied aufgestellt sein müssen.»

Während sie in der Sowjetzone gehorsam die Befehle Stalins ausführten, entwickelten die Jugoslawen ihre Alternative: Die Betriebe wurden nicht mehr zentralstaatlich verwaltet, sondern von gewählten Arbeiterräten vor Ort. Andere osteuropäische

Länder verschwiegen dies ganz bewusst. Ausgerechnet die angeblichen «Tito-Faschisten» hatten als Erste die marxistische Idee der Arbeiterselbstverwaltung in die Tat umgesetzt. Die Kollektivierung der Landwirtschaft wurde gestoppt, in geheimer Wahl konnten die Mitglieder der bereits bestehenden Genossenschaften entscheiden, ob sie diese auflösen, bestehen lassen oder in veränderter Form fortsetzen wollten.

Auch die Privilegien für Funktionäre und Staatsbeamte wurden abgeschafft. Dass nicht immer die Parteiführung das letzte Wort hatte, das habe ich unzählige Male erlebt, aber am deutlichsten ist mir ein Ereignis vom Mai 1950 in Erinnerung geblieben.

An jenem Tag traf ich Tito. Ich war nach Dedinje eingeladen worden, einen Vorort von Belgrad, dort wohnte er. Nun stand ich da, in seinem Garten. Tito erschien, und ich begrüßte ihn auf Russisch. Aber er hieß mich auf Deutsch willkommen und erwartete offenbar ein ungezwungenes und persönliches Gespräch. Ich aber begann mit einer ideologischen Frage, die ich mir zuvor sorgfältig überlegt hatte: «Genosse Tito, wäre es richtiger, wenn die jugoslawischen Kommunisten den Begriff ‹Diktatur des Proletariats› neu ausarbeiten und daraus eine neue, andere Konzeption entwickeln, oder wäre es richtiger, sich von diesem Begriff, der inzwischen ja so diskreditiert ist, loszusagen?»

«Das weiß ich nicht», meinte Tito. Ich war verblüfft, weil ich bis dahin noch nie einen Parteifunktionär erlebt hatte, der offen zugab, etwas nicht zu wissen. Aber er lachte: «Ich bin doch nur Generalsekretär. Ich koordiniere, aber ich habe mich mit diesen Fragen nicht beschäftigt. Sprich doch mit Außenminister Edvard Kardelj, der kennt sich damit gut aus, oder mit Moše Pijade, der hat nicht nur die drei Bände des ‹Kapitals› ins Serbokroatische übersetzt, sondern auch vieles andere von Marx und Engels. Die beiden werden das wohl wissen.»

Danach stellte Tito seine Fragen. Er wusste, dass ich auf der Komintern-Schule in Ufa gewesen war – gemeinsam mit seinem Sohn Sharko –, und er kannte natürlich auch meine Geschichte in der Sowjetzone: «Na, lieber Freund Leonhard, Sie sind also ein ideologischer Funktionär. Dann sagen Sie mir doch mal, welches die beiden Begriffe von Marx und Engels über die zukünftige klassenlose Gesellschaft sind, die schon seit Lenin, aber vor allem unter Stalin nicht mehr erwähnt werden.»

«Das sind die ‹Assoziation der freien Produzenten› und das ‹Absterben des Staates›.»

Tito nickte zustimmend: «Genau das haben mir meine Leute auch gesagt. Wir haben überlegt und gedacht, wenn es das ist, was Marx und Engels wollten, dann sollten wir versuchen, es auch zu verwirklichen.»

Mein Besuch hatte mich endgültig davon überzeugt, dass die damalige Popularität Titos in der Bevölkerung keine erzwungene war, wie etwa die spätere Ulbricht-Verehrung in der DDR. Titos Partisanenbewegung hatte das Land ohne direktes Eingreifen der Roten Armee befreit, deshalb war Jugoslawien das einzige sozialistische Land ohne sowjetische Besatzungstruppen. Die Menschen wussten von seiner Rolle bei der Befreiung vom Faschismus, aber auch bei der Befreiung von Stalin. Zum damaligen Zeitpunkt war sein Rückhalt in der Bevölkerung tatsächlich so groß, wie es sich die Ostblock-Führer nicht einmal hätten erträumen können.

Bei aller Popularität – auch Tito hat später nur mit größter Mühe verhindern können, dass die ethnischen Konflikte zwischen Kroaten, Serben, Slowenen, Mazedoniern und Bosniern offen ausbrachen. Die offizielle Parteilosung «Brüderlichkeit, Einheit» verdeckte dabei nur, dass das jugoslawische Modell es letztlich nicht vermocht hat, die Spannungen zwischen den verschiedenen Völkern im Land dauerhaft zu lösen. Umso schlimmer trat der Hass zu Beginn des Bürgerkrieges 1992 offen hervor.

Damals jedoch, 1950, war von den zukünftigen Konflikten noch nichts zu spüren. Im Gegenteil: Neben der politischen Aufbruchstimmung im Land, die mich enorm beeindruckte, fand ich mich auch persönlich gut zurecht. Abgesehen von den schönen Tagen meiner Kindheit hatte ich mich noch nie so wohl gefühlt. Sehr viele Menschen sprachen hier Deutsch, ich selbst lernte rasch Serbokroatisch. Der ganze Druck und die Last der erzwungenen Anpassung, die ich in der Sowjetzone erlebt hatte, fielen von mir ab.

Ich verfolgte natürlich auch mit großem Interesse, was in der Sowjetzone vor sich ging. Kaum hatte ich meine Arbeit bei Radio Belgrad aufgenommen, lag mir folgende Meldung vor: «Die Besatzungsmächte West-Deutschlands haben beschlossen, ihr Besatzungsgebiet ab Mai als ‹Bundesrepublik Deutschland› zu bezeichnen und als Hauptstadt Bonn festzulegen.» Ich beschränkte mich beim Verlesen auf den Wortlaut dieser Zeilen, genauso bei der Meldung, die im Herbst 1949 folgte. Sie war im gleichen Stil verfasst: «Die sowjetische Besatzungsmacht hat am 4. Oktober beschlossen, ihr Besatzungsgebiet als ‹Deutsche Demokratische Republik› zu bezeichnen und als Hauptstadt Ost-Berlin festzulegen.» Drei Tage später, am 7. Oktober 1949, wurde die DDR offiziell gegründet.

Mir war klar, dass ich damit nicht weniger als die Teilung Deutschlands verkündete, aber ich muss zugeben, dass mich das damals nicht sonderlich bewegt hat. Welche Namen sich die damaligen Besatzungszonen gaben, war mir egal. Ich hatte mir rasch die jugoslawische Perspektive zu eigen gemacht. Ein Sprecher des Außenministeriums erklärte, man nehme die erwähnten Ankündigungen der Besatzungsmächte zur Kenntnis. Von einem deutschen Staat könne jedoch erst die Rede sein, wenn es ein vereintes Deutschland gebe, das von keinem fremden Regime regiert werde. Erst müssten alle ausländischen Truppen Deutschland verlassen. Das war das Besondere an der Haltung Jugoslawiens, des einzigen Landes, das sich weigerte, nur einen der beiden neuen deutschen Staaten diplomatisch anzuerkennen. Man wollte im Kalten Krieg Neutralität wahren. Später folgten dem Beispiel Titos auch Nehru in Indien und Nasser in Ägypten, und allmählich stieg die Zahl der blockfreien Länder weiter an.

Man hielt sich damit nicht einfach nur aus dem sowjetisch-amerikanischen Konflikt heraus, sondern vertrat eine eigene Position, gemäß dem Prinzip der Blockfreiheit: Alle internationalen Probleme sollten auf friedliche Weise durch Verhandlungen gelöst werden. Der wichtigste Gedanke ging davon aus, dass es verschiedene Gesellschaftsordnungen gebe, die die Folge unterschiedlicher Entwicklungen und Bedingungen seien. Deshalb galt es, die Souveränität der Staaten zu achten – und sich jeder Machtübernahme durch Russen oder Amerikaner zu widersetzen.

Denn es war ja offensichtlich: Die Gründung der DDR war maßgeblich vom Kreml gesteuert. Von heute betrachtet stellt sich dabei die Frage: War sie eine bloße Reaktion auf die Entstehung der Bundesrepublik, oder war ein sozialistischer Staat auf deutschem Boden von der Sowjetunion von langer Hand geplant? Meine Antwort: weder-noch. Es gab nicht nur eine einzige Linie in der sowjetischen Deutschlandpolitik. Seit dem Ende des Krieges, genauer: seit sich die Niederlage Hitlerdeutschlands abzuzeichnen begann, kursierten in Moskau zwei sehr verschiedene, aber jeweils bis ins Detail ausgearbeitete Deutschland-Konzeptionen.

Die erste sah eine langfristige Zusammenarbeit mit den westlichen Alliierten vor. Es ging darum, sich kooperativ zu zeigen. Denn nur so war es möglich, vor allem die vier wichtigsten sowjetischen Ziele zu verwirklichen: die sich abzeichnenden Neuerwerbungen in Osteuropa durch entsprechende Friedensverträge mit Hilfe des Westens zu legitimieren; in Fragen der Weltpolitik über Zusammenarbeit ein entscheidendes Mitspracherecht zu erhalten; die benötigte Wirtschaftshilfe für die Sowjetunion und die osteuropäischen Länder zu erhalten; und schließlich die Forderungen nach deutschen Reparationszahlungen durchzusetzen.

Daneben wurden im Kreml andere Überlegungen angestellt. Man entwickelte eine Art Plan B, dessen einziges Ziel es war, den Besitzstand in Osteuropa zu sichern, falls die Zusammenarbeit mit dem Westen scheitern sollte. Von der Möglichkeit eines getrennten ostdeutschen Staates war dabei allerdings zunächst noch nicht die Rede. Auch das Nationalkomitee «Freies Deutschland», das 1943 in Moskau geschaffen wurde und für das auch ich gearbeitet hatte, war prinzipiell so angelegt, dass es für beide politischen Konzeptionen eingesetzt werden konnte. In der Zeit von 1945 bis 1949 stand nun erst die Zusammenarbeit mit dem Westen im Vordergrund, aber schrittweise gewann die zweite Konzeption die Überhand.

Es gab mehrere Gründe für den allmählichen Umschwung, der sich vor allem auf die sowjetische Deutschlandpolitik auswirkte. Der Anfang wurde vielleicht schon am 16. Juli 1945 gemacht, als die Amerikaner bei einem Test die erste Atombombe oberirdisch zündeten – einen Tag vor der Potsdamer Konferenz. Die Sowjetunion hatte zwar offiziell die Bedeutung des Ereignisses heruntergespielt und bald ihrerseits atomar aufgerüstet. Doch es hat das Misstrauen der Sowjetführung gegenüber den westlichen Alliierten sicher gefördert.

Die verheerenden Wahlniederlagen der Kommunisten in Österreich und Ungarn Ende 1945 sorgten dann dafür, dass die sowjetische Führung freien Wahlen in Osteuropa äußerst skeptisch gegenüberstand. In diesen Zeitraum fiel ja auch der Entschluss, die SED zu gründen. In den Jahren 1947 und 1948 wurde die Sicherung des Einflusses auf Osteuropa und auf die Sowjetzone zur höchsten Priorität. Truman hatte in seiner berühmten Doktrin allen Staaten, die sich in ihrer Freiheit bedroht sahen, die Unterstützung durch die USA zugesichert.

Die Sowjetunion musste immer mehr Energie darauf verwenden, ihren Block zu sichern, und dies war gleichbedeutend mit der Errichtung eines moskautreuen Staates auf deutschem Boden. Die DDR war also ein Land von Stalins Gnaden, zu dessen Nutzen und nur dem Namen nach demokratisch.

Besonders deutlich zeigte die DDR ihren undemokratischen Charakter bereits im Oktober 1950, bei den ersten Volkskammerwahlen. Eigentlich sollte die Abstimmung schon ein Jahr früher stattfinden, aber man glaubte, durch den Zeitgewinn eine günstigere Ausgangslage für die Regierung schaffen zu können. Einheitslisten wurden aufgestellt, und als die Bevölkerung protestierte, wurden sie nicht zurückgezogen. Das Regime druckte stattdessen Informationsbroschüren in Millionenauflage, um das Wahlverfahren zu rechtfertigen. Darüber hinaus war es schon Wochen vorher zu Säuberungen in der SED gekommen, und vor allem Funktionäre, die die Hitlerzeit nicht im sowjetischen Exil verbracht hatten, wurden ihrer Ämter enthoben und konnten nicht mehr kandidieren. Bereits mit dieser ersten Wahl hatte die DDR-Führung ihr angebliches Ziel eines demokratischen Sozialismus ad absurdum geführt.

Meine Sendungen für Radio Belgrad, in denen ich auch über

die Entwicklung in der frühen DDR berichtete, waren stets an die Bevölkerung in ganz Deutschland gerichtet, aber in Ostdeutschland konnte man verhaftet werden, wenn man sie hörte. Trotz des Verbots erreichten mich zahlreiche Briefe von DDR-Bürgern, die sich meist positiv über meine Sendungen äußerten. Sie fuhren in den West-Sektor Berlins – damals gab es ja noch keine Mauer – und schickten von dort ihre Post an mich nach Belgrad ab.

Ich habe mich damals auch regelmäßig mit Journalisten aus dem Westen getroffen. Immer wieder fragten sie mich nach meiner Meinung zur deutschen Teilung. Stets habe ich die offizielle jugoslawische Linie vertreten, und zwar aus einem einfachen Grund: Sie entsprach meiner Überzeugung. Einmal wollte mich ein Reporter aus der Reserve locken: «Herr Leonhard, Sie lehnen also gleichermaßen das kapitalistische und das stalinistische System ab. Sie nennen das Äquidistanz. Aber, Hand aufs Herz, wo würden Sie persönlich denn lieber leben – in Bulgarien oder in Frankreich?» Ich musste lachen, erwiderte aber so ernst wie möglich: «Also, diese Frage kann ich Ihnen leider nicht beantworten, ich bin für ein blockfreies Land wie Jugoslawien.»

Es gab übrigens in den ersten Monaten nach dem Bruch Jugoslawiens mit Moskau nur selten Kontakte zu bundesdeutschen Journalisten. Der Erste von ihnen, der Jugoslawien besuchte und den ich im Frühjahr 1950 kennenlernte, war Gerd Ruge. Er war damals Anfang zwanzig und arbeitete für den NWDR. Er brannte darauf, das im Wandel begriffene Land kennenzulernen. Wir unterhielten uns mehrfach, und er erkannte natürlich, dass Jugoslawien sich ernsthaft vom Ostblock getrennt hatte und eine eigenständige Entwicklung beschritt. Aber er war kritisch, längst nicht so begeistert wie ich. Immerhin zitierte er stets gern mein Urteil über ihn, das ihm jugoslawische Freunde kolportiert hatten: «Für einen Westdeutschen ist Gerd Ruge eigentlich ganz fortschrittlich.»

Generationenkonflikt

Wenige Wochen nach meiner Ankunft in Belgrad gelang es mir, die Adresse meines Vaters ausfindig zu machen. Er, der Schriftsteller Rudolf Leonhard, lebte damals in Paris. Zuvor hatte ich ihn nur ein einziges Mal in meinem Leben gesehen. Während des Zweiten Weltkriegs war er in der französischen Widerstandsbewegung aktiv gewesen und dann 1945 Vorsitzender der Bewegung «Freies Deutschland» in Frankreich. Als Gast der französischen Militärmission kam er im Sommer 1947 nach Berlin, und dort haben wir uns getroffen.

Natürlich war mein Vater überzeugter Kommunist, in Frankreich brachte ihm das keine Probleme ein – de Gaulle führte ja sogar eine Koalitionsregierung mit starker Beteiligung der KP. Bei unserem Treffen haben wir uns durchaus gut verstanden, auch wenn wir beide etwas angespannt waren und uns nicht so richtig in das Leben des anderen hineindenken konnten. Er fuhr schließlich zurück nach Paris, ich harrte noch knapp zwei Jahre in der Sowjetzone aus.

Von Belgrad aus nahm ich 1949 den Kontakt wieder auf und berichtete ihm in einem Brief von meiner Flucht. Von den Gründen, die mich zu diesem Schritt bewogen, von den Ängsten, die ich in der Sowjetzone ausgestanden hatte, und den Hoffnungen, die ich hier in Jugoslawien hegte.

Doch davon wollte er nichts wissen. Seine Antwort per Brief war nichts weniger als ein Schlag ins Gesicht. Wie ich es wagen könne, zu den Tito-Verrätern überzulaufen! Ja, sogar mich selbst stempelte er im Ton eines Schulmeisters zum Verräter: «Es ist, das mußt Du wissen, wenn Du es nicht gewußt hast, eine Übersiedlung nicht in eine andere Stadt und in ein anderes Land, sondern in eine andere Front. Du hast genug gelernt und sogar schon gelehrt, um zu wissen, daß es heute nur zwei Fronten gibt und nur zwei Fronten geben kann: die der Zukunft und die der Vergangenheit, die der Revolution und die der Reaktion, die des Krieges und die des Friedens.»

Ich war nach seiner Meinung also übergelaufen, zur Reaktion, zur Vergangenheit und, das ist der schlimmere Vorwurf, zur Seite des Krieges. Das war schlichtweg verrückt und infam. Selbst wenn ich diese Anschuldigungen auf seine Unwissenheit zurückführte, waren sie fast nicht zu ertragen.

Stärker noch trafen mich aber folgende Worte: «Ich könnte Dir – und glaube mir, daß mich nicht das Persönliche daran berührt – Glossen aus den wüstesten sozialdemokratischen Presseerzeugnissen mit spöttischen Angriffen auf mich und peinlichst höhnischer Bewunderung für dich vorlegen, Glossen über Deine Flucht, denn auch sie sehn es als eine Flucht an, und es ist in der Tat eine Desertion – die Dir gröblichst und nachdrücklichst zeigen würden, was du (nicht für mich, aber für Dich) angerichtet hast. Ich weiß nicht, ob es noch rückgängig, ob es noch gutgemacht werden kann; ich möchte es hoffen können.»

Möglicherweise hatte er sich über einen Artikel des «Spiegels» geärgert. Und offenbar fürchtete er entgegen seiner Beteuerung doch ganz persönlich die Auswirkungen meiner Flucht auf sein eigenes Bild in der Öffentlichkeit. Das Magazin hatte am 7. Mai 1949 einen Bericht über meine Flucht veröffentlicht, verfasst in seinem damals typischen Jargon.

Meine Erklärung vom 25. April wurde im Artikel erwähnt: «Dann bescheinigte der junge Feuerkopf den verkalkten Gebetsmühlendrehern in Klein-Machnow den Holzweg. Nicht nur via Moskau führe der Weg zum wahren Kommunismus. Er habe schon bei seinem früheren jugoslawischen Aufenthalt (...) tiefe Sympathie für den forschen Zug im Wesen Titos und seiner Anhänger entdeckt.» Der Artikel behauptet aber auch, Rudolf Leonhard sei gar nicht mein leiblicher Vater, sondern der «Tschekist» Bronski. Und der Verfasser erwähnt, dass Rudolf Leonhard, der «Links-Schriftsteller und SED-Intelligenzler», beim Pariser Weltfriedenskongress als Literat die Sowjetzone vertreten sollte, aber vom SED-Politbüro zurückgezogen wurde – wegen meiner Flucht. Er sei deshalb «arg beklommen». Wie sehr dies meinen Vater getroffen hat und seine ablehnende Haltung mir gegenüber noch steigerte, kann nur vermutet werden.

Obwohl ich über seine Reaktion sehr traurig war, schrieb ich ihm weiterhin und versuchte, die Situation zu klären. Ich hatte die Sowjetunion Stalins erlebt, und mein Vater hockte in Frankreich als KP-Intellektueller und machte mir Vorwürfe. Das wollte ich nicht auf mir sitzen lassen. Auf seine Zwei-Fronten-Theorie konnte ich ihm schon antworten: «Die Front des Friedens, der Demokratie und des Sozialismus wird nur dann stark und unbesiegbar sein, wenn sie jene negativen Tendenzen, jene sehr gefährlichen Erscheinungen überwindet, die es heute in dieser Front – vor allem in der Sowjetunion – gibt. Die Tatsache, daß heute in der Sowjetunion ein großrussischer Chauvinismus gezüchtet wird (man braucht nur täglich die sowjetischen Zeitungen lesen), die Tatsache, daß die Sowjetunion bestrebt ist, den volksdemokratischen Ländern (d.h. den neuen Ländern des Sozialismus) ungleichberechtigte Beziehungen aufzuzwingen, und viele, viele Ereignisse der letzten Jahre sind so ernst, daß man als Kommunist nicht mehr dazu schweigen kann, wenn man sich nicht mitschuldig machen will an der Schwächung dieser einheitlichen Front von innen, an ihrer Zermürbung und damit an der Erleichterung des Sieges der Reaktion und des Imperialismus. Nur im offenen Aussprechen dieser Dinge und nur im ernsthaften Bestreben, diese negativen Erscheinungen zu bekämpfen, um damit die einheitliche Front des Friedens, der Demokratie und des Sozialismus zu stärken, kann ein Kommunist der heutigen Tage seine Pflicht erfüllen.»

Über die Jahre 1949 und 1950 entwickelte sich ein Briefwechsel, in dem mein Vater die alten Kamellen der stalinistischen Selbstunterdrückung servierte: Man müsse doch Verständnis haben, dass unter den schwierigen Bedingungen Russlands mitunter auch Fehler geschehen könnten. Aus der Warte eines Salon-Kommunisten brachte er genau die Argumente, die ich schon als 14-Jähriger unter Stalin in Moskau immer wieder hatte hören müssen.

Meine Mutter stand mir bei. Sie hatte kurz nach meiner Flucht ebenfalls die Sowjetzone verlassen und war in die Bundesrepublik übergesiedelt. Von dort kontaktierte auch sie meinen Vater und nahm mich gegen ihn in Schutz: «Du tust Wolodja Unrecht, lieber Rudo, wenn Du an seiner bona fides zweifelst. Du schreibst, er würde sich schämen, wenn er wüßte, in welchen Zeitungen ... etc. Ja, guter Rudolf, dafür kann doch niemand.» Ihre Überzeugung, wonach die Sowjetunion selbst den Sozialismus diskreditiere, wollte er ebenso wenig wahrhaben wie meine enthusiastische Verteidigung des jugoslawischen Modells und den Vorwurf, dass auch die DDR am stalinistischen Tropf hing und ihr nicht das Geringste am Aufbau eines wirklichen Sozialismus lag.

Mein Vater beendete schließlich den Briefwechsel mit einem Schreiben, in dem er mir mitteilte, dass er in die DDR übersiedeln werde. Ich konnte nicht glauben, was ich da las. Ich hatte ihm doch geschildert, was dort passierte, ich war doch eben erst mit Müh und Not diesem Land entkommen – und nun fuhr er im Herbst 1950 dorthin. Freiwillig. Er hat seinen Plan tatsächlich wahr gemacht und verbrachte noch wenige Jahre unter Ulbricht. Von seinem Tod Ende 1953 habe ich erfahren, als ich bereits in der Bundesrepublik lebte.

Neue Partei, neues Deutschland

Nachdem Belgrad mit Moskau gebrochen hatte, sind in zahlreichen Ländern Kommunisten aus Protest gegen die sowjetische Haltung aus ihren Parteien ausgetreten und haben sich neu zusammengeschlossen. In West- und Mitteleuropa bildeten sich pro-jugoslawische, pro-titoistische Organisationen, die sich zu den Idealen der Blockfreiheit bekannten. In der Bundesrepublik begannen im Sommer 1950 die Vorbereitungen für die Gründung einer «Unabhängigen Arbeiterpartei», kurz UAP. Sie darf keinesfalls mit der rechtsextremen Splitterpartei verwechselt werden, die unter gleichem Namen seit den sechziger Jahren auf übelste Art sozialistische Forderungen und nationalistische Gedanken vermischt. Mit ihr hatte die UAP der Titoisten nicht das Geringste zu tun.

Die Partei brachte bald eine eigene Zeitung heraus: die «Freie Tribüne». Ihre Redakteure arbeiteten fast unentgeltlich, und damit der Druck bezahlt werden konnte, erbat man sich finanzielle Hilfe von Jugoslawien. Josef Schappe aus Düsseldorf, Vorsitzender der UAP, hatte zuvor zehn Jahre bei der Zeitschrift «Freies Volk» gearbeitet, der offiziellen KPD-Zeitung. Wenn er nach den Geldquellen der Partei gefragt wurde, antwortete er stets: «Wir erhalten weder Geld vom Osten noch vom Westen und kein Geld von Kapitalisten.» Die Journalisten fragten dann lächelnd: «Und vom Südosten?»

Ich war Abonnent der «Freien Tribüne». Jede Woche hielt ich also in Belgrad eine deutschsprachige titoistische Zeitung in der Hand, die mir so gut gefiel, dass ich bald begann, von Jugoslawien aus für das Blatt zu schreiben. Eine Reise in die Bundesrepublik oder gar die Idee, dorthin überzusiedeln, war mir bis dahin nicht in den Sinn gekommen. Die Vorstellung, in Deutschland für eine Partei zu arbeiten, deren politische Ziele den meinen entsprachen, hatte jedoch etwas Verlockendes. Und obwohl ich mich in Jugoslawien wohl fühlte, freundete ich mich immer mehr mit dem Gedanken an, wieder täglich in meiner Muttersprache diskutieren und arbeiten zu können. Außerdem brauchte man mich in Deutschland dringender als hier. Die Leute von der UAP drängten mich, zu ihnen zu kommen, und so flog ich am 8. November 1950 mit jugoslawischen Freunden von Belgrad nach Frankfurt. Von dort ging es weiter nach Düsseldorf, zur diplomatischen Vertretung Jugoslawiens.

Für mich begann ein neues Leben. Ein Leben, auf das ich nicht vorbereitet war. Es war die erste Begegnung mit dem real existierenden Kapitalismus: Geschäft an Geschäft, die Regale prall gefüllt – mir schwindelte. Zuletzt hatte ich 1935 in Schweden solch üppiges Warenangebot gesehen. Damals war ich dreizehn, jetzt fast dreißig. Dazwischen lagen zehn Jahre Sowjetunion, vier Jahre Sowjetzone und zwei Jahre Jugoslawien. Nun war ich schlicht überwältigt. In einem kleinen Restaurant, das ich am Anfang besuchte, präsentierte der Kellner mir die Speisekarte – sie war acht Seiten lag! Unsicher schaute ich mich im Lokal um und bestellte, was der Herr am Nachbartisch verspeiste: «Deutsches Beefsteak mit Spiegelei». Gut, das konnte ich mir merken, und die erste Zeit in der Bundesrepublik habe ich immer dieses Gericht bestellt. Es hat mir übrigens immer vorzüglich gemundet.

Ganz nach meinem Geschmack war auch die Möglichkeit, frei zu reden. Für die meisten war die Demokratie eine Selbstverständlichkeit, ich aber genoss sie regelrecht. Ich war ja schon in Jugoslawien an ein freies Leben gewöhnt, aber in der Bundesrepublik war das Gefühl noch einmal stärker. Gerade deshalb wunderte ich mich, dass die Menschen davon oft keinen rechten Gebrauch machten. Die wenigsten interessierten sich für Politik, sie waren geradezu unpolitisch. Daran musste ich mich gewöhnen. Sehr bald nach meiner Ankunft kam ich mit ein paar Flüchtlingen aus dem Osten zusammen, SED-Mitgliedern, die ebenfalls mit der Einheitspartei gebrochen hatten. Ich berichtete ihnen, dass die Menschen in Westdeutschland zunehmend gegen Adenauer eingestellt seien. Wie ich darauf kam? Ich hatte an einer Straßenbahnhaltestelle gestanden und beobachtet, wie die Leute schimpften, dass die Bahn auf sich warten ließ. Konnten sie sich wirklich nur über eine verspätete Bahn aufregen, ohne zugleich eine politische Meinung zu äußern?

Ich selbst wunderte mich darüber, dass auch in der Bundesrepublik eine Autoritätshörigkeit herrschte und man mit Kritik an der Obrigkeit sofort unangenehm auffiel. Wirklich verfolgt wurde aber niemand, auch keine Kommunisten. Seit 1949 war die KPD sogar im Bundestag vertreten. Bei der ersten Wahl hatte sie etwa sechs Prozent der Stimmen erhalten und konnte eine Fraktion im Parlament bilden. Ich bin gerne bereit, manches in der Adenauer-Zeit kritisch zu bewerten, etwa die Wiedereinstellung früherer Nazis als Staatsbeamte und auch das spätere Verbot der KPD. Aber für jemanden, der stalinistische Verfolgung erlebt hat, musste das alles harmlos wirken.

Auch die Arbeit der UAP wurde von staatlicher Seite nie behindert. Viele Politikwissenschaftler schätzten sie als eine der bedeutenderen unter den kleinen Parteien der fünfziger

Jahre ein. Viele Funktionäre der KPD traten zur neuen titoistischen Partei über. In Worms war es bereits 1947 zum Bruch mit der Zentrale der Kommunistischen Partei gekommen, und die Vertreter der KPD im dortigen Stadtrat beschlossen, sich vom Zentralkomitee der Partei in Frankfurt zu lösen und als unabhängige Partei weiterzuarbeiten.

Hier hatte dann auch der Gründungsparteitag stattgefunden, zu Ostern 1950. Zentrale Forderungen, das war die große Besonderheit im Parteiprogramm der UAP, wurden für beide Staaten aufgestellt: Blockfreiheit, sofortiger Austritt aus den Militärbündnissen und der Aufbau einer parlamentarischen Demokratie. Dann gab es jeweils spezifische Forderungen für die Politik in West- und Ost-Deutschland, und schließlich formulierten wir, dass es erst zu einer Vereinigung Deutschlands kommen könnte, wenn die Soldaten aller Armeen Deutschland verlassen hätten. Unsere Losung hieß: «Weder Ost noch West, sondern sozialistisch und unabhängig.» Im Parteiprogramm fielen weder die Begriffe «Bundesrepublik» noch «DDR». Wir betrachteten beide Gründungsakte als einseitige Maßnahmen im Rahmen des Kalten Krieges.

1952 war die Unabhängige Arbeiterpartei schon wieder in der Versenkung verschwunden, nur anderthalb Jahre nach ihrer Gründung. Es gab mehrere Gründe für die Auflösung der Partei, darunter auch interne Streitigkeiten. Hinzu kam aber, dass Herbert Wehner, Mitglied des SPD-Parteivorstands, ebenfalls gute Beziehungen nach Jugoslawien unterhielt, und er hat wohl diese Kontakte genutzt, um zu verlangen, dass Belgrad die UAP nicht mehr finanziell unterstützte. Ich kann es nicht belegen, aber jugoslawische Freunde haben mir gewisse Hinweise in diese Richtung gegeben. Wehner muss gedroht haben, die Verbindung zwischen der SPD und Jugoslawien ganz abzubrechen, falls weiterhin diese kleine sozialistische

Partei unterhalten werde. Die Jugoslawen haben tatsächlich alle Zahlungen an uns eingestellt.

Sehr bald beschloss ich, mich aus dem politischen Leben der Bundesrepublik weitestgehend zurückzuziehen. Ich wusste, dass der Versuch, eine politische Laufbahn zu starten, bei meiner Vergangenheit aussichtslos gewesen wäre. Stattdessen beschäftigte ich mich lieber mit den Dingen, für die es im Westen an Experten mangelte: mit der Geschichte und den aktuellen Ereignissen in der Sowjetunion, der kommunistischen Weltbewegung, der DDR und Osteuropa.

Bis Mitte der fünfziger Jahre lebte ich in sehr einfachen Verhältnissen. Zunächst war ich eine Zeitlang arbeitslos, dann erhielt ich von der UAP ein wenig Unterstützung, aber damit war es nun auch vorbei. Bei der Zeitschrift «SBZ-Archiv», später «Deutschland-Archiv», im Verlag Kiepenheuer & Witsch fand ich schließlich eine interessante Tätigkeit. Ich begann als einfacher Mitarbeiter im Archiv, wurde aber bald gebeten, Artikel für das Heft zu schreiben.

Kiepenheuer & Witsch war der Verlag für die Ostthemen. Der Verleger Caspar Witsch war selbst ein Flüchtling aus Thüringen und hat deshalb diesen Schwerpunkt im Programm gesetzt – das war auch dringend nötig. In der Bundesrepublik herrschte eine beträchtliche Unkenntnis über die Verhältnisse in der DDR und im Ostblock. Umgekehrt verhielt es sich freilich noch schlimmer, die Propaganda stand ja im Zeichen des Kalten Krieges. Umso wichtiger war die Arbeit des Verlags, und ich merkte, dass auch ich meinen Beitrag dazu leisten konnte. Später habe ich den unerwartet großen Erfolg meines Buches «Die Revolution entlässt ihre Kinder» darauf zurückgeführt, dass die Menschen nur selten erfuhren, was sich in der DDR und der Sowjetunion wirklich abspielte. Meist gab es entweder die pro-sowjetischen Lobeshymnen der Moskauer Richtung oder die Verdammung durch die Kalten Krieger.

Aus den innenpolitischen Grabenkämpfen der Bundesrepublik hielt ich mich heraus. Nur bei wenigen Anlässen meldete ich mich zu Wort, einer davon war das Verbot der KPD im Jahr 1956. Ich reiste durchs Land und hielt Vorträge über die Sowjetunion und die DDR. Dabei erwähnte ich auch, dass in einer wirklichen Demokratie eine kommunistische Partei erlaubt sein müsse. Überall in Europa sei das eine Selbstverständlichkeit, nur in drei Ländern nicht: in den Diktaturen Portugals und Spaniens und in der Bundesrepublik.

In die DDR unterhielt ich keine persönlichen Verbindungen mehr. Der Versuch, zu Bekannten oder Freunden Kontakt aufzunehmen, hätte sie nur unnötig in Gefahr gebracht. Nach dem Tod meines Vaters hatte ich noch einen einzigen Verwandten in der DDR. Mein Vetter Dieter lebte in Dresden, er war in der Liberaldemokratischen Partei aktiv. Erst nach der Wende konnte ich ihn wiedersehen.

Menschenräuber

Wer aus der DDR geflohen war, hatte auch in der Bundesrepublik oft kein sorgenfreies Leben. Das hatte weniger mit den zuweilen unfreundlichen Reaktionen der Bundesbürger zu tun, etwa wenn man sich erlaubte, in politischen Fragen eine eigene Meinung zu vertreten. Es ging vielmehr um eine wirkliche Lebensgefahr: Seit dem Tag meiner Ankunft hatte ich Angst, entführt zu werden.

Viele Leute aus dem Westen haben damals diese Angst für übertrieben gehalten, sie konnten sich nicht vorstellen, dass die Stasi zu solch kriminellen Methoden griff. Dabei gab es prominente Fälle, darunter das tragische Schicksal meines langjährigen Weggefährten Robert Bialek.

Er war 1946 Vorsitzender der FDJ in Sachsen, und von Herbst 1947 bis Frühsommer 1948 besuchte er meinen Kurs auf der SED-Parteihochschule. Damals lernte ich ihn kennen. Er war voller Elan und Tatendrang und konnte seine Auffassungen außerordentlich überzeugend vermitteln. Seine ehrliche Art beeindruckte mich.

Im Juli 1948 wurde Bialek Politkommissar der gesamten damaligen kasernierten Volkspolizei im Rang eines Generalinspekteurs. Er geriet jedoch schon bald in Konflikt mit seinen beiden Vorgesetzten: Kurt Fischer und Erich Mielke. Bialek war damals entsetzt über ihren diktatorischen Ton und setzte sich für demokratische Umgangsformen in der Partei ein. Seine fast naive Offenheit ging so weit, dass er sich über Fischer und Mielke bei Ulbricht beschwerte. Kurz darauf wurde Bialek abgesetzt und zum Kreisvorsitzenden der SED in Großenhain degradiert, einer Kleinstadt in der Nähe von Dresden. Schon zu jener Zeit gab es eine Direktive des SED-Landesvorstandes Sachsen, Bialek genauestens zu beobachten.

Anfang 1950, damals in Jugoslawien, erfuhr ich, dass Bialek erneut degradiert wurde, zum Kulturdirektor des Lokomotiv- und Waggonbetriebes (LOWA) in Bautzen. Schließlich brach er mit dem System und floh Ende August 1953 nach Westberlin. Er war zwar ein entschiedener Gegner des SED-Regimes, hielt jedoch an seinen sozialistischen Überzeugungen fest. Fortan hat er in Sendungen der BBC, die speziell für die Bürger in der DDR ausgestrahlt wurden, Kommentare verbreitet. Er berichtete über Wahlfälschungen, über die Rechtlosigkeit der Arbeiter und über den Widerspruch zwischen den ursprünglichen Ideen von Marx und Engels und dem System jener Herrscher, die vorgaben, in ihrem Namen zu handeln. Professor Eugen Varga, einer der bekanntesten Theoretiker der Sowjetunion, sah sich genötigt, in einer Rundfunksendung aus Moskau darauf zu antworten. In höflicher Form nahm Bialek zu den Argumenten Vargas Stellung, widerlegte sie und bat den Professor, die Diskussion über den Äther fortzusetzen. Die Antwort blieb aus.

Seit seiner Flucht schrieben wir uns häufig und telefonierten. Bialek, der sich ab Mai 1955 auch dem Ostbüro der SPD angenähert hatte, unterhielt Kontakte zu zwei Personen, die vorgaben, Flüchtlinge aus der DDR zu sein. Sie luden ihn zu einer Geburtstagsfeier in einer Wohnung in Berlin-Wilmersdorf ein. Man aß und trank gemeinsam, und Bialek schöpfte keinen Verdacht. Am späten Abend lag er röchelnd auf dem Boden des Badezimmers. Eine angebliche «Nichte aus Thüringen», in Wirklichkeit eine aktive Stasi-Agentin, gab vor, Bialek ins Krankenhaus zu bringen. Nach etwa 20 Minuten fuhr ein Krankenwagen mit Westberliner Kennzeichen vor.

Am nächsten Morgen, dem 5. Februar 1956, erfuhr ich von dem erschütternden Menschenraub. Ich informierte sofort die Öffentlichkeit. Die Entführung Robert Bialeks war die Hauptmeldung nicht nur in allen Westberliner und westdeutschen Zeitungen. Sogar im britischen Oberhaus fand eine Aussprache über das Schicksal von Bialek statt.

Seine Ehefrau Inge schrieb eine Vielzahl von Briefen an Walter Ulbricht, erhielt aber nie eine Antwort. Gemeinsam mit anderen habe ich immer wieder auf Aufklärung gedrängt. Aber selbst nach der Wende gelang es uns nicht, die näheren Umstände des Todes von Robert Bialek zu erfahren. Vermutlich wurde die Dosis des Gifts, das ihn betäuben sollte, falsch eingeschätzt. Er starb wohl noch auf dem Weg nach Ostberlin.

Ein späterer Fall war die Entführung von Heinz Brandt, dem ich ebenfalls eng verbunden war. Wir trafen uns seit 1945.

Er war zwölf Jahre älter und gehörte zu den von Hitler verfolgten Kommunisten, ich dagegen war der jugendliche, aus der Sowjetunion angereiste Funktionär. Er hatte unter den Nazis sechs Jahre im Zuchthaus verbracht und 1945 die Befreiung im KZ Buchenwald erlebt.

Nach der Gründung der SED im April 1946 arbeitete Heinz Brandt für die Partei in Berlin, zuletzt als Sekretär der SED-Landesleitung, zuständig für Propaganda und Agitation. Nach innerparteilichen Auseinandersetzungen im Gefolge des 17. Juni 1953 wurde Brandt zunächst degradiert und im August 1954, nach einer Verleumdungskampagne gegen ihn, aus allen Parteiämtern entfernt und in einem Verlag eingesetzt. Im September 1958 gelang Heinz Brandt mit seiner Frau und drei Kindern die Flucht nach Westberlin. Er fand eine Anstellung als Redakteur der Zeitschrift der IG-Metall, und wir trafen uns wiederholt in Köln und Frankfurt, um über die Möglichkeiten von Reformen in der Sowjetunion und der DDR zu diskutieren.

Zu einem Gewerkschaftstreffen im Juni 1961 in West-Berlin erschien er nicht. Erst Tage nach seinem Verschwinden meldete die DDR-Nachrichtenagentur: «Am 17. Juni 1961 ist im Bezirk Potsdam der Agent Heinz Brandt, 52 Jahre alt, bei der Durchführung von Aufträgen für westliche Geheimdienste festgenommen worden.» Welch eine Lüge, aber eine Lüge, die Walter Ulbricht damals, wenige Wochen vor dem Mauerbau, dringend benötigte. Ulbricht versuchte fieberhaft, den Nachweis für seine Behauptung zu erbringen, West-Berlin sei eine «Agentenzentrale». Man musste davon ausgehen, dass Brandt so lange unter Druck gesetzt wurde, bis er ein erzwungenes Geständnis ablegte. Er wurde von einem sogenannten Obersten Gericht wegen angeblicher Spionage zu 13 Jahren Zuchthaus verurteilt. Er war zunächst in Hohenschönhausen und ab Juli 1962 in Bautzen inhaftiert. Internationale Proteste führten im Mai 1964 zu seiner Freilassung. Die nächsten zwanzig Jahre lebte er in der Bundesrepublik. Er starb 1986 mit 76 Jahren in Frankfurt am Main.

Und dann habe ich das Schicksal Karl Wilhelm Frickes vor Augen. Er erlebte als 16-Jähriger, wie die sowjetische Geheimpolizei im Juni 1946 seinen Vater verhaftete, der 1952 im Zuchthaus Waldheim starb. Als sogenannter «Junglehrer» wurde Fricke 1949 nach kritischen Äußerungen durch eine Kollegin denunziert. Er konnte jedoch aus dem Polizeigewahrsam entkommen und über die innerdeutsche Grenze in den Westen fliehen. In Wilhelmshaven und Westberlin studierte er anschließend Politische Wissenschaften und begann als freier Journalist zu arbeiten, wobei er sich vorwiegend dem Thema der politischen Verfolgung in der DDR widmete.

Der DDR-Staatssicherheitsdienst ließ ihn im April 1955 durch einen Bekannten mit sogenannten K.-o.-Tropfen betäuben und nach Ostberlin entführen. Dort wurde Fricke zunächst 15 Monate lang im Untersuchungsgefängnis Berlin-Hohenschönhausen verhört. In einem Geheimprozess wurde er im Juli 1956 wegen «Boykotthetze» zu vier Jahren Zuchthaus verurteilt, die er in Brandenburg-Görden und in Bautzen II absitzen musste.

Nach seiner Haftentlassung 1959 wirkte er als freier Publizist und war seit 1970 Redakteur beim Deutschlandfunk in Köln, er berichtete vor allem über die DDR, die Sowjetunion und Osteuropa. Er schrieb zahlreiche wichtige Bücher über die DDR. Mich beeindruckte vor allem sein Standardwerk «Die DDR-Staatssicherheit», das bereits sieben Jahre vor der Wende verfasst wurde und leider bis heute kaum beachtet wird.

Die ständige Angst vor einer Entführung und ihren Folgen bestimmte auch meinen Alltag. Nach West-Berlin reiste ich nur mit dem Flugzeug. Da sich die Behörden der Bundesrepublik weigerten, mir Papiere auf einen anderen Namen auszustellen, musste ich davon ausgehen, dass die Stasi jederzeit bestens über meinen Aufenthaltsort Bescheid wusste. Um mich dennoch zu schützen, hielt ich mich – wie die anderen Flüchtlinge aus der DDR auch – im täglichen Verhalten an klare Regeln. Vieles davon muss heute skurril anmuten, damals war es überlebenswichtig.

Niemals, unter keinen Umständen, ging ich auf dem rechten Bürgersteig, denn ich malte mir ständig folgendes Schreckensszenario aus: Ein Auto würde von hinten angefahren kommen, die Tür flöge auf, jemand würde mir einen Schwamm zur Betäubung ins Gesicht drücken, ich würde in den Wagen gezerrt und in den Osten verschleppt. Das war nicht die einzige Methode, die die Staatssicherheit im Repertoire hatte. Auch wurde Gift in Salzstreuern versteckt, und man hielt sich besser fern von Bier, Whisky und Kognak, weil dies die sogenannten «Stasi-Getränke» waren. Sie eigneten sich besonders gut, um ein Betäubungsmittel aufzulösen, weder verfärbten sie sich, noch veränderte sich ihr Geschmack. Seit 1950 habe ich nur Wein getrunken, denn bei Wein funktionierte die Stasi-Methode nicht, der Wein täuschte nie – in vino veritas. Genau genommen habe ich es der Stasi zu verdanken, dass ich zum leidenschaftlichen Weintrinker geworden bin.

Nach der Wende wurde ich von einem Mitarbeiter der Gauck-Behörde angerufen, der mir eröffnete, man sei auf sehr interessante Materialien gestoßen, die über eine bis ins Detail geplante und vorbereitete Entführung meiner Person berichten. Man bat mich, umgehend diese Akte einzusehen.

Die Dokumente waren tatsächlich hochinteressant. Aus ihnen geht hervor, dass ehemalige FDJ-Funktionäre, die behaupteten, Titoisten geworden zu sein und denen ich vertraute, angeworben wurden mit dem Auftrag, mich in ihrer Wohnung zu betäuben und zu entführen. Unter den Decknamen «Clara», «Karin» und «Arthur» sollten sie die Operation «Drilling» durchführen, die 1952 und Anfang 1953 vorbereitet wurde. Die Einzelheiten haben mich überrascht. In den Akten heißt es: «Vorschlag von ‹Clara› zur Betäubung von W. L. bei einem Besuch: 1. ‹Auf jeden Fall zwei Flaschen Bier präparieren, und zwar so, daß er nach einem Schluck schon genug hat. Ferner wäre es gut, noch eine kleine Flasche Eierlikör und eine kleine Flasche Rum zu präparieren.› 2. ‹Ferner bitte ich in Erwägung zu ziehen, inwieweit man Eßwaren präparieren kann, zum Beispiel Pfannkuchen, Mohrenköpfe mittels Einspritzen in die Füllung oder Schabefleisch, Hackepeter und italienischer Salat.›» Die wussten offensichtlich, was ich gerne aß. Schließlich entschieden sie sich jedoch für ein Getränk: «L. hat schon Tee bei ‹Clara› getrunken, also kann das Betäubungsmittel in den Tee hinein praktiziert werden.» Außerdem behielten sie sich vor, auf Nummer sicher zu gehen und mir zusätzlich eine Evipan-Spritze zu verabreichen. «Ist der Erfolg eingetreten, sofort einen Knebel in den Mund. L. wird dann gefesselt mit einer Wäscheleine (ganz umschnürt), Hände nach hinten extra. Die Figur wird in den Reisekorb verpackt und dieser Verschlossen (Reisekorb vorhanden)».

Diese Tortur blieb mir wohl nur deshalb erspart, weil während der Planung Ereignisse eintraten, die die ganze Aufmerksamkeit der DDR und ihres Stasi-Apparats beanspruchten. Die Vorbereitungen zu meiner Entführung wurden vorläufig auf Eis gelegt. Gerettet hatten mich der Tod Stalins und die Ereignisse vom 17. Juni 1953.

FÜNFTES KAPITEL

Volksbewegung

«Das Herz des Kampfgefährten und des genialen Fortsetzers der Sache Lenins, des weisen Führers und Lehrers der kommunistischen Partei des Sowjetvolks Jossif Wissarionowitsch Stalin hat aufgehört zu schlagen.» Früh morgens am 6. März 1953 hatte ein Trommelwirbel aus dem Lautsprecher des Radiogeräts die Meldung angekündigt, über die schon seit vielen Stunden die ganze Welt spekulierte: Stalin war tot. Am Abend zuvor, um zehn vor zehn, war Jossif Wissarionowitsch Dschugaschwili gestorben. Ich war zu dieser Zeit in Köln und hörte Radio Moskau. Zwei Tag vorher war bereits eine Erklärung verlesen worden, Stalin sei krank und müsse zeitweilig der Tätigkeit für Staat und Partei fernbleiben. Er hatte einen Schlaganfall erlitten. Im Rundfunk wurden Bevölkerung und Parteimitglieder zu «Einigkeit und Geschlossenheit», zu «Standhaftigkeit und Wachsamkeit» ermahnt und die Parolen alle halbe Stunde wiederholt – bis besagter Trommelschlag ertönte.

Stalin wurde für sowjetische Verhältnisse sehr schnell aufgebahrt, im Moskauer Gewerkschaftshaus, noch am selben Tag der Verkündung seines Todes. Bereits am Abend waren die wichtigsten personellen Veränderungen beschlossen: Malenkow wurde Vorsitzender des Ministerrats, Molotow Außenminister. Bulganin leitete fortan das Verteidigungsministerium, und Chruschtschow wurde Erster Sekretär des

Zentralkomitees der KPdSU. Ich war erstaunt, wie schnell man sich geeinigt hatte. Aber es sollte nicht bei dieser einen Überraschung bleiben.

Noch zu seinem 70. Geburtstag am 21. Dezember 1949 war ein Fesselballon mit dem gigantischen Porträt Stalins in die Dunkelheit des Moskauer Abendhimmels aufgestiegen, und alle großen Scheinwerfer wurden darauf gerichtet – Stalin thronte wie ein Gott im Himmel über der Stadt. Jetzt war er tot. Und die Reaktionen darauf? Keine! Die großen Rituale blieben aus. In der Berichterstattung der «Prawda», die ich schon damals abonniert hatte, fielen mir sofort Besonderheiten im offiziellen Umgang mit Stalins Tod auf, deren Bedeutung sonst kaum jemand im Westen bemerkte. Die Zeit der Staatstrauer war auf nur drei Tage begrenzt worden. Um Lenin hatte man sieben Tage getrauert. Und nicht ein einziges Mitglied des Politbüros äußerte sich in der «Prawda», keiner aus der Spitzenführung nahm öffentlich Anteil am Tod des großen Führers. Es gab eine Vielzahl von Menschen, die anfangs betroffen war und ehrlich trauerte – wie konnte es auch anders sein nach der jahrzehntelangen Propaganda. Aber die Stimmung wandelte sich schnell. An die Stelle der Trauer trat die Überraschung über die fast unanständige Eile, mit der die neue Führung sich schon in den ersten Tagen von Stalin zu distanzieren trachtete. Die offiziellen Trauerfeiern ähnelten nur äußerlich den Festlichkeiten zu Lenins Tod, und auch das in sehr abgeschwächter Form. Vieles war nur noch Schein, das letzte Aufgebot für einen Tyrannen, mit dessen Ende eine zaghafte Hoffnung auf Veränderungen begann.

Zunächst trat eine «kollektive Führung» an die Spitze der Sowjetunion. Mitte April erschien ein Artikel in der «Prawda», in der die Kollektivität zum «höchsten Prinzip der Parteiführung» erklärt wurde, ergänzt um die Verlautbarung: «Von

Einzelnen gefasste Beschlüsse sind immer, oder fast immer, einseitige Entscheidungen.» Die Botschaft war eindeutig. Vor allem wurde Stalins Name immer seltener erwähnt, vom «Vollstrecker der Sache Lenins» war längst nicht mehr die Rede. Zum 1. Mai 1953 wurde die in der Geschichte der Sowjetunion einmalige Losung ausgegeben: «Die von der Verfassung garantierten Rechte der Sowjetbürger sind unabänderlich und werden von der Sowjetregierung geschützt.» Sollte es tatsächlich so schnell zu Reformen kommen? Bestand jetzt schon die Chance, das System des Stalinismus erträglicher zu gestalten? Vielleicht könnte man es sogar ganz begraben? Und vor allem: Wie würde die DDR-Führung reagieren? Welche Lockerungen waren dort möglich?

Nun, die DDR-Führung reagierte auf eine Weise auf Stalins Tod, die mich überraschte. Trotz der Ereignisse in Moskau verfolgte sie einen völlig anderen Kurs als die Sowjetunion: Sie inszenierte pompöse Stalin-Feiern. Alles, was man an Trauerritualen und Lobhuldigungen in der Sowjetunion unterlassen hatte, schien die DDR umso mehr nachholen zu wollen. Wusste die Führung nicht, was in Moskau los war? Vielleicht wollten Ulbricht und die SED-Spitze die deutlichen Zeichen, die für eine Distanzierung von Stalin sprachen, einfach nicht erkennen. Die Stalin-Verehrung in der Sowjetzone und später in der DDR hatte immer schon besondere Ausmaße angenommen, auch im Vergleich zu anderen Ländern des Ostblocks. Zu seinem 70. Geburtstag im Dezember 1949 hatte der Parteivorstand der SED eine Grußadresse im Zentralorgan «Neues Deutschland» veröffentlicht und den «besten Freund des deutschen Volkes» in fünfundzwanzig Lobhuldigungen gefeiert, darunter: «Lang lebe Stalin, der Baumeister des Sozialismus» und «Stalin mahnt alle Frauen und Mütter – kämpft für den Frieden!»

Selten habe ich größere Unterschiede zwischen den offiziellen Parteilinien der Sowjetunion und der DDR erlebt als in jenen Monaten von März bis Juli 1953. Hier Stalin-Verschweigen, dort Stalin-Verherrlichung. Vielleicht gab es eine vergleichbare Ignoranz gegenüber den Veränderungen in Moskau erst wieder dreißig Jahre später, als Gorbatschows Reformprozess von «Perestroika» und «Glasnost» die Sowjetunion bereits zu einem freieren Land machte, die DDR-Führung sich von alledem jedoch deutlich distanzierte. Aber schon 1953 war die Differenz enorm. Die DDR-Führung ließ überall Spruchwände und Stalin-Bilder anbringen. Der Gipfel dieses blinden Aktionismus, der politisch völlig unklug war, bestand darin, dass man ausgerechnet in Moskau ein großes Stalin-Monument bestellte. Erhalten hat es die DDR nie, denn in Russland begann man zur selben Zeit, die Denkmäler in abgelegenen Lagerstätten verschwinden zu lassen.

Die sowjetische Entstalinisierung war in den praktischen Handlungen durchaus schon erkennbar – und die DDR-Führung verweigerte die Gefolgschaft. Es ist denkbar, dass sich Politbüro, Zentralkomitee und vor allem Walter Ulbricht unsicher waren, wie stabil die politische Lage in Moskau wirklich war, und vielleicht erschien es ihnen riskant, sofort auf den neuen Kurs des Kremls einzuschwenken. Die Entwicklung in der Sowjetunion, auch in Polen und Ungarn zu jener Zeit, habe ich mit großen Hoffnungen verfolgt, schrittweise schlugen dort die Kommunistischen Parteien nach Stalins Tod einen Reformkurs ein. In der DDR, und übrigens auch in der Tschechoslowakei, geschah das leider nicht – Ulbricht gelang es, diese Entwicklung mit aller Macht zu unterbinden. Er verschob die Diskussion alsbald auf Nebengleise, um die dringende Abkehr vom Stalinismus zu verhindern. Viele Menschen im Land gaben die Hoffnung auf. Allein in den ersten Monaten des Jahres 1953 verließen über zweihunderttausend Bürger die DDR.

Erst auf massiven Druck der Sowjetunion erklärte sich die DDR-Führung bereit, ihre Politik zu ändern. Vor allem, um den Widerstand in der Bevölkerung nicht noch mehr anwachsen zu lassen. Am 9. Juni beschloss das Politbüro der SED auf dringenden Wunsch der Sowjetführung einen «Neuen Kurs»: Die Schwerindustrie werde zugunsten der Konsumgüterindustrie zurücktreten, alle Zwangsmaßnahmen gegen Bauern, private Kleinunternehmer oder Kirchenmitglieder sollten eingestellt, beschlagnahmtes Eigentum zurückgegeben, Inhaftierungen und Preiserhöhungen rückgängig gemacht werden. Republikflüchtige dürften ohne Bestrafung zurückkehren. Darüber hinaus würden, nicht zuletzt wegen der großen Zahl an Abwanderungswilligen, die Beschränkungen für den innerdeutschen Reiseverkehr gelockert. Das alles war nicht weniger als die komplette Preisgabe der Politik, die erst knapp ein Jahr zuvor, auf der II. Parteikonferenz der SED im Juli 1952, beschlossen worden war.

Das Politbüromitglied Rudolf Herrnstadt ahnte wohl, dass dieses Manöver dem Volk wenig glaubwürdig erscheinen musste. «Geben Sie uns vierzehn Tage, und wir können den Kurswechsel so überzeugend und mitreißend begründen, dass wir mit ihm in die Offensive gehen und nicht der Gegner», soll er den sowjetischen Hohen Kommissar Wladimir Semjonow gebeten haben. Legendär ist Semjonows Antwort: «In vierzehn Tagen werden Sie vielleicht schon keinen Staat mehr haben.»

Anfang Juni 1953 räumte die Führung der SED daraufhin sogar öffentlich ein, ernste Fehler gemacht zu haben. Die Entscheidung kam für die Bevölkerung tatsächlich völlig unvermittelt, noch vor kurzem waren «Säuberungen» innerhalb der

Partei geplant und die Leistungsnormen für die Arbeiter um stattliche zehn Prozent erhöht worden. Plötzlich wollte man aber die Ideen des «Neuen Kurses» verwirklichen. Nur eine Maßnahme blieb bestehen: die Erhöhung der Arbeitsnorm. Aber der Unmut darüber war groß genug, dass sie der DDR-Führung um Ulbricht zum Verhängnis wurde.

Als die Arbeiter in der Berliner Stalinallee plötzlich Schaufel und Kelle aus der Hand legten und aus Protest gegen die verlangte Steigerung der Arbeitsleistung in Streik traten, war ich erneut in Jugoslawien. Einige meiner Freunde lebten ja dort, und der Kontakt war nie abgerissen. Ich habe damit die Ereignisse um den 17. Juni 1953 in jenem Land erlebt, in dem wahrscheinlich am ausführlichsten über den Volksaufstand in der DDR berichtet wurde. Überrascht war ich nicht. Die jugoslawischen Medien hatten wiederholt darauf verwiesen, dass es bereits im Mai 1953 große Demonstrationen in der Tschechoslowakei gegeben hatte. Es rumorte also ausgerechnet in jenen beiden Ländern, die am längsten dem Stalinkult anhingen. Ich hatte allerdings nicht damit gerechnet, dass der Protest sich so schnell ausweiten würde. Der Aufstand in der DDR war mit einfachen ökonomischen Forderungen gestartet, und schon wenig später, auf seinem Höhepunkt, forderte eine revolutionäre Freiheitsbewegung den Sturz der Diktatur und demokratische Wahlen.

Von der Baustelle Block 40 in der Stalinallee marschierten am 16. Juni knapp 300 Mann los. Als sie am Haus der Ministerien eintrafen, war ihr Protestzug auf über 10000 Demonstranten angewachsen. Man versprach zwar die Rücknahme der Normerhöhung, aber darum ging es schon nicht mehr. Die neueste Forderung wurde lautstark skandiert: «Der Spitzbart muss weg!» Andernfalls würde es bereits am nächsten Tag zum Generalstreik kommen. Obwohl der Aufstand nicht organisiert

Der dreijährige
Wolfgang Leonhard
mit einem Freund
Walter Hasenclevers
in Dresden, 1924

Der Chefredakteur
und Herausgeber
der Kinderzeitung
«Die Überraschung»,
1932

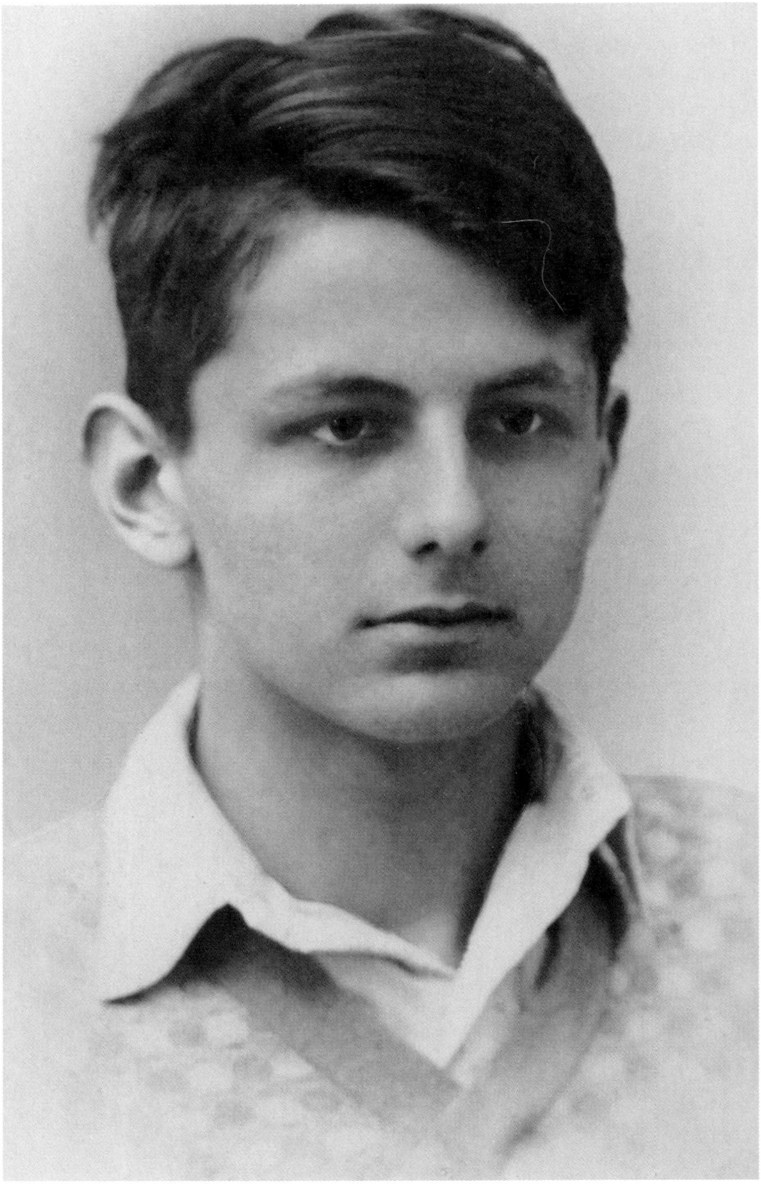

September 1936, nach dem Eintritt in das Moskauer Kinderheim Nr. 6, wo die Kinder deutscher und österreichischer Emigranten untergebracht waren

Berlin, Sommer 1945, vor den Ruinen des Reichstags

Auf einer Veranstaltung der FDJ, Frühjahr 1947

Als Teilnehmer am Vereinigungsparteitag von SPD und KPD am 21. und 22. April 1946

Titelseite von Wolfgang Leonhards Buch «Schein und Wirklichkeit in der UdSSR», das im Frühjahr 1952 im Westberliner Verlag Freies Wort erschien. Abgebildet ist der hell erstrahlende Fesselballon mit dem Porträt Stalins, der anlässlich seines 70. Geburtstags in den Moskauer Nachthimmel stieg.

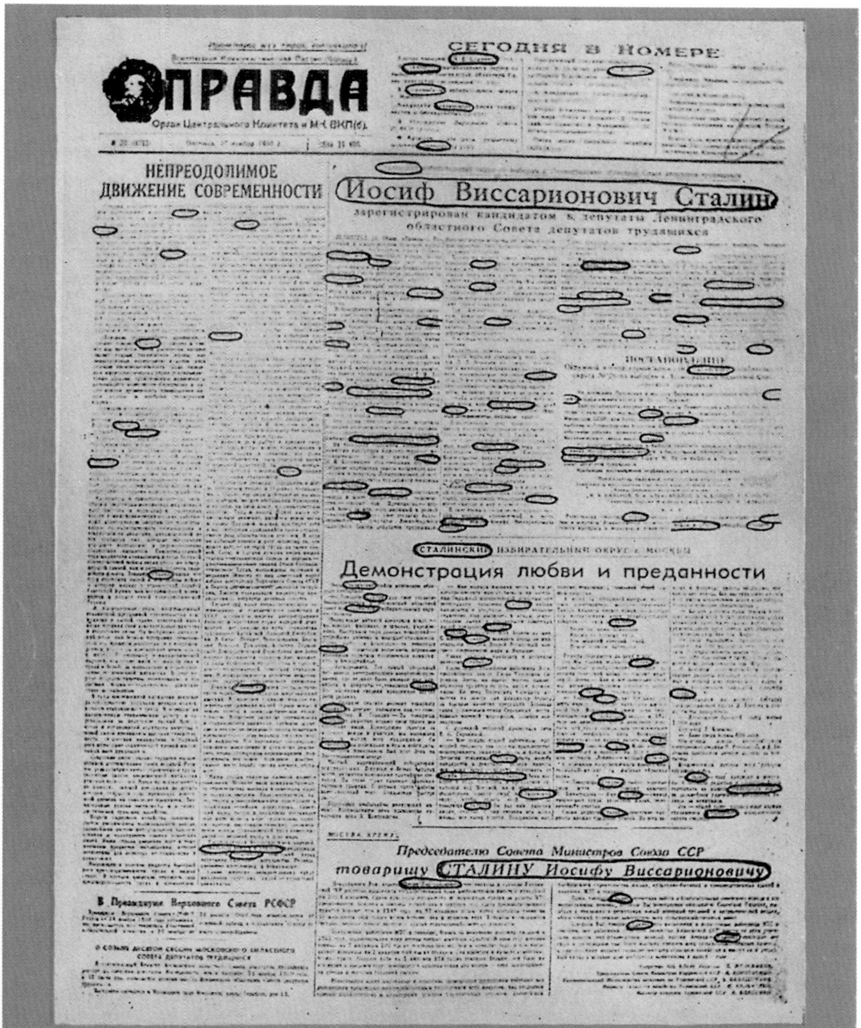

ПРАВДА

Орган Центрального Комитета и МК ВКП(б)

СЕГОДНЯ В НОМЕРЕ

НЕПРЕОДОЛИМОЕ ДВИЖЕНИЕ СОВРЕМЕННОСТИ

Иосиф Виссарионович Сталин

зарегистрирован кандидатом в депутаты Ленинградского областного Совета депутатов трудящихся

СТАЛИНСКИЙ ИЗБИРАТЕЛЬНЫЙ ОКРУГ г. МОСКВЫ

Демонстрация любви и преданности

Председателю Совета Министров Союза ССР товарищу СТАЛИНУ Иосифу Виссарионовичу

В Президиуме Верховного Совета РСФСР

101 x Stalin

Stalins Name erscheint auf der Titelseite der „Prawda" (17.11.1950) nicht weniger als 101 x. Davon 38 x als „Genosse Stalin", 10 x als „Großer, genialer Führer und Lehrer", 5 x als „teurer und geliebter Stalin", 6 x als „großer" bzw. „genialer Stalin", 2 x als „weiser Lehrer", 20 x wird Stalins Name adjektivisch verwendet und 20 x ohne Zusatz einfach „Stalin". Wer gegen diese Statistik einwendet, es handle sich bei dem vorliegenden Exemplar immerhin um eine Zeitung der Vorwahlperiode, dem sei gesagt, daß in einer willkürlich herausgegriffenen Nummer des „Medizinskij Rabotnik" (der Mediziner) vom 28. 12. 1950 Stalins Name auf der ersten Seite 45 x vorkommt. In unserem Klischee wurde das Attribut verschiedentlich vom Namen getrennt gezeichnet. (O-P)

Rückseite von «Schein und Wirklichkeit in der UdSSR». Dort ist exemplarisch die Titelseite der «Prawda» vom 17. 11. 1950 abgedruckt, auf der der Name Stalins nicht weniger als hunderteinmal erwähnt wird – davon achtunddreißigmal als «Genosse Stalin», zehnmal als «großer, genialer Führer und Lehrer» und fünfmal als «teurer und geliebter Stalin».

Während der regelmäßigen Vorlesungen über die Geschichte der Sowjetunion an der Yale-Universität (1966–1987)

Die Absolventen des Zweijahreslehrgangs am
St Antony's College der Universität Oxford, 1958.
Wolfgang Leonhard rechts vorn

Mit dem Theologen Friedrich Schorlemmer, 1989

Mit Bundespräsident Richard von Weizsäcke
1987

Mit Ernst Dieter Lueg, Leiter des Bonner ARD-Studios, 1987

Mit dem sowjetischen Außenminister Eduard Schewardnadse, Moskau 1988

Mit Hans-Dietrich Genscher bei der Verleihung des Europäischen Wissenschafts-Kulturpreises in Frankfurt, 2004

Mit Egon Krenz, dem letzten Staatschef der DDR, Berlin 1990

Mit Hans Mahle, dem früheren Generalintendanten des DDR-Rundfunks, Berlin 1991

Mit dem ehemaligen Lehrer an der Kominternschule und späteren DDR-Minister für Volksbildung Paul Wandel, Berlin 1990

Mit Markus Wolf, Bernau 1990

Mit dem ehemaligen DDR-Ministerpräsidenten Hans Modrow, 1991

Vor Honeckers Wohnhaus in Wandlitz, 1990

Auf der Leipziger Buchmesse 1995

war, obwohl alles eine spontane Bewegung war, blieb der Protest auch nicht auf Berlin beschränkt.

Fast in der gesamten DDR kam es vor allem tags darauf, am 17. Juni, an mehreren hundert Orten zu ähnlichen und unvermittelten Aktionen. In den Großbetrieben in Leuna, Buna, Wolfen und Henningsdorf und in den großen Industrieregionen Görlitz, Magdeburg, Jena, in Gera und Brandenburg gab es Streiks und Demonstrationen. In Magdeburg übernahm das Streikkomitee für kurze Zeit die Macht. Dort kam es zu gewaltsamen Auseinandersetzungen mit der Volkspolizei.

Die DDR-Führung bestritt natürlich, dass es sich um einen Arbeiteraufstand handelte. Angeblich sei mit dem 17. Juni 1953 jener ominöse «Tag X» eingetreten, ein von westlichen Agenten und Provokateuren von langer Hand vorbereiteter Putschversuch gegen die DDR-Regierung. Dabei hielt sich der Westen in Wirklichkeit sehr zurück. Die zahlreichen Westberliner, die den Demonstranten im Ostteil zur Seite standen, hatten sich allenfalls spontan dazu entschlossen. Sie waren über die ausführliche Berichterstattung des RIAS, des Radiosenders im amerikanischen Sektor, aufmerksam geworden. Die Sendungen wurden natürlich in der DDR gehört und verbreiteten auch hier überall die Nachricht vom Aufstand wie ein Lauffeuer.

Allerdings verweigerte der RIAS den Ostberliner Arbeitern die Möglichkeit, über den Rundfunk den Generalstreik auszurufen. Die Berichterstattung sollte so sachlich wie möglich bleiben – und das blieb sie auch. Jakob Kaiser, damals bundesdeutscher Minister für gesamtdeutsche Fragen, warnte sogar vor unbedachten Handlungen während des Protests und mahnte zur Besonnenheit.

Dennoch war das Ausmaß des Protests in der DDR so groß, dass die Sowjetunion die militärische Karte spielte – aller

Reformbereitschaft nach Stalins Tod zum Trotz. Das SED-Politbüro war bereits nach Karlshorst geflüchtet, die Vorbereitungen für die Evakuierung hatten schon begonnen. Dann erfolgte Ulbrichts dringliche Bitte an die Sowjetunion, sofort militärisch einzugreifen. Am 17. Juni, um 13 Uhr, verhängte der Stadtkommandant Generalmajor Dibrowa den Ausnahmezustand, 600 sowjetische Panzer fuhren auf. In allen größeren Städten besetzten die Truppen die wichtigen strategischen Orte, drängten die protestierenden Massen langsam zurück und gaben Warnschüsse ab. Nach offiziellen DDR-Regierungsangaben gab es 21 Tote. Vermutlich waren es allein auf Seiten der Aufständischen zehnmal so viel.

Ich war froh, den Aufstand von Belgrad aus verfolgen zu können, denn hier wurde, jenseits der beiden Blöcke, objektiv berichtet. Dabei spürte ich die grundsätzliche Sympathie für die Protestierenden: Die jugoslawischen Medien waren weit davon entfernt, die Mär vom «Tag X» und den westlichen Putschisten zu verbreiten. Aber man sprach auch nicht von einem anti-kommunistischen Aufstand – im Unterschied zur westlichen Berichterstattung. Denn die Jugoslawen betrachteten das System, das in der DDR herrschte, völlig zu Recht nicht als Kommunismus oder Sozialismus und die Proteste folgerichtig als eine Massenbewegung der Arbeiter gegen eine bürokratische Diktatur. Manche der damaligen Kommentare in den Zeitungen und Sendungen des Westens empfand ich im Gegensatz dazu als einseitig. Die Menschen in der Sowjetzone waren nicht auf die Straße gegangen, um die Bundesrepublik zu preisen. Sie bejubelten nicht den Kapitalismus, sondern es ging um die Alternative zwischen Diktatur und einer freiheitlichen Entwicklung. Die Forderungen nach der Einheit Deutschlands waren keineswegs die lautesten, und oft waren sie kritisch gegenüber beiden Staaten. Am Magdeburger Bahnhof etwa hingen Spruchbänder mit der Aufschrift: «Fort mit Ulbricht und mit Adenauer, wir verhandeln nur mit Ollenhauer!» und «Räumt Euren Mist in Bonn jetzt aus, in Pankow säubern wir das Haus!»

Der noch junge Staat DDR wäre in der Tat zusammengebrochen, aber die sowjetischen Truppen haben ihn am Leben gehalten. Auch eine noch größere Menge friedlich protestierender Menschen hätte gegen die Panzer nichts ausrichten können.

Unvergesslich sind mir die Karikaturen, die in Jugoslawien über den 17. Juni kursierten. Ein Beispiel: Rotarmisten sitzen auf einem Panzer. Ihnen gegenüber stehen die verelendeten Arbeitermassen. Sie klagen über Hunger und fordern Freiheit. Ein Rotarmist brüllt seinen Kameraden an: «Schieß doch, Iwan, du siehst doch, dass das Kapitalisten sind!» Beliebt war auch eine Karikatur, die Pawel T. Dibrowa, den sowjetischen Stadtkommandanten, verspottete. Er hatte den Befehl gegeben, keine Ansammlungen von mehr als drei Personen zuzulassen. Darauf erschien in jugoslawischen Zeitungen folgende Zeichnung: Links oben von einem Balkon aus ruft Karl Marx: «Proletarier aller Länder, vereinigt euch!» Und rechts unten sieht man Dibrowa mit wütendem Gesicht: «Aber nicht mehr als drei Personen auf einmal!»

Der Ausgang des Volksaufstands war auf den ersten Blick eine Niederlage für alle, die sich eine sozialistisch-demokratische Entwicklung erhofften und Freiheit statt Unterdrückung. Wenn man jedoch den weiteren Verlauf der Geschichte betrachtet, erkennt man die wirkliche Bedeutung der Ereignisse. Mit dem 17. Juni 1953 setzte eine Bewegung ein, die in den bürokratischen Diktaturen die Emanzipation der Menschen vorantrieb: Ost-Berlin 1953, Budapest 1956, Prag 1968, Danzig

1980. Aber beim Volksaufstand in der DDR waren neben den Arbeitern kaum Bürger aus anderen sozialen Schichten aktiv. Von Seiten der Partei, der Armee und selbst vieler Intellektueller gab es nur geringe Unterstützung. Dem 17. Juni 1953 ist mit den anderen Bewegungen aber die Spontaneität gemeinsam. Aktuelle Tagesereignisse gaben den Anlass, die Menschen erhoben immer weiter gehende politische Forderungen, und schließlich wurde die Regierung als Ganzes in Frage gestellt.

Die ungarische Revolution von 1956 erlebte ich dann in England, in Oxford – und hatte trotzdem direkten Kontakt zu Revolutionären. Der Leiter des St. Antony's College war William Deakin, schon während des Krieges der Vertrauensmann Churchills bei Tito und dessen Partisanen. Als nun die Revolution in Ungarn begann, fuhr er auch regelmäßig nach Budapest und hat die Bewegung unterstützt. Zurück in Oxford versorgte er uns mit den neuesten Informationen und brachte für einige Zeit sogar ungarische Studenten mit, die unmittelbar an den Kämpfen beteiligt waren.

Das Geschehen in Budapest ging weit über den 17. Juni 1953 in der DDR hinaus. Es gab eine tiefe Spaltung der Machtelite, die Mehrheit der Armee lief auf die Seite der Revolutionäre über, spontan entstanden selbständige politische Parteien. Außer den zwei Studenten, die nach Oxford kamen, kannte ich noch einige andere Protagonisten der ungarischen Revolution persönlich, darunter den Schriftsteller Gyula Hay. Ihn hatte ich früher in der Schriftstellersiedlung Peredelkino bei Moskau getroffen. Er war eine der Symbolfiguren der Revolution und saß mehrere Jahre im Gefängnis. Später ging er ins Exil nach Locarno.

Ehe die Sowjetunion die ungarische Revolution blutig beendete, war dort das System bereits völlig zerbrochen. So weit war es in der DDR 1953 zwar nicht gekommen, aber zweifellos ist der 17. Juni 1953 als Vorstufe des Freiheitsstrebens der Ungarn und der anderen Volksbewegungen zu begreifen.

Das erwähnte auch Wladimir Putin im Jahr 2000 zu Beginn seiner Präsidentschaft. Auf die Frage, ob der Einmarsch der Truppen des Warschauer Pakts 1956 in Ungarn und 1968 in der Tschechoslowakei ein Fehler war, erklärte er damals: «Sie haben vergessen, dass wir auch 1953 in Deutschland Gewalt angewendet haben. Das waren meiner Ansicht nach sehr große Fehler. Und die Angst vor den Russen, die wir heute in Osteuropa haben, ist eben die Folge dieser Fehler.»

Schärfer als der Kreml

Nach der Niederschlagung des Aufstandes vom 17. Juni gab es sofort eine Verhaftungswelle, knapp 10 000 Menschen wurden gefangen genommen, über 1500 verurteilt, einige davon standrechtlich erschossen. Paradoxerweise saß Ulbricht nach dem Aufstand fester im Sattel als zuvor.

Immer wieder kommt die Frage auf, ob er schon einige Wochen vorher hätte abgesetzt werden sollen. Dabei stellt sich diese Frage so gar nicht: Walter Ulbricht war Anfang Juni 1953 bereits entmachtet. Er hatte sich gegenüber der Sowjetunion stur gezeigt und war erst nach längerem Drängen zum «Neuen Kurs» bereit gewesen. Innerhalb des Politbüros stand bereits eine neue Mehrheit hinter dem Minister für Staatssicherheit, Wilhelm Zaisser, und dem Chefredakteur des «Neuen Deutschland», Rudolf Herrnstadt. Beide bemühten sich um eine innenpolitische Entspannung und wollten die Kluft zwischen der Partei und dem Volk verringern. Die Unterstützung der Sowjetunion war ihnen sicher. Ulbricht war mehr als angeschlagen, ihm standen im Politbüro nur noch Honecker und Matern zur Seite.

Zaisser und vor allem Herrnstadt begingen jedoch einen schweren Fehler: Sie setzten Ulbricht nicht ab. Stattdessen wollten sie auch weiterhin mit ihm zusammenarbeiten. Dem intellektuellen Herrnstadt war es wichtig, unter allen Umständen den Eindruck zu vermeiden, er habe Ulbricht gestürzt, nur um sich selbst an die Spitze zu stellen. Er erzählte ihm sogar von den Absprachen mit sowjetischen Vertrauten. Schrittweise konnte Ulbricht seine Position im Politbüro wieder etwas festigen, und die Ereignisse des Aufstandes vom 17. Juni spielten ihm dann in gewisser Weise in die Hände: Der Sowjetunion muss ein Führungswechsel in der DDR plötzlich zu riskant erschienen sein. Ulbricht erhielt wieder mehr und mehr Handlungsspielraum, und einige Wochen später nutzte er die Gelegenheit zu personellen Veränderungen im großen Stil.

Den Sturz des sowjetischen Sicherheitschefs Berija verband er mit seinen eigenen machtpolitischen Zwecken. Ulbricht verkündete, Herrnstadt und Zaisser hätten gemeinsam mit Berija eine «Kapitulationspolitik gegenüber dem Imperialismus und der Preisgabe des Sozialismus in der DDR» vorangetrieben, und brachte sie so in Misskredit. Beide wurden entmachtet und im Januar 1954 sogar aus der Partei ausgeschlossen.

Im Zentralkomitee der SED, in den Bezirksleitungen und auf Kreisebene wechselte das politische Personal. Ähnliches galt für die Gewerkschaften: Bei den Wahlen 1953 wurden 71 Prozent der FDGB-Kader ausgetauscht. Mit neuen Funktionären konnte Ulbricht das alte stalinistische System wieder festigen.

Dieses System änderte sich in der DDR nur unwesentlich, als Chruschtschow im Februar 1956 auf dem 20. Parteitag der KPdSU in Moskau die Entstalinisierung unwiderruflich einleitete. Die SED unter Walter Ulbricht, die zu Stalins Zeiten gar nicht schnell genug dem sowjetischen Vorbild nacheifern konnte, versuchte krampfhaft, die neuen Leitlinien von der DDR fernzuhalten. Seit 1956 gebärdete sich die DDR schärfer und unversöhnlicher als die Sowjetunion.

Bis zu Stalins Tod war der Ostblock eine Einheit. Alles funktionierte nach demselben Mechanismus. Der Hebel, der diesen Mechanismus in Gang setzte, wurde im Kreml bedient. Fragen wurden von hier aus zentral geregelt: der Bau eines Elektrizitätswerkes in Bulgarien, die Herausgabe eines Buches in Rumänien, eine Parteierklärung über die Stellung zur Kirche in der Tschechoslowakei oder die Bestellung des landwirtschaftlichen Bodens in der Sowjetzone Deutschlands. Aber mit Stalins Tod gerieten die Beziehungen zwischen den osteuropäischen Ländern und der Sowjetunion in Bewegung. Der Spielraum der jeweiligen Parteiführungen wurde deutlich größer.

Über den «Rat für gegenseitige Wirtschaftshilfe», die militärische Bindung durch den «Warschauer Vertrag» und durch die regelmäßigen Ostblockkonferenzen, auf denen die ideologisch-politischen Richtlinien vereinbart wurden, konnten die Länder nun zumindest in Ansätzen mitreden. Die DDR-Führung nutzte diese neue Freiheit aber auf ungewöhnliche Weise: Unter Ulbricht wurde sie stalinistischer als die Sowjetunion. Die DDR-Presse verharmloste sogar Moskauer Veröffentlichungen über die Verbrechen Stalins.

In der Sowjetunion herrschte eine Staatspartei, die es sich leisten konnte, gegenüber der Intelligenz einen gemäßigten Weg einzuschlagen, die keinen unnötigen Konflikt mit den Kirchen heraufbeschwören wollte und eine Brücke zur historischen Tradition des Landes schlug. In der DDR dagegen herrschte eine Partei als Folge einer militärischen Besatzung. Ihre Führung glaubte zu Unrecht, dass selbst geringste Reformen das System als Ganzes gefährdeten.

Sicher gab es auch in der DDR Tendenzen einer Entstalinisierung. Bis zum Oktober 1956 wurden etwa 21 000 Häftlinge entlassen. Aber eine echte Liberalisierung fand nicht statt. Diskussionen um einen Kurswechsel hin zu mehr Demokratie, wie sie an den Universitäten etwa von Ernst Bloch und Robert Havemann geführt wurden, grub Ulbricht das Wasser ab.

«Die Revolution entlässt ihre Kinder»

Mit welcher Strenge die DDR-Führung auf Kritik reagierte und wie sie mit abweichenden Gedanken umging, ja, welche Angst sie im Grunde genommen hatte, das zeigte sie auch mit ihrer Reaktion auf die Veröffentlichung meines Buches «Die Revolution entlässt ihre Kinder», das 1955 im Kiepenheuer & Witsch Verlag in Köln erschien. Ich beschreibe darin mein Leben in der Sowjetunion und in der Sowjetzone bis zu meiner Flucht nach Jugoslawien im Frühjahr 1949. Schon der Besitz des Buches war in der DDR verboten. Ich habe Briefe von rund einhundert Menschen erhalten, die deshalb Schwierigkeiten bekamen oder sogar längere Zeit im Gefängnis saßen.

Bald nachdem ich in die Bundesrepublik übergesiedelt war und mich aus der Tagespolitik zurückgezogen hatte, begann ich zu schreiben. Das war 1952. Zwischen dem letzten Ereignis, von dem ich im Buch erzähle, meiner Flucht, und der beginnenden Niederschrift lagen nur drei Jahre. Dieser Umstand begünstigte die Echtheit und Unmittelbarkeit des Geschriebenen, auf die ich großen Wert legte.

Ich hatte zwar einige Notizen aus Jugoslawien mitgebracht, aber eigentlich schrieb ich das ganze Buch so, wie ich die Ereignisse noch im Kopf hatte. Alles war mir noch präsent, selbst die Bilder der tragischsten Erlebnisse in der Sowjetunion hatten sich wieder vor mein inneres Auge geschoben. Auch die meisten Aussagen, die Stalin'schen Losungen und Ulbrichts sächselnden Tonfall hatte ich noch im Ohr. Nachdem erst mal alles niedergeschrieben war, machte ich mich daran, die Zitate durch Quellen zu überprüfen. In den meisten Fällen hatte ich fast genau den Wortlaut getroffen. Daran wird deutlich, wie sehr sich diese Erlebnisse bei mir eingebrannt hatten, bis hin zu einzelnen Formulierungen. In der Sowjetunion bin ich vor dem Einschlafen alles, was ich tagsüber gehört oder gesagt hatte, noch einmal im Kopf durchgegangen, um festzustellen, ob etwas darunter war, was man zu einer parteifeindlichen Äußerung verfälschen könnte. Vielleicht zeigt die Genauigkeit meiner Erinnerung aber auch, wie wichtig es damals schon für mich war, mich mit dieser Zeit zu beschäftigen.

Aber der ausschlaggebende Grund für mich, «Die Revolution entlässt ihre Kinder» zu schreiben, war ein anderer: Die Menschen im Westen hatten bisher selten die Möglichkeit, sich ein korrektes Bild davon zu machen, was in der Sowjetunion und in der DDR vor sich ging. Auch wegen des Volksaufstands vom 17. Juni 1953 war ihr Interesse daran aber größer geworden. Indem ich nun meine Geschichte erzählte, hoffte ich, greifbar zu machen, wie das Leben im Kommunismus aussah – zumindest in seiner sowjetischen Prägung und in der Sowjetzone von 1945 bis 1949.

Große Teile des Buches erschienen schon 1954 als Vorabdruck in einigen Wochenzeitungen. Der offizielle Erscheinungstermin war für September 1955 vorgesehen. Bis dahin musste der Titel feststehen. Erst war «Hinter östlichen Kulissen» im Gespräch, dann «Von der andern Seite». Joseph Caspar Witsch selbst hat aber beide Vorschläge für langweilig befunden und plädierte dafür, das Buch «Die Revolution frisst ihre Kinder» zu nennen – nach dem berühmten Zitat aus der Französischen

Revolution. Doch das lehnte ich ab: «Herr Dr. Witsch, diesen Titel hätte man zur Zeit Stalins wählen können, doch jetzt, 1955, nach zwei Jahren Entstalinisierung unter Chruschtschow frisst die Revolution ihre Kinder nicht mehr.»

«Ja, aber was denn dann?»

«Es kommen wahrscheinlich schon bald große Reformbewegungen. Die neuen Generationen werden entscheidend sein. Die Revolution frisst ihre Kinder nicht, die Revolution entlässt ihre Kinder.»

«Na», sagte Witsch, «Sie sind ja optimistisch. Aber gut, wenn Sie so wollen, dann nennen wir es ‹Die Revolution entlässt ihre Kinder›».

Die erste Auflage war fast sofort vergriffen. Das große Interesse an meinem Buch führe ich vor allem darauf zurück, dass die Leser mein Ziel erkannten: Als einer, der unmittelbar beteiligt war, wollte ich die Sowjetunion und die Sowjetzone unverfälscht darstellen. Andere Schriften ergingen sich damals, auf dem Höhepunkt des Kalten Krieges, entweder in triefenden Verherrlichungen des Ostblocks, oder sie stellten alle Kommunisten als bösartige und kriminelle Unterdrücker dar. Ich versuchte, das System ganz sachlich zu beschreiben und die Menschen so, wie sie waren: unterschiedlich und widersprüchlich.

Außerdem behandelte ich den Kommunismus nicht als starres Gebilde, sondern charakterisierte verschiedene Perioden. Die Zeit der «Großen Säuberung», die Hoffnungen bei Kriegsende, auch die Enttäuschung über den Kurs von Walter Ulbricht. Die bisher publizierten Bücher beschränkten sich darauf, einzelne politische Positionen darzustellen, um sie dann entweder zu preisen oder zu verteufeln. Den Lesern hat offenbar gefallen, dass ich am Beispiel meiner eigenen Person genau beschrieben habe, wie eine politische Überzeugung entsteht – und wie allmählich die «politischen Bauchschmerzen» in meinem Fall überhand nahmen, bis die immer stärker werdende Opposition gegen das System zum Bruch mit dem Stalinismus führte.

Viele Menschen, die ebenfalls geflohen waren, schrieben mir nach der Lektüre, sie hätten ganz Ähnliches erlebt und es habe ihnen gutgetan, zu lesen, dass sie mit ihrem Schicksal nicht alleine waren. Das freute mich natürlich, ebenso aber auch die zahlreichen Zuschriften, in denen sich Menschen an mich wendeten, für die der Osten bisher nur ein weißer Fleck auf der Landkarte war: «Ich habe mich nie für den Kommunismus interessiert, jetzt bin ich von diesem Thema nicht mehr wegzukriegen.» Manche teilten mir sogar mit, ihnen sei Politik als Ganzes egal gewesen – bis sie mein Buch lasen.

Auch die Presse berichtete überwiegend positiv, die Überschriften der Rezensionen lauteten: «Kommunist von Kindesbeinen an» (FAZ), «Klassenprimus in der Kominternschule (Süddeutsche Zeitung) und «Von Moskau entlassen» (Die Zeit). Nur vereinzelt gab es Kritik. Der Leonhard, hieß es, sei auf halbem Weg steckengeblieben. Den Bruch mit dem Stalinismus habe er zwar vollzogen, aber man vermisse leider doch das klare Bekenntnis zur Bundesrepublik und zur NATO.

Damit konnte ich leben. Schlimmer traf mich das Verbot des Buches im gesamten Ostblock. Von offizieller Seite wurde es dort einfach totgeschwiegen. Nicht einmal Karl-Eduard Schnitzler durfte das Buch in seiner Propagandasendung «Der schwarze Kanal» verreißen.

Umso mehr bekundeten die Menschen ihr Interesse nach der friedlichen Revolution von 1989. Immer wieder sprachen mich Leute aus dem Osten Deutschlands an, die im Verlauf jenes so unglaublichen Jahres mein Buch zur Hand genommen hatten. Andere erzählten mir von den Schikanen und Gefahren, die ihnen die Lektüre in früheren Zeiten beschert hatte. Denn trotz des Verbots waren – vor allem bis zum Mauerbau 1961 – immer wieder Exemplare nach Ost-Berlin und in die DDR gelangt.

Als mich schon 1957 die SPD fragte, was ich von einer illegalen Verbreitung meines Buches in der DDR hielte, habe ich sofort zugestimmt. Schließlich hatte ich es vor allem auch für die Leser in der DDR und im Ostblock geschrieben. Und ich war immer der Meinung, dass ein Autor und ein Verlag alles nur Erdenkliche tun müssen, um Menschen, die in einer Diktatur leben, das Lesen von Büchern zu ermöglichen, die die Machthaber ihnen vorenthalten wollen.

So wurden spezielle Tarnausgaben gedruckt, mit Schutzumschlägen von Büchern versehen, die kurz zuvor in der DDR legal erschienen waren. Dazu gehörten «Josif Wissarionowitsch Stalin: Kurze Lebensbeschreibungen. Dietz Verlag, Berlin» und, was mich besonders amüsierte, «Walter Ulbricht: Der zweite 5-Jahres-Plan und der Aufbau des Sozialismus in der Deutschen Demokratischen Republik».

Reif für die Insel

In anderen Ländern waren die Vertriebswege weniger spektakulär. Als Erstes wurde die Übersetzung ins Niederländische besorgt, es folgten die Ausgaben für Schweden, England, Frankreich, Finnland sowie Mexiko, Indien, Japan und den arabischen Raum. Nur in Francos Spanien war das Buch wie im gesamten Ostblock verboten. Aber immerhin konnte die spanische Ausgabe in Lateinamerika verbreitet werden. Es freute mich, dass mein Buch in so vielen Ländern auf interessierte Leser stieß.

Besonders in England, genauer: in Oxford. Von dort erhielt ich bereits wenige Wochen nach Erscheinen des Buches einen Anruf. Es war Professor Robert Carew Hunt, ein zu jener Zeit berühmter Kommunismus-Experte. Ich hatte seine Bücher «Marxism – Past and Present» und «Theory and Practice of Communism» mit großem Interesse gelesen. Auch er kannte mein Buch und fragte mich, ob wir uns treffen könnten.

Wenige Wochen nach seinem Anruf stand er in meiner kleinen Ein-Zimmer-Wohnung in Köln. Carew Hunt war ein typischer Oxford-Professor – sachlich, höflich und mit feinem Humor: «Entschuldigen Sie bitte die Störung, Mr. Leonhard. Sie wissen ja, ich komme aus Oxford. Wir Oxford-Leute sind ein bisschen verrückt, wir haben uns in den Kopf gesetzt, uns mit Kommunismus zu beschäftigen. Haben natürlich keinen blassen Schimmer, und da wollte ich mich gerne mal mit Ihnen unterhalten.» Es waren nicht die typischen Fragen, die man an mich, den Flüchtling aus dem Osten, üblicherweise stellte. Er suchte hochinteressante und sehr spezielle Auskünfte über politische und ideologische Aspekte des Kommunismus. So erkundigte er sich etwa über die Unterschiede zwischen Einheitsfront, Volksfront und Nationaler Front, nicht ohne anzumerken, diese Frage sei vermutlich völlig abwegig. «Keinesfalls», antwortete ich. «Beim Jahresanschluss-Examen in der Komintern-Schule war genau das die erste und wichtigste Aufgabe.» Am Ende des Gesprächs lud mich Carew Hunt ein, für einige Tage nach Oxford zu kommen. «Falls Sie nichts Besseres zu tun haben.»

Dort, am berühmten St. Antony's College, lernte ich eine neue Welt kennen, die mich rasch in ihren Bann zog. Es war wunderbar. Harte, indiskutable Darlegungen in Kategorien von «richtig» und «falsch» pflegte man in Oxford zu ignorieren, man sprach stattdessen von «High degree of probability» oder «Some degree of probability». Das mir so verhasste Schwarzweißdenken hatte keine Chance. Der akademische Diskurs war stets darauf ausgelegt, kurz, klar und verständlich zu formulieren und keine Begriffe aus dem Politikjargon oder sonstige formelhafte Ausdrücke zu benutzen. Man musste nur so tun, als seien die Thesen gerade erst beim Teetrinken entstanden, auch wenn man sechs Monate dafür studiert hatte, und der Vortrag war perfekt.

So nahm ich an einigen Politikseminaren teil und war über das Niveau dort erstaunt. Was sollte ich denen noch erzählen? Sie kannten die Klassiker, die gesamte Theorie des Marxismus-Leninismus, den Verlauf der historischen Ereignisse, alle Fakten. Was ihnen fehlte, war allenfalls die persönliche Erfahrung, die ich beisteuern konnte. In einem Seminar über den langen Marsch der chinesischen Kommunisten von 1934/35 führte der Dozent alle denkbaren Details an: wer daran teilgenommen hatte, welche Stationen gemacht wurden und wie die wenigen tausend Überlebenden endlich Yan'an erreichten. Er fragte mich, ob ich noch eine Bemerkung dazu machen wolle.

«Ja», antwortete ich, «das war nicht vorgesehen.»

«Was war nicht vorgesehen?»

«Yan'an war nicht vorgesehen.»

«Woher wissen Sie das?»

«Ich habe die großen geographischen Karten gesehen, die es im Spätsommer 1935 in Moskau gab. Eine hieß ‹Der lange Marsch der chinesischen Kommunisten›, dort war die Strecke eingezeichnet, aber die Linie hörten in Lifang in der Provinz Sichuan auf. Nach einigen Wochen wurde die Karte von offizieller Seite zurückgezogen. Offenbar war Lifang das mit dem Kreml vereinbarte Ziel, aber Mao hat sich dann für Yan'an entschieden.»

Ich blieb länger in Oxford als geplant, insgesamt zwei Jahre, von 1956 bis 1958. Finanziert durch eine Stiftung studierte ich im Post-Graduate-Studiengang «Soviet History» und «International Communism». Später fuhr ich dann einundzwanzig Jahre lang, von 1966 bis 1987, stets für sechs Monate in die Vereinigten Staaten, um an der historischen Fakultät der Yale-Universität Vorlesungen über die Geschichte der Sowjetunion und den internationalen Kommunismus zu halten. Daneben übernahm ich Gastprofessuren an verschiedenen Universitäten in der Bundesrepublik.

Mit einigen der führenden DDR-Experten bin ich heute noch befreundet. Hermann Weber von der Universität Mannheim, den bekanntesten deutschen DDR-Forscher, lernte ich bereits im Juni 1945 bei der Gründung der FDJ-Schule in Bogensee kennen. Und Ilse Spittmann, geborene Streblow, 30 Jahre Chefredakteurin des «SBZ-Archivs», das später in «Deutschland-Archiv» umbenannt wurde, war fast zeitgleich mit mir nach Jugoslawien geflohen. Dazu will ich Karl Wilhelm Fricke nennen, der, wie geschildert, 1955 von der Stasi nach Ost-Berlin entführt wurde, in Bautzen in Haft saß und ab 1970 für den Deutschlandfunk in Köln arbeitete. Er hat sich intensiv mit politischer Verfolgung in der DDR beschäftigt. Außerdem auch Jürgen Rühle, den langjährigen Chefredakteur der Wochenzeitung des Kulturbundes in der DDR, späteren WDR-Redakteur und Autor des berühmten Buches «Literatur und Revolution», und meinen langjährigen Freund Erich W. Gniffke, 1945 Mitbegründer der SPD in Berlin, dann Mitglied des Zentralkomitees der SED und seit 1948 im Westen. Bereits 1964 ist er gestorben.

Vor allem aber mein Aufenthalt in Oxford hat mich geprägt und dabei nicht nur meine akademische Laufbahn beeinflusst. Hier erlebte ich auch erstmals eine historisch gewachsene Demokratie, die auf gegenseitigem Respekt basierte. Meine Zeit dort prägte mich für mein weiteres Leben – Sorgfalt, Genauigkeit und Vorsicht gegenüber vorschnellen Urteilen.

In Oxford illustrierte man diese Haltung mit einer schönen Anekdote: Ein Professor fährt mit einem Studenten nach London zur Paddington-Station, vorbei an üppigen Getreidefeldern. Der Student ruft aus: «Sehen Sie nur, Professor, die Getreidefelder stehen voll im Korn!» Darauf der Professor: «Ja, das scheint so. Zumindest von der Seite, die wir hier sehen.»

SECHSTES KAPITEL

Beton und Frühling

Als ich an jenem Sonntagmorgen, dem 13. August 1961, im Kölner Funkhaus des Westdeutschen Rundfunks eintraf, stapelten sich in den Redaktionsräumen die Agenturmeldungen aus dem Fernschreiber. Ich war zu Werner Höfers «Internationalem Frühschoppen» geladen worden. Die berühmte Diskussionsrunde gab es schon seit 1952: Journalisten und Experten trafen sich jede Woche, um unter Höfers Gesprächsleitung aktuelle politische Ereignisse zu diskutieren – und am Schluss für die Kamera freudig das Glas zu erheben. Erst 1987 wurde die Sendung vom «Presseclub» abgelöst.

Seit ich «Die Revolution entlässt ihre Kinder» veröffentlicht hatte, bekam ich häufig Interviewanfragen von Presse und Rundfunk. Ich sollte die Entwicklungen im Osten kommentieren, dem Publikum erklären, was dort vor sich ging und warum. Bald schon wurden meine Kollegen und ich als «Kremlastrologen» bezeichnet. Tatsächlich erschien vielen Menschen im Westen die kommunistische Welt zuweilen Lichtjahre entfernt und oftmals wie von einem anderen Stern. Die öffentlichen Erklärungen der dortigen Partei- und Staatsführer waren gewiss nicht leicht verständlich. Das politische System in den östlichen Ländern funktionierte ja auch völlig anders, und vor allem: Die Kommunikation innerhalb des Systems war eine andere.

Es kam auf die Nuancen an – die Wahl eines bestimmten Begriffs, die Vermeidung eines bisher gängigen konnten implizit den Wechsel der politischen Linie bedeuten. Deshalb habe ich die Aussagen und Handlungen der Machthaber dargelegt – im Sinne einer deutlichen Analyse. Mit Astrologie hatte das aber nichts zu tun. Mein Kollege Professor Boris Meissner bemerkte einmal treffend: Wenn schon, dann sollte die Öffentlichkeit von uns als «Kreml-Astronomen» sprechen. Schließlich schauten wir sehr genau hin und hielten uns an die Fakten.

Über welchen Gegenstand Werner Höfer in seinem «Internationalen Frühschoppen» am 13. August 1961 mit uns ursprünglich sprechen wollte, habe ich vergessen. Die Geschichte hatte uns ohnehin ein neues Thema vorgegeben. Der Fernschreiber in der Redaktion war über das damalige Telexnetz mit Berlin verbunden. Im Minutentakt lieferte er neue Meldungen, die dort jemand eingetippt hatte. Fast in Echtzeit informierten sie uns über den Bau der Mauer.

Jemand hat die Absicht, eine Mauer zu errichten

Punkt zwölf Uhr gingen wir auf Sendung, und Werner Höfer verkündete: «In Berlin haben die östlichen Machthaber begonnen, eine Mauer zu errichten.» Es ist ein Jammer, dass diese Sendung nicht archiviert worden ist, es war die erste Gesprächsrunde über die Berliner Mauer überhaupt – noch während sie gebaut wurde. Die Teilnehmer waren entsetzt über die Ereignisse, und ich weiß noch, dass ich besonders harsch reagiert habe. Vor allem beklagte ich, dass der Westen völlig untätig zusah, wie die Ost-Berliner Bevölkerung eingemauert wurde.

Noch 1958 hatte man sich von Chruschtschows damaligem «Berlin-Ultimatum» nicht schrecken lassen. Seine Forderungen, die westlichen Alliierten müssten aus der Stadt abziehen und West-Berlin müsse zu einer selbständigen politischen Einheit werden, einer sogenannten «Freien Stadt», wurden abgelehnt. Die Sowjetunion hatte sogar damit gedroht, der DDR die volle staatliche Souveränität zu übertragen und damit auch die Kontrolle über alle Verkehrswege nach West-Berlin. Der Westen ließ damals das sowjetische Ultimatum einfach verstreichen.

Jetzt, an diesem historischen Tag im August 1961, war Abwarten die denkbar schlechteste Antwort. Binnen 24 Stunden musste der Westen reagieren, sonst würde es zu spät sein, das erklärte ich in aller Deutlichkeit in Höfers Sendung. Diese Mauer würde sonst auf Jahre hinaus nicht zu überwinden sein.

Der Westen hat nicht reagiert. Dabei hätte die Möglichkeit dazu durchaus bestanden, und damit meine ich nicht irgendeine militärische Option. Warum wurde nicht eine einzige Warnung ausgesprochen? Warum war man so untätig? Womöglich, weil Wochenende war? Man hätte wirtschaftliche Sanktionen verhängen können, die ökonomische Situation in der DDR und in anderen Ostblockländern war katastrophal. Bei sofortigem Abbruch aller Wirtschaftsbeziehungen hätten die Herrscher der DDR möglicherweise eingelenkt. Ernstgemeinte Warnungen hätten schon genügt, um den Bau der Berliner Mauer zu stoppen. Vor allem unter Chruschtschow versuchte die Sowjetunion stets, die Lage nicht eskalieren zu lassen.

Deutliche Worte fanden nur wenige. Das Abgeordnetenhaus von West-Berlin hielt am 13. August eine Sondersitzung ab, und Willy Brandt erklärte: «Die Abriegelung der Sowjetzone und des Sowjetsektors von Westberlin sind ein empörendes Unrecht. Sie bedeuten, dass mitten durch Berlin nicht nur eine

Art Staatsgrenze, sondern die Sperrwand eines Konzentrationslagers gezogen wird. Mit Billigung der Ostblockstaaten verschärft das Ulbricht-Regime die Lage um Berlin und setzt sich erneut über rechtliche Bindungen und Gebote der Menschlichkeit hinweg. Der Senat von Berlin erhebt vor aller Welt Anklage gegen die widerrechtlichen und unmenschlichen Maßnahmen der Spalter Deutschlands, der Bedrücker Ost-Berlins und der Bedroher West-Berlins.» Eine ähnliche Erklärung aus anderen Städten vermisste man an diesem Tag schmerzlich. Es herrschte Funkstille in Washington, Paris und London.

Und in Bonn sprach Adenauer nur davon, im Verein mit den westlichen Alliierten würden die erforderlichen Gegenmaßnahmen getroffen, es sei das Gebot der Stunde, in Festigkeit, aber auch in Ruhe der Herausforderung des Ostens zu begegnen. Das Gebot der Stunde war es aber, Gegendruck aufzubauen, deutlich zu machen, dass man diesen Wall mitten durch Berlin nicht hinnehmen würde. Sofort. Im Westen dachte man immer, das hätte Krieg bedeutet, aber diese Vorstellung war grotesk.

Es gab zwischen Krieg und Nachgeben eine Vielzahl von Möglichkeiten, aber sie wurden ignoriert. Ulbricht hatte von Chruschtschow den Hinweis bekommen: Einen Millimeter kannst du dich bewegen, aber nicht mehr. Wenn das Risiko größer gewesen wäre, wenn der Westen umgehend diplomatisches Geschick bewiesen hätte, auch in Fragen der staatlichen Anerkennung der DDR, dann hätte durchaus die Chance bestanden, den Mauerbau zumindest zu unterbrechen, vielleicht sogar ganz einzustellen.

Stattdessen dauerte es allein 36 Stunden, bis die westlichen Stadtkommandanten förmlich bei den Sowjets gegen die «Beschränkung der Freizügigkeit» protestierten. Von Stunde zu Stunde war das Schweigen unerträglicher geworden.

Schon lange hatte ich befürchtet, dass die DDR-Führung versuchen würde, ihre Grenzen zu schließen. Die Zahl der Flüchtlinge in den Westen hatte Monat für Monat neue Rekordmarken erreicht. Allein von Beginn des Jahres 1961 bis August wurden im Westen mehr als 150 000 Flüchtlinge aus der DDR registriert.

Die aktuellen Vorbereitungen für den Bau liefen in der DDR bereits seit Wochen. Natürlich hatte Ulbricht, entgegen seiner berühmten Beteuerung, schon länger die Absicht, eine Mauer zu errichten. Auch wenn die DDR-Führung von Anfang an die Verantwortung dafür auf die Sowjetunion und den Warschauer Pakt abwälzen wollte.

Über dreißig Jahre nach den Ereignissen schildert der hochrangige sowjetische Diplomat Julij Kwizinskij in seinem Buch «Vor dem Sturm» detailliert, wie Ulbricht damals auf den Bau der Mauer drängte. Kwizinskij wurde später Botschafter in Bonn und saß als Stellvertreter des Außenministers Schewardnadse für die sowjetische Seite im Jahr 1990 mit am Verhandlungstisch, als der Zwei-plus-vier-Vertrag zur Deutschen Einheit ausgehandelt wurde. Damals, 1961, war er persönlicher Mitarbeiter des sowjetischen Botschafters in der DDR, Michail Perwuchin, und Zeuge, als Ulbricht im Frühjahr 1961 den sowjetischen Politiker auf seine Datscha lud. Die herrschaftlichen Villen in Wandlitz gab es noch nicht, und Ulbricht empfing seine Gäste in einem kleinen Haus im Wald, nördlich von Berlin. Kwizinskij erinnert sich, wie sie an diesem Tag von Ulbricht empfangen wurden: «Er war vollkommen ruhig, ruhiger als gewöhnlich. Er sagte, die Lage in der DDR verschlechtere sich zusehends. Der wachsende Flüchtlingsstrom desorganisiere immer mehr das ganze Leben der Republik. Bald müsse es zu einer Explosion kommen.»

Noch, so fuhr er fort, könne Mielke das unterbinden, indem er die Rädelsführer festsetzte. Die Kampfgruppen seien in erhöhter Alarmbereitschaft. Ulbricht übermittelte Perwuchin folgende Botschaft an Chruschtschow: Wenn die gegenwärtige Situation der offenen Grenze weiter bestehen bleibe, sei der Zusammenbruch des Staates unvermeidlich. Die Massenflucht entvölkere die Republik. Er jedenfalls könne die DDR so nicht mehr halten.

Zunächst geschah von sowjetischer Seite nichts. Erst viele Wochen später erhielten Perwuchin und Kwizinskij den Auftrag, Ulbricht in der Volkskammer aufzusuchen und ihm die Reaktion Chruschtschows mitzuteilen: Er hatte – wenn auch sehr spät – seine Zustimmung zur Grenzziehung gegeben.

Ulbricht, so berichtet Kwizinskij weiter, nickte ruhig mit dem Kopf und ließ Chruschtschow seinen Dank bestellen. Er hatte sich offenbar schon vorher genaue Gedanken gemacht. Denn sofort sprach er von der Durchführung der Aktion und ging dabei auch detailliert auf die technische Planung ein. Die Grenze zu West-Berlin könne man der Länge nach mit Stacheldraht abriegeln, deshalb brauche man davon eine ausreichende Menge, auch an Pfählen. Alles müsse heimlich nach Berlin geschafft werden. Die Verbindungen der U- und S-Bahn nach West-Berlin werde man unterbrechen. Ein besonders heißer Sonntag sei wohl am günstigsten, wenn die Hälfte der Stadt sowieso draußen im Grünen weile. Wenn die Menschen abends zurückkämen, werde alles erledigt sein. Die Vertreter der Parteien der Nationalen Front lade er einfach auf seine Datscha ein. Perwuchin gegenüber erklärte Ulbricht mit einem Augenzwinkern: «Wir werden zusammen essen, ich teile ihnen die Schließung der Grenze mit und bin vollkommen überzeugt, dass sie diesen Schritt billigen werden. Vor allem aber lasse ich sie nicht weg, bis die Aktion beendet ist. Sicher ist sicher.»

Natürlich musste bis dahin alles strengstens geheim bleiben.

Eingeweiht waren nur Staatssicherheitsminister Erich Mielke, Innenminister Karl Maron, Verteidigungsminister Heinz Hoffmann und Verkehrsminister Erwin Kramer. Und natürlich: Erich Honecker, mittlerweile Sekretär im Zentralkomitee der SED und Mitglied des Politbüros. Er wurde mit der Organisation des Mauerbaus beauftragt.

Ulbricht ging nicht davon aus, dass der Westen etwas unternehmen würde. Er befürchtete aber umso mehr, dass es in Ost-Berlin einen Aufruhr in der eigenen Bevölkerung geben könnte. Schon beim Treffen mit Perwuchin und Kwizinskij in der Volkskammer hatte er darauf hingewiesen, wie kompliziert die bevorstehende Aktion sei. Man müsse mit offenen Versuchen des Ungehorsams und Schlägereien rechnen, sogar mit Massenaufläufen und Schießereien. Deshalb entwickelte er einen genauen Plan, wie man die Proteste abfedern konnte.

Die Armee spielte dabei keine Rolle. Sie würde nur dann zum Einsatz kommen, wenn die Situation tatsächlich zu eskalieren drohte. Auch die Volkspolizei sollte sich gegenüber der Bevölkerung zurückhalten. Ulbricht setzte stattdessen vor allem auf Agitatoren in Zivil, die sich unter die Demonstranten mischten. Sie sollten die Protestierenden in Diskussionen verwickeln und Trauben von Menschen um sich versammeln. Statt einer einheitlichen und damit gefährlichen Masse würde sich so nur eine Vielzahl kleiner Grüppchen bilden.

Die Taktik ging auf. Im Laufe des Morgens des 13. August begann sich die Straße «Unter den Linden» mit Menschen zu füllen, die Menge betrachtete das Geschehen aber eher ungläubig und unentschlossen. Auch die anderen Straßen Ost-Berlins waren schnell unter Kontrolle. Ulbricht selbst blieb aber noch über Wochen nervös.

Er wurde nicht müde, die Menschen über die Gründe des Mauerbaus schamlos zu belügen. Auch in der Sowjetunion wurde ein völlig falsches Bild von den Ereignissen in Deutschland verbreitet und die Legende vom «antifaschistischen Schutzwall» genährt. Am Tag des Mauerbaus erschien in der «Prawda» eine Karikatur Adenauers: Er hält eine mit Dollarzeichen versehene Bombe in der Hand, während ihm von hinten Hitler und der damalige Außenminister Dulles die Worte «Revanche» und «Krieg» zuflüstern.

Welch eine groteske Überzeichnung: Der Westen hatte ja nicht einmal im Ansatz den Willen gezeigt, irgendetwas zu unternehmen. Trotzdem hat die Geschichtsschreibung der DDR einhellig die These vertreten, dass mit dem Bau der Mauer eine Präventivmaßnahme zur Sicherung des Friedens erfolgt sei.

Zementierte Verhältnisse

Während im Osten die Realität verzerrt wurde, hieß es im Westen nun immer häufiger, man müsse der Wahrheit ins Auge sehen. Nach dem Mauerbau ist die Opposition in der Bundesrepublik und in West-Berlin gegen die DDR-Führung nicht etwa gewachsen, übrigens auch nicht von Seiten der westlichen Alliierten – was ich sehr bedauert habe. Im Gegenteil: Die Tatsache, dass Ulbricht den Mauerbau hatte durchsetzen können, stärkte die dortige bürokratische Parteidiktatur. Sowohl nach innen als auch nach außen. Einerseits konnte die SED-Führung jetzt ungehindert die Unterdrückung und Kontrolle der Bevölkerung verstärken. Und andererseits war der Westen immer mehr dazu bereit, Konzessionen an die DDR-Spitze zu machen.

Der Mörtel, der angerührt worden war, um Ost-Berlin zu isolieren, hatte sich gefestigt und mit ihm auch die DDR als Staat. Bei historisch bedeutsamen Vorgängen kann man immer wieder beobachten, dass mit jeder Stunde, die vergeht, aus einem Plan unumkehrbare Realität wird. Und plötzlich war die DDR für die bundesdeutschen Politiker eine solche Realität, die sie in dieser Form bisher noch nicht wahrgenommen hatten.

Der Umschwung zur Entspannungspolitik, die dann von Egon Bahr maßgeblich gestaltet wurde, ist am 13. August 1961 erfolgt. Von nun glaubten viele, nur mit Hilfe von Vereinbarungen und Zugeständnissen gegenüber der DDR-Führung die Mauer durchlässiger machen zu können. Erste Verhandlungen in diese Richtung waren das Passierscheinabkommen 1963, das zahlreichen West-Berlinern ermöglichte, zu Weihnachten ihre Verwandten im Ostteil der Stadt zu besuchen. Seit dem darauffolgenden Jahr durften dann auch Rentner aus der DDR in den Westen reisen.

Leider wurde mit dem Beginn der Annäherungspolitik aber eines verkannt: Solange die DDR eine bürokratische Diktatur blieb, würde die Mauer als Ganzes Bestand haben. Und das war nach dem 13. August 1961 noch 28 Jahre, zwei Monate und 26 Tage der Fall.

Die SED-Führung sah sich gezwungen, mit Gewalt die Menschen in ihrem Staat zu halten, weil sie selbst immer kritischer wurden. Dieses Schwinden ideologischer Überzeugung war damals keineswegs auf die DDR beschränkt, im Gegenteil. In der Sowjetunion war diese Entwicklung noch prägender und wurde in den darauffolgenden Jahren immer deutlicher. Mit dem Übergang von Chruschtschow zu Breschnew im Oktober 1964 vollzog sich ein Wandel, der nach meiner Einschätzung von fundamentaler Bedeutung war für die Geschichte der Sowjetunion und aller Länder, die unter ihrem Einfluss standen.

Nach dem Sturz Chruschtschows gab es zunächst drei Spitzenführer: Leonid Breschnew, Aleksej Kossygin und Nikolaj Podgornyj, nach einem halben Jahr etwa konnte Breschnew die Macht auf sich konzentrieren. Und damit begann eine knapp zwanzig Jahre andauernde Ära, die bereits von Beginn an den Rückgang ideologischer Überzeugung bedeutete. Seit Lenin, seit den Revolutionsjahren hatte es große Hoffnungen gegeben, dass die Sowjetunion auf dem Weg zu einer sozialistischen Gesellschaftsordnung sei. Am Anfang hatten noch viele Menschen diese Hoffnung geteilt, aber schrittweise sank dieser Glaube an eine bessere Zukunft herab zur bloßen Legitimierung des bürokratisch-diktatorischen Systems unter Stalin.

Chruschtschow war der letzte gläubige, vom Kommunismus überzeugte Funktionär der Sowjetunion. Er hat die Entstalinisierung vorangetrieben, was ich ihm, trotz all seiner Fehler, hoch anrechne. Er wollte das Land und die osteuropäischen Länder vom Ballast des Stalinismus befreien, in der Hoffnung, dadurch den Kommunismus neu beflügeln zu können. Hunderttausende Menschen waren aus den Lagern zurückgekehrt, viele Verbrechen der Stalin-Ära wurden nun offen angeprangert und frühere «Volksfeinde» rehabilitiert.

Die Parteikontrolle über Literatur und Kunst war gelockert worden, Schriftsteller und Dichter konnten ihre Werke freier gestalten. Außerdem hat Chruschtschow weitreichende Wirtschaftsreformen eingeleitet, die zentralen Kontrollen verringert und den einzelnen Unternehmen einen größeren Spielraum gegeben. Mit dem Sturz Chruschtschows Mitte Oktober 1964 war diese aktive Reformperiode zu Ende.

Während der darauffolgenden Breschnew-Ära, die bis 1982 dauerte, machte sich in breiten Schichten der Bevölkerung zunehmend Gleichgültigkeit gegenüber gesellschaftlichen Fragen breit. Andrej Sacharow hat mehrmals auf diese Entwicklung hingewiesen und ebenso darauf, dass dies als Protest gegen die sterbende offizielle Ideologie zu verstehen war.

Das bedeutete zugleich eine allgemeine Schwächung des Marxismus-Leninismus als Weltanschauung. Es schwand der Glaube, dass es sich dabei um eine Wissenschaft handele, die fähig sei, alle Ereignisse in Vergangenheit, Gegenwart und Zukunft zu erklären. Eine Wissenschaft, die auf Grund von historischen Gesetzen beanspruchen dürfe, alle Bereiche der Gesellschaft haben nach ihren Maßgaben zu funktionieren – von der Ökonomie bis zur Kunst.

Die Rituale und die Verlautbarungen blieben auch unter Breschnew. Aber das politische Leben wurde zur Farce. Nur noch die Kulisse wirkte. Der Kreml spielte die überzeugte Führung, und die Menschen spielten die überzeugten Massen. Die Sowjetunion zelebrierte den real existierenden Als-ob-Sozialismus. Mit dem Jahr 1964 begann der Niedergang der Sowjetunion. Die Maschinerie des Systems lief noch weiter, die bürokratischen Machtstrukturen blieben erhalten, weil die Menschen an Disziplin und Unterdrückung gewöhnt waren. Aber es fehlte der eigentliche Antrieb: Überzeugung und persönliches Engagement.

Die umfassende «Entideologisierung», wie ich den beschriebenen Prozess in der Sowjetunion seit Mitte der sechziger Jahre charakterisieren würde, setzte in der DDR verzögert ein. Die Entwicklung war auch hier zu verspüren, aber nicht in gleichem Ausmaß. Die DDR war das Land, dessen Führungspersonal in seinem Glauben an die marxistisch-leninistische Lehre unter allen Ländern des gesamten Ostblocks wohl am stärksten gefestigt war – bis zur friedlichen Revolution von 1989.

Deutlich wurde dieser Unterschied besonders in den achtziger Jahren. Als in der Sowjetunion mit Gorbatschow eine

Reformentwicklung einsetzte, kam es in der DDR nicht zum Machtwechsel. Stattdessen formierte sich sogar offener Widerstand gegen Perestroika und Glasnost. Dieser Starrsinn war das letzte Aufbäumen der SED-Führung gegen Reformbewegungen innerhalb der kommunistisch regierten Länder.

Den Anfang nahm diese ablehnende Haltung schon 1948, mit den Ereignissen um Titos Sonderweg, den Ulbricht zutiefst verurteilte, und 1956 begrüßte die DDR-Führung ausdrücklich die Niederschlagung der ungarischen Revolution als «Unterdrückung der Konterrevolution».

Frühling

Die Führung um Ulbricht blieb sich weiterhin treu, und bald musste ein weiteres Land bittere Erfahrungen mit den Altstalinisten in der DDR machen, weil es den Mut hatte, einen eigenen politischen Weg zu gehen und ein anderes Modell des Sozialismus anzustreben: Von Anfang an hat die SED die vielversprechenden Reformversuche der tschechoslowakischen Führung im Jahr 1968 – den «Prager Frühling» – heftig attackiert. Und damit zugleich ein politisches Modell verurteilt, in das ich persönlich sehr große Hoffnungen gesetzt habe. Der Prager Frühling ist in seinem Vorbildcharakter für einen «Sozialismus mit menschlichem Antlitz» bis heute unübertroffen.

Unter den vielen politischen Befreiungsbewegungen in der zweiten Hälfte des vergangenen Jahrhunderts hat es keine gegeben, die ihre Ideen so schnell und mit einer derart rasch wachsenden Unterstützung der Bevölkerung durchsetzen konnte. Am 4. Januar 1968 löste Alexander Dubček den bisherigen ersten Sekretär der Kommunistischen Partei, Antonín

Novotný, in seinem Amt ab. Als programmatische Grundlage für die Reformen diente das Aktionsprogramm der KPČ, das bereits Anfang April vorgestellt wurde. Es war ein faszinierendes Dokument. Nie zuvor in der gesamten Geschichte des Kommunismus wurde in einer solchen Klarheit und Präzision skizziert, wie binnen kürzester Frist der Übergang von einem bürokratischen und diktatorischen Unterdrückungssystem zu einem menschlichen Sozialismus gestaltet werden kann.

Entscheidend war dabei, dass das Aktionsprogramm kurz und prägnant die notwendigen Veränderungen in der kommunistischen Partei selbst benannte: die Relativierung ihrer führenden Rolle und die Anerkennung der Trennung von Partei und Staat. Die KPČ dürfe nicht die Organe in Staat und Wirtschaft bevormunden und keinesfalls ersetzen. In der «Nationalen Front» müssten alle Parteien wirklich gleichberechtigt sein, die Arbeit im Parlament in den Mittelpunkt treten. Darüber hinaus: Abschaffung der Zensur, absolute Meinungs- und Diskussionsfreiheit – sowie die volle Freizügigkeit für alle Bürger, einschließlich des Rechts auf längeren oder gar ständigen Auslandsaufenthalt. Zu Unrecht Verhaftete und Verfolgte sollten ins öffentliche Leben zurückkehren. Politische Überzeugungen und Ansichten dürften nicht Gegenstand der Untersuchung des Staatssicherheitsdienstes sein. Der Staat und die Verwaltung müssten sich aus Kunst und Kultur zurückziehen.

Beim Übergang der SED zur PDS nach der Wende 1989 hoffte ich leider vergebens, dass sich die Partei am tschechoslowakischen Reformprogramm vom April 1968 orientieren würde.

Die Situation in der Tschechoslowakei veränderte sich damals buchstäblich über Nacht. Es blieb nicht bei bloßen Forderungen und losen Versprechungen, die Zielsetzungen des Aktionsprogramms wurden umgehend verwirklicht. Die Zensur hörte auf zu existieren. Presse, Hörfunk und Fernsehen, bis dahin von der Bürokratie beherrscht, verwandelten sich in Medien der Öffentlichkeit und widmeten sich den unterschiedlichen Vorstellungen und Wünschen der Bevölkerung. Die Apathie und das politische Desinteresse, die im Zuge der allgemeinen Entideologisierung des Ostblocks auch vor den Tschechen und Slowaken nicht haltmachten, schlugen in eine bemerkenswerte Aktivität um. In der Wirtschaft wurden die Unternehmen und Betriebe entbürokratisiert, und ihre Selbständigkeit wuchs. In einer Resolution gab das Zentralkomitee bekannt, sich nachdrücklich für die Entwicklung der sozialistischen Demokratie einzusetzen. Man werde nicht zulassen, dass der seit Januar eingeschlagene Weg wieder verlassen werde.

Unter dem immer stärker werdenden Druck der Bevölkerung und der Reformkräfte in der Partei musste am 21. März 1968 Novotný auch vom Posten des Staatspräsidenten abtreten. Eine Welle von Rücktritten stalinistischer Funktionäre folgte, und bereits am 30. März wählte das tschechoslowakische Parlament Ludvík Svoboda zum neuen Staatspräsidenten. Erstmals hatte es mehrere Kandidaten gegeben: Neben Svoboda, dem ehemaligen Kommandeur der tschechoslowakischen Brigade, die im Zweiten Weltkrieg auf sowjetischer Seite kämpfte, noch die zwei entschlossenen Reformer Josef Smrkovský und Laco Novomeský. Beide hatten während des Novotný-Regimes im Gefängnis gesessen.

Auch in anderen Gremien wechselte die Führung. Der tschechoslowakische Schriftstellerverband wählte den Reformkommunisten Eduard Goldstücker zu seinem Vorsitzenden, die ideologische Kommission des Zentralkomitees ersetzte den stalinistischen Dogmatiker Iri Hendrych durch den Reformer Josef Spacek.

Dass sich darüber hinaus auch Journalisten und Schriftsteller zu Wort meldeten und die Ideen des «Prager Frühlings» in die Bevölkerung trugen, war nicht überraschend. Dass aber Naturwissenschaftler und Ökonomen die Vision eines dritten Weges zwischen Kapitalismus und dogmatisch entstelltem Marxismus mitentwickelt haben, fand ich beachtlich. Allen voran natürlich Ota Šik, der im April stellvertretender Ministerpräsident und Koordinator der Wirtschaftsreformen wurde.

Ich sah die Ereignisse von 1968 in der ČSSR als Ausdruck einer freiheitlichen Strömung, die es schon in Jugoslawien gab, die auch am 17. Juni 1953 in der DDR und drei Jahre später in Budapest sichtbar wurde. Aber keine der Bewegungen war so durchdacht und von einer solchen Kraft wie der Prager Frühling. Die Ideale waren ähnliche, aber die Unterschiede zeigten sich sowohl im Tempo, im Ausmaß der erstrebten Veränderungen und vor allem im Grad ihrer Verwirklichung.

Der Prager Frühling war siegreich, auf ganzer Linie. Seine Ideen hatten sich überall und ohne Zwang durchgesetzt. Nur Gewalt von außen konnte die Entwicklung jetzt noch unterbrechen. Am 17. Mai 1968 traf eine sowjetische Militärdelegation unter Leitung von Marschall Gretschko in Prag ein. Wenige Tage später begannen erste militärische Manöver, die offensichtlich dazu dienten, die Macht zu demonstrieren und den Reformgegnern den Rücken zu stärken.

Der entscheidende Stichtag war der 9. September 1968, an dem der Parteitag der KPČ beginnen sollte, mit der Annahme eines neuen Parteistatuts und der freien Wahl einer neuen politischen Führung. Im bisherigen Präsidium, dem zentralen Organ der Spitzenführung, waren neben den Reformern um Alexander Dubček, Frantisek Kriegel und Josef Smrkovský auch noch drei Stalinisten vertreten. Der Parteitag würde aber deren endgültige Niederlage besiegeln und die Reformen des «Prager Frühlings» offiziell bestätigen. Wenn die Staaten des «Warschauer Pakts» militärisch eingreifen würden, dann vor dem 9. September.

Mit Spannung fieberte ich dem Termin entgegen. Ich schwankte zwischen Zuversicht und Skepsis. Denn die kritischen Stimmen aus den anderen Ländern des Ostblocks waren nicht zu überhören, und sie wuchsen heran zu handfesten Drohungen. Schon im März 1968 hatten sich in Dresden zum ersten Mal Regierungsvertreter der Sowjetunion, Bulgariens, Ungarns, Polens und der DDR getroffen – die so genannten «Warschauer Fünf». Weitere Zusammenkünfte folgten, und der Druck auf Prag wurde jedes Mal stärker. Mit einem militärischen Einmarsch wurde nun wiederholt gedroht.

Für die SED war Dubčeks Weg gleichbedeutend mit der «Preisgabe der Positionen des Sozialismus zugunsten der Konterrevolution». Es war die alte Masche: Neue Formen eines freien Sozialismus wurden von den Reaktionären immer gleich als Feindschaft gegenüber dem Marxismus gebrandmarkt und die Vertreter der neuen Richtung vorsorglich zu Verrätern gestempelt. Ich habe deshalb eine militärische Aktion nicht ausgeschlossen und befürchtet, die Gegner des «Prager Frühlings» würden nur auf den richtigen Zeitpunkt warten.

In diese Zeit der Unsicherheit, in die Wochen des Hoffens und Bangens, fiel eine Radiosendung des Westdeutschen Rundfunks vom 5. August 1968, in der ich mich vom Kölner WDR-Studio aus mit Professor Eduard Goldstücker von Radio Prag unterhielt. Der Präsident des Schriftstellerverbandes, bekannt als exzellenter Germanist und Kafka-Experte, sprach mit mir über die Situation in der Tschechoslowakei. Ich war in einer schwierigen Lage. Meine Freunde vom «Prager Frühling» waren optimistischer als ich, weil die «Warschauer Fünf» auf ihrem letzten Treffen der nationalen Souveränität der Tschechoslowakei scheinbar zugestimmt hatten.

Ich äußerte meine Zweifel an der Aufrichtigkeit dieser Position nur verhalten. Goldstücker bekräftigte seine Hoffnung: Die Missverständnisse zwischen der Sowjetunion und der Tschechoslowakei, so erklärte er, seien aus dem Weg geräumt worden. Die sowjetischen Freunde hätten, nachdem sie zuerst über das tschechoslowakische Experiment schockiert gewesen wären, die Einsicht erlangt, dass im Rahmen der sozialistischen Entwicklung der Weg der Tschechoslowakei «sozusagen in Ordnung» sei.

Der Gegensatz zwischen den Ideen des Prager Frühlings und der KPČ auf der einen und der DDR-Führung und den Positionen der SED auf der anderen Seite hätte größer nicht sein können. In der DDR war die bürokratische Diktatur unweigerlich an die Geschlossenheit der SED gebunden. Ein Jahr zuvor hatte Erich Honecker die stalinistische These vertreten, die Partei sei die Führerin beim Aufbau des Sozialismus, auf der Grundlage des Marxismus-Leninismus und des Parteiprogramms müssten alle staatlichen und gesellschaftlichen Organisationen einheitlich wirken.

Im Aktionsprogramm der KPČ wurde die führende Rolle der kommunistischen Partei nicht gänzlich bestritten. Aber diese «führende Rolle» der Partei könne eben nicht darin bestehen, so hieß es im Programm, die Gesellschaft zu beherrschen und «die Arbeit des Staates, die Arbeit wirtschaftlicher und gesellschaftlicher Körperschaften zu übernehmen». Vielmehr müsse sie der «freien, fortschrittlichen und sozialistischen Entwicklung am fortschrittlichsten dienen».

Auch die innere Organisation der Parteien war gegensätzlich. Auf der einen Seite herrschte Kaderpolitik – die SED hing an dem Glauben, der Wille der Führung müsse mit aller Kraft nach unten durchgesetzt werden. In der KPČ dagegen gab es geheime Wahlen auf allen Ebenen. Ihr kam es vor allem darauf an, die Bevölkerung für ihre Ziele zu gewinnen, und zwar durch Argumente. Das hat sie schließlich auch erreicht.

Meine Skepsis bestand, wie sich bald zeigte, dennoch zu Recht. Am 21. August 1968 war es so weit. In Prag fuhren sowjetische, bulgarische, polnische und ungarische Panzer auf. Fast hundert Tschechen und Slowaken starben, Dubček und seine engsten Mitarbeiter wurden verhaftet und nach Moskau gebracht. Als sie nach den Verhandlungen zurückkehrten, feierte das Volk – aber im Moskauer Winter waren die Keime des Prager Frühlings bereits erfroren.

In Ungarn war der Widerstand gegen eine Beteiligung an der Okkupation am größten. Die DDR-Führung war dagegen zum Eingreifen bereit. Als besonders beschämend empfand ich, dass Ulbricht geradezu erpicht darauf war. Auf sowjetischen Vorschlag hin wurde jedoch beschlossen, dass sich die Nationale Volksarmee der DDR nicht direkt am Einmarsch beteiligen werde.

Aber bei der Propagandahetze gegen die Tschechoslowakei befand sich das DDR-Regime an vorderster Front. Eine eigens eingerichtete Rundfunkstation sendete am Tag des Einmarschs von Dresden aus, um die tschechische Bevölkerung zu agitieren. Vom militärischen Einsatz abgesehen, war die DDR neben der Sowjetunion das aktivste Land in der Bekämpfung des «Prager Frühlings».

Die DDR-Führung hatte große Angst, die Freiheitsbewegung könnte auch ihr Land erreichen. Bereits im März 1968 heißt es in einem Bericht des Ministeriums für Staatssicherheit an die Parteiführung: «In den Bezirken der DDR wird gegenwärtig unter allen Bevölkerungsschichten diskutiert. Besonders die Meinungsäußerungen über die Erscheinungen in der ČSSR sind vom Umfang und der Intensität her im Ansteigen begriffen.»

Eine kleine Gruppe aktiver Jugendlicher in der DDR hat am Tag des Einmarschs die Fahne der ČSSR gehisst und Flugblätter verteilt: «Wir grüßen die Tschechoslowakei und verurteilen die schändliche Okkupation.» Sogar in der Sowjetunion demonstrierte am 25. August 1968 ein kleine Schar von Dissidenten auf dem Roten Platz gegen die Militäraktion – wenige Minuten lang, dann wurde sie verhaftet.

Ungefähr zweitausend Bürger der DDR waren während des Prager Frühlings direkt vor Ort und haben die Reformbewegung aktiv unterstützt. Obwohl vor einer Reise in die Tschechoslowakei unzählige Formulare ausgefüllt werden mussten und man sich damit schon per se verdächtig machte, zog es sie ins sozialistische Bruderland. Sie waren fasziniert von der neuen Freiheit, die dort herrschte, und gingen auch auf die Straße, als die sowjetischen Panzer auffuhren. Weil sie wussten, dass sich die Staatssicherheit der DDR unter die Protestierenden mischte, vermieden sie es, fotografiert zu werden. Genutzt hat es ihnen nichts. Denn die Stasi arbeitete sogar mit akustischer Überwachung und hat später die Menschen identifiziert – mit Hilfe von Experten, die anhand von Dialekt und Sprachfärbung den Wohnort bis auf wenige Kilometer bestimmen konnten.

Für die Stasi war Mischa Wolf im Sommer 1968 in Prag, das hat er mir nach der Wende bestätigt. Peter Florin, mit dem ich mich dann später ebenfalls unterhielt, war damals DDR-Botschafter in der ČSSR. Auch er hat, wie Wolf, den Einmarsch der sowjetischen Truppen aktiv mit vorbereitet.

Breschnew und Ulbricht und die Führer der anderen osteuropäischen Länder fürchteten nur eins: den Verlust der Macht.

Sie wussten genau, dass die Entwicklung in der Tschechoslowakei keine Gefahr für den Sozialismus darstellte, sondern im Gegenteil den Sozialismus festigte und attraktiv machte. Dass die Idee, den Sozialismus mit Freiheit, Demokratie und Humanismus zu verbinden, eine große Anziehungskraft entwickelte, weit über die Menschen im Osten hinaus.

Selbst wenn man die Dokumente, Erklärungen und Reden der tschechoslowakischen Reformer sehr kritisch liest, lässt sich eindeutig feststellen, dass es keinerlei Anzeichen für eine Rückkehr der ČSSR zum Kapitalismus gab. Allein der Gedanke, ein Sozialismus mit menschlichem Antlitz, im Herzen Europas, könnte ihre Ämter und Posten gefährden, hatte die Bürokraten von Ost-Berlin bis Moskau in Angst versetzt. Deshalb die Gewalt und die Verleumdungen.

Der Chemiker und Regimekritiker Robert Havemann war es, der in der DDR klare Worte fand und sich in aller Deutlichkeit zum «Prager Frühling» bekannte. Er wurde zum Sprecher derjenigen, die auf ähnliche Reformen hofften: «Sozialisten und Kommunisten in aller Welt verfolgen heute mit wärmster Sympathie und von großer Hoffnung erfüllt die politische Entwicklung in der ČSSR. Zum ersten Mal wird hier der Versuch gemacht, Sozialismus und Demokratie in Übereinstimmung zu bringen. In der Tschechoslowakei erleben wir heute den grandiosen Versuch eines radikalen und kompromisslosen Durchbruchs zur sozialistischen Demokratie. Gelingt dieser Versuch, so wird dieser Versuch von einer historischen Tragweite sein, die sich nur mit der russischen Oktoberrevolution vergleichen lässt.»

1959 hatte die DDR-Führung den Wissenschaftler Robert Havemann noch mit ihrem Nationalpreis ausgezeichnet. Als er aber im Wintersemester 1963/64 an der Humboldt-Universität in Berlin sein Vorlesung «Naturwissenschaftliche Aspekte philosophischer Probleme» hielt, in der er auch die Führung der DDR kritisierte, wurde er aus der SED ausgeschlossen. Die Vorlesung wurde im Westen unter dem Titel «Dialektik ohne Dogma?» veröffentlicht. Später folgten in der DDR Berufsverbot und Hausarrest. Ich habe Havemann leider nie persönlich kennengelernt, aber ich verehre ihn als einen der bedeutendsten Persönlichkeiten der DDR. Ohne seine Vorarbeit wäre die friedliche Revolution 1989 nur schwer denkbar gewesen. In seinen Äußerungen zum «Prager Frühling» unterstrich er, dass die Bewegung von 1968 eine sozialistische war.

Das Interesse an der Entwicklung in der Tschechoslowakei war bei den Reformkräften im Ostblock natürlich besonders groß, blieb aber nicht auf sie beschränkt.

Die ersten Monate des Prager Frühlings verfolgte ich in Yale. Hier war 1968 an den üblichen universitären Ablauf gar nicht zu denken. Denn die Universität war ein Zentrum des Studentenprotests in den USA. Die Gebäude waren verbarrikadiert, die Hörsäle unzugänglich. Ich konnte keine meiner üblichen Vorlesungen halten, weder über die Geschichte der Sowjetunion noch über die Geschichte der kommunistischen Weltbewegung, zu der auch die DDR-Geschichte zählte.

Aber täglich gab es eine Ausgabe der Studentenzeitung «Strike Newspaper». Dort wurden von der Streikführung spontane Veranstaltungen angekündigt, mit Themen, die die Studenten selbst auf den Plan gesetzt hatten. Im Innenhof des Silliman College sprach ich über den «Prager Frühling». Das Interesse der jungen Leute an den Vorgängen in der Tschechoslowakei war gewaltig, und ich spürte, wie sehr sie sich mit den Menschen in Prag verbunden fühlten.

Auch bei der Studentenbewegung in Deutschland war die Sympathie für den Sozialismus mit menschlichem Antlitz groß. Ich habe mich öfters mit ihren führenden Köpfen getroffen, mit Daniel Cohn-Bendit, den ich noch später wiederholt in seiner Frankfurter «Karl-Marx-Buchhandlung» besuchte, und auch mit Rudi Dutschke. Wir haben einige Male über die Entwicklung der früheren Linken hin zur Bewegung in den sechziger Jahren diskutiert.

Einmal, bei einem Treffen in Hamburg, erblickte mich Dutschke. Er kam auf mich zugerannt und schrie dabei aus voller Kehle: «Tito-Faschist!» Die umstehenden Leute erschraken über diesen scheinbar feindseligen Ton. Aber Dutschke lachte nur: «Das ist doch der schönste Titel, den man von den miesen Dogmatikern in Moskau verliehen bekommen kann. Um mich zu kritisieren, hat man schon zu den verschiedensten Bezeichnungen gegriffen, aber ‹Tito-Faschist› fehlt mir noch in meiner Liste. Ich beneide Wolfgang darum.»

SIEBTES KAPITEL

Stillstand statt Wandel

Am 1. August 1973 starb Walter Ulbricht. Aber zu diesem Zeitpunkt lag die Führung der SED schon längst in den Händen eines anderen: Erich Honecker hatte zwei Jahre zuvor, im Frühjahr 1971, alle wichtigen Ämter übernommen.

Harte Machtkämpfe waren vorausgegangen, vor allem in den letzten Wochen vor Ulbrichts Sturz. Innerhalb des Politbüros der SED hatte sich eine Gruppe um Honecker gebildet, die Ulbrichts Wirtschaftspolitik und seine ideologischen Alleingänge missbilligte. Honecker stand als potenzieller Nachfolger bereits in Kontakt zur Sowjetführung und versuchte, im Politbüro eine Mehrheit für sich zu gewinnen.

Ende März 1971 reiste eine Delegation der SED, noch unter der Führung Ulbrichts, zum 24. Parteitag der KPdSU nach Moskau. Schon vor der Reise gab es Gerüchte, die Sowjets wollten Ulbricht absetzen, und heute ist bekannt, dass er zu jenem Parteitag keine Einladung erhalten hatte. Er fuhr trotzdem und hielt am 31. März sogar eine höchst kontroverse Rede.

Dabei rühmte er die DDR und nicht die Sowjetunion als das herausragende Modell einer hochtechnologisierten sozialistischen Gesellschaft. Um seine Autorität zu unterstreichen, verwies er zudem auf seine langjährige politische Tätigkeit und führte dafür Lenin als besonderen Zeugen an. Für Breschnew und die Spitzenfunktionäre der KPdSU war es ein Affront, als

Ulbricht vor Tausenden von Delegierten verkündete, er selbst habe Lenin noch persönlich gekannt. Im November 1922, auf dem 4. Kongress der Kommunistischen Internationalen, befanden sich beide tatsächlich im selben Zimmer, aber sie wechselten kein einziges Wort. Die SED, so fuhr Ulbricht in seiner Rede auf dem Parteitag fort, habe den Marxismus-Leninismus auf die konkrete historische Situation im Land angewendet, wie Lenin es gefordert hatte. Und die russischen Genossen sollten, das habe Lenin ebenfalls verlangt, immer wieder neu dazulernen.

Die Sowjets mussten den Eindruck gewinnen, dass Ulbricht nicht mehr zu kontrollieren war. Schon länger verfolgte er einen eigenständigen Kurs, aber jetzt hatte er den Bogen überspannt.

Die Strafe folgte umgehend: Seit seiner Rede vom 31. März wurde er in der russischen Presse nicht mehr erwähnt. Statt seiner zitierte man stets Erich Honecker. Auch in ihren Glückwünschen zum 25-jährigen Bestehen der SED am 21. April 1971 würdigte die KPdSU nur die vorbildliche sozialistische Aufbauarbeit der Genossen Pieck und Grotewohl – Ulbricht, in den 25 Jahren immerhin der entscheidende Führer der Partei, kam nicht vor. Kein Wort über ihn.

Als die SED-Delegation von ihrem Moskaubesuch in die DDR zurückkehrte, waren die Weichen für den Wechsel gestellt: Ulbricht erklärte am 3. Mai bei einer Tagung des Zentralkomitees seinen Rücktritt – offiziell aus Altersgründen. Er empfahl, den Genossen Erich Honecker zum Ersten Sekretär des Zentralkomitees zu wählen.

Ulbricht war in den letzten Jahren seiner Amtszeit einen überraschenden politischen Weg gegangen, der ihn nun endgültig ins politische Abseits geführt hatte.

Ende einer Ära

Auf der Grundlage einer neuen Wirtschaftspolitik, die eine «wissenschaftlich-technische Revolution» auslösen sollte, hatte Ulbricht nach 1967 die These aufgestellt, die DDR befinde sich auf einem eigenen Weg in das «entwickelte gesellschaftliche System des Sozialismus». Keineswegs sei der Sozialismus nur eine Übergangsphase zum Kommunismus und auch nicht nur von kurzer Dauer, sondern stelle eine «relativ eigenständige Gesellschaftsformation» dar.

Seine Argumentation war mutig, weil sie die unabhängige Entwicklung der DDR betonte – auch gegenüber der KPdSU, die behauptete, die Sowjetunion habe als einziges Land den Sozialismus bereits verwirklicht und sei auf dem Wege zum Kommunismus.

Ulbrichts Vorstellungen forderten Moskau heraus, weil sie den Führungsanspruch der Sowjetunion in Frage stellten. Selbstbewusst erklärte er, in der DDR seien alle Klassengegensätze praktisch aufgehoben, und proklamierte eine «sozialistische Menschengemeinschaft», die «weit über das alte humanistische Ideal hinaus» gehe.

Er erkannte, deutlicher als viele andere SED-Funktionäre, die neuen ökonomischen Herausforderungen, die von der DDR zu bewältigen waren und die einen technologischen Aufschwung nötig machten. Er wollte sich nicht mehr allein auf die Parteibürokraten stützen, sondern hatte 1966 den «Strategischen Arbeitskreis» unter der Leitung seines Wirtschaftsberaters Wolfgang Berger ins Leben gerufen. Über hundert Experten aus verschiedenen wissenschaftlichen Disziplinen, darunter auch Psychologen und Soziologen, versorgten ihn mit Informationen aus Gesellschaft und Wirtschaft.

Nach der Bildung der sozialliberalen Koalition in Bonn

Ende September 1969 begann Ulbricht, auch eigene Akzente in der Deutschlandpolitik zu setzen. Noch im Dezember unterbreitete die DDR Vorschläge zur Normalisierung der Beziehungen mit der Bundesrepublik auf der Grundlage der «friedlichen Koexistenz». Ulbricht sprach sich in einem Brief an den damaligen Bundespräsidenten Gustav Heinemann für die Aufnahme gleichberechtigter Beziehungen zwischen der DDR und der Bundesrepublik aus. Er zeigte sich flexibler als früher und war erstmals bereit, in den Verhandlungen zur völkerrechtlichen Anerkennung der DDR gegenüber der Bundesrepublik auf den Austausch von Botschaften zu verzichten und sich mit «diplomatischen Missionen» zu begnügen – im Gegensatz zur Mehrheit des Politbüros und auch der Auffassung Moskaus, die auf der Maximalforderung einer diplomatischen Anerkennung der DDR beharrten.

So brachte Ulbricht in den letzten Jahren seiner politischen Laufbahn den Mut auf, sich offen gegen Moskau zu stellen, und ergriff selbst die politische Initiative. Offenbar hatte er jahrelang die sowjetischen Direktiven hingenommen und mit eiserner Disziplin auch verwirklicht, in der Hoffnung, irgendwann komme der Zeitpunkt, an dem er eigenständig handeln könne. Und diesen Zeitpunkt sah er wohl Mitte der sechziger Jahre erreicht. Länger wollte und konnte er nicht mehr warten.

So positiv diese Versuche einer von der Sowjetunion unabhängigen Politik auch zu bewerten sind, sie bedeuteten keinen völligen Wandel der bisherigen Linie. Ulbricht war immer noch der Funktionär, der 1968 auf den Einmarsch in die Tschechoslowakei gedrängt hatte – und unter seiner Führung war die Zahl der hauptamtlichen Stasi-Mitarbeiter von 25 000 im Jahr 1963 auf 49 000 im Jahr 1972 gestiegen. Der Machtanspruch der SED stand für Ulbricht nie in Frage, und er untermauerte mit seinen Thesen zweifellos seinen eigenen Anspruch auf Autorität.

Umso erstaunlicher, dass bei Walter Ulbrichts Beerdigung im August 1973 plötzlich und unerwartet Tausende DDR-Bürger erschienen. Die Trauerfeier sollte in aller Stille und ohne großes Aufsehen vonstatten gehen. Zwei Umstände machten dies unmöglich. Zum einen wollte die Sowjetführung ein Staatsbegräbnis für Ulbricht. Zum anderen zeigten die Menschen auf ihre Weise Anteilnahme – obgleich sie ihn zu seiner Amtszeit nicht sonderlich mochten, wussten sie, dass mit Ulbrichts Leben ein Stück DDR-Geschichte vorbei war. Einige von ihnen hatten vielleicht auch die erfreulicheren politischen Schritte seiner letzten Regierungsjahre zur Kenntnis genommen.

Walter Ulbricht verkörperte Triumph und Tragik eines vom Stalinismus geprägten Führers. Nach erfolgreichem Aufstieg im Apparat war er ein Vierteljahrhundert der fast unumschränkte Herrscher der DDR. Sein Nachfolger schob ihn mit den gleichen Methoden beiseite, die er selbst gegen seine Konkurrenten so erfolgreich angewandt hatte. Ulbricht gehörte zu jenen Funktionären, die Mitte der zwanziger Jahre des letzten Jahrhunderts im kommunistischen Parteiapparat aufstiegen, als ein wuchernder bürokratischer Apparat die Revolutionäre verdrängte. Während seines Exils in der Sowjetunion führte er alle noch so widersprüchlichen Befehle bereitwillig aus. Schritt für Schritt erklomm er die Stufen der Macht. Viele Funktionäre wurden auf diesem Weg von der stalinistischen Säuberungswelle erfasst, verschwanden für immer in der Versenkung oder im Arbeitslager. Ulbricht gehörte zu den wenigen, die bis zur Spitze gelangten.

Als er sich im Frühjahr 1948 diese Position auch im Machtgefüge der DDR gegenüber Pieck und Grotewohl gesichert hatte, war er von dort über Jahrzehnte hinweg nicht zu verdrängen. Ulbricht traf sich wiederholt mit Stalin und verhandelte nach dessen Tod mit dem Triumvirat Malenkow, Berija und Molotow. Nach deren Sturz kam er mit Chruschtschow zusammen, überlebte auch ihn, um schließlich mit Breschnew den Bruderkuss zu tauschen. Die sowjetischen Führer kamen und gingen – Ulbricht blieb. Warum konnte er sich so lange halten?

Die wichtigste Grundlage seiner Macht war der bürokratische Apparat, den sich Ulbricht nicht nur selbst aufgebaut hat, sondern den er dank seines organisatorischen Talents für seine Zwecke zu nutzen verstand. Hinzu kam die besondere geographische Lage der DDR im Kalten Krieg. Allen Sowjetführern war die Gefährdung der Grenze zum feindlichen Block klar. Stalin hatte einst bemerkt, der Kommunismus passe zu den Deutschen wie der Sattel zu einer Kuh. Missstimmung, Unzufriedenheit und Protest der Bevölkerung waren nicht zu übersehen, die Flüchtlingsströme nach Westen und der rasche ökonomische Aufstieg der Bundesrepublik verstärkten diesen Eindruck. Dem Kreml erschien es mehrfach ratsam, während des Rennens nicht die Pferde zu wechseln und sich auf den zu verlassen, der bisher zuverlässig gedient hatte.

Stalin hatte gegenüber Wladimir Semjonow, dem damaligen politischen Berater der sowjetischen Kontrollkommission in Deutschland, erklärt: «Ulbricht ist ein treuer und konsequenter Kommunist. Er ist ein wirklicher Freund der Sowjetunion. Daran gibt es keinen Zweifel, und wir haben auch keinen Grund, ihm zu mißtrauen. Sie haben darauf aufmerksam gemacht, daß er eine schwere Faust hat. Wenn er sie auf den Tisch legt, ist sie größer als sein Kopf. Bemühen Sie sich, ihm in allem zu helfen – das ist Ihre Aufgabe.»

Am Ende seiner politischen Laufbahn wurde Ulbricht diese

Unterstützung entzogen. Nach seinem erzwungenen Rücktritt im Mai 1971 musste er erleben, wie seine Initiativen der letzten Jahre von Honecker revidiert und durch einen prosowjetischen Kurs ersetzt wurden.

Schon bald galt Ulbricht selbst als Unperson. In politischen Schriften wurden seine Zitate ausgemerzt, die Veröffentlichungen seiner Reden und Aufsätze eingestellt und die Briefmarken mit seinem Porträt aus dem Verkehr gezogen. Er musste sein Amt im Verteidigungsrat räumen und im Oktober 1972 den Vorsitz im Staatsrat abgeben. Das Walter-Ulbricht-Stadion in Berlin und die Walter-Ulbricht-Akademie in Potsdam wurden umbenannt, und zu seinem 80. Geburtstag im Juni 1973 durfte er nicht einmal jene Gäste einladen, die er selbst wünschte. Die «Gruppe Ulbricht», die historisch korrekte und offizielle Bezeichnung unserer Abordnung, hieß fortan «Beauftragte des Zentralkomitees der KPD» – obwohl es im Frühjahr 1945 in der KPD kein Zentralkomitee gab.

Ulbricht wurde aber nicht nur als historische Figur demontiert. Honecker hat ihn ganz bewusst auch als Mensch der öffentlichen Verachtung preisgegeben. Seine Krankheitsbulletins wurden veröffentlicht, und die Fernsehbilder zeigten einen geschwächten Walter Ulbricht, alt und hinfällig. Als ich erfuhr, wie Honecker mit Ulbricht umsprang, ging es mir wie vielen Bürgern der DDR damals. Nicht, dass ich Mitleid empfunden hätte, schließlich wurde er von ebenjenem System gestürzt, dem er sein ganzes Leben gedient und das er selbst errichtet hatte. Aber Ulbricht erschien mir in einem etwas milderen Licht, gerade weil sein Nachfolger ihn derart beleidigte und so verbissen daran arbeitete, ihn vergessen zu machen. Honecker wollte offenbar auf diese Weise seine eigene Position sichern.

Ulbricht selbst hatte dafür gesorgt, dass es keine geeigneten Kandidaten für seine Nachfolge gab. Die von Moskau befohlenen Säuberungen in der Partei hatte er immer beflissen durchgeführt und auf diese Weise alle, die zu eigenständigem Denken fähig waren, aus dem Weg räumen lassen. Übrig blieb ein Mann wie Erich Honecker, dessen einzige Eigenschaft bis 1970 darin bestand, Ulbricht stets zu Diensten zu sein, und der sich vor allem dadurch hervorgetan hat, den Mauerbau zu organisieren und zu überwachen.

Ich kannte Erich Honecker schon seit dem 10. Mai 1945, als Hans Mahle ihn auf der Frankfurter Allee in Berlin getroffen und anschließend der «Gruppe Ulbricht» in der Prinzenallee vorgestellt hatte. Ulbricht selbst interessierte sich an diesem Abend noch nicht für ihn, Honeckers politische Karriere nach dem Krieg begann erst im Frühjahr 1946, beim feierlichen Gründungskongress der FDJ in Brandenburg. Eigentlich galt damals Hans Mahle als erster Mann der antifaschistischen Jugendorganisation in Deutschland. Schon vor 1933 hatte er ja eine führende Rolle in der kommunistischen Jugendbewegung gespielt, und auch während seiner Zeit in der Sowjetunion trat er als Vertreter der deutschen Jugend auf. Als er aber am 10. Mai 1945 von Bersarin zum Leiter des Berliner Rundfunks bestellt wurde, gab es zunächst niemanden, der den Vorsitz der FDJ übernehmen konnte. Die Parteiführung um Walter Ulbricht entschied sich deshalb für eine eigentümliche Lösung: Der Posten wurde geteilt.

Für die entscheidende Arbeit in Berlin wurde Heinz Keßler bestimmt, der spätere Verteidigungsminister. Erich Honecker stand der FDJ im Rest der Sowjetzone vor. Junge Führungskräfte, die teilweise in anderen Funktionen tätig waren, sollten die paritätische FDJ-Leitung – eine reine Notlösung – in ihrer Arbeit unterstützen. Zu ihnen gehörten Wolfgang Harich, später Professor an der Humboldt-Universität und 1957 wegen «Bildung einer konspirativen, staatsfeindlichen Gruppe» zu 10 Jahren Zuchthaus verurteilt, und Klaus Bölling, der im Westen Regierungssprecher von Helmut Schmidt und Chef des Bundespresseamts wurde. 1981 folgte er als ständiger Vertreter der Bundesrepublik in der DDR auf Günter Gaus.

Auch ich sollte die Doppelspitze der FDJ unterstützen. Sie blieb in dieser Form noch zwei Jahre bestehen, und erst mit dem Wechsel Keßlers zu den bewaffneten Streitkräften übernahm Honecker die alleinige Führung. Er wirkte auf mich damals lebensnah und aufgeweckt, er war in seiner Arbeit den jungen Leuten gegenüber aufgeschlossen. Die FDJ war zu jener Zeit noch relativ unabhängig, aber spätestens seit Anfang 1948 wurde sie zur Hilfsorganisation der SED, zum Transmissionsriemen der Partei.

Mit ihr wandelte sich auch Erich Honecker. Die offizielle Parteilinie hatte er schon immer mitgetragen, aber spätestens seit dem 17. Juni 1953, so berichtet später sein damaliger Stellvertreter Heinz Lippmann, wurde er zunehmend verschlossen und begann, überall Verrat zu wittern. In den Jahren 1955 und 1956 besuchte Honecker einen Lehrgang an der sowjetischen Parteihochschule in Moskau und übernahm nach seiner Rückkehr den Bereich Sicherheit im Zentralkomitee der SED, 1960 wurde er Sekretär des Nationalen Verteidigungsrates. Viele Jahre war er verantwortlich für die Streitkräfte, die Polizei und den Staatssicherheitsdienst. Im ZK und ab 1958 auch im Politbüro wurde er zum treuesten Gefolgsmann Walter Ulbrichts. Er war seine rechte Hand beim Mauerbau, und er war sein politischer Ziehsohn.

Je größer seine Macht wurde, desto stärker veränderte sich Erich Honecker. In seiner ganzen Art und in seinem Auftreten. Wenn man ihn später bei einem offiziellen Messebesuch in eine eigens hergerichtete Halle führte, wo alles glänzte und die Menschen ihn mit stürmischem Beifall empfingen, dann war er glücklich. Dann strahlte er. Ulbricht hingegen hätte misstrauisch die Nase gerümpft und bewusst die Halle nebenan besucht. Bei Honecker bestand diese Gefahr nicht. Bescheidenheit war nicht seine Stärke. Die Privilegien der Parteiführung genoss er, wo er nur konnte. Während Ulbricht Frösche fing, Tischtennis oder Volleyball spielte, ging Honecker auf die Jagd. So oft es ihm möglich war, fuhr er in die Schorfheide und gab sich diesem Zeitvertreib hin.

Den Ernst der politischen Lage konnte er nie richtig erfassen. Besonders deutlich wurde sein mangelnder Realitätssinn 1989, als das Land längst am Abgrund taumelte. Honecker ließ mit Pauken und Trompeten 40 Jahre DDR feiern. Solange die Fahnen wehten und die Pioniere sangen, musste doch alles gut sein. Eigentlich blieb er immer der kleine Trommler des kommunistischen Jugendverbandes, der er einmal war. Und auch seine kindliche Phantasie schien immer wieder durch. Mit Freude erzählte er von seinen Lieblingsbüchern: «Wie der Stahl gehärtet wurde» von Nikolai Ostrowski, die Lebensgeschichte eines erblindeten Rotarmisten, und Alexandr S. Serafimowitschs «Der eiserne Strom» über die bolschewistische Armee 1918. Auch «Ede und Unku», eine Erzählung aus Deutschland, gehörte dazu. Alex Wedding schildert darin die Freundschaft eines Zigeunermädchens mit einem Berliner Arbeiterjungen. Ich kann Honeckers Begeisterung nachvollziehen, denn das waren auch meine Lieblingsbücher – allerdings nur während meiner Kindheit, in den Jahren 1931 und 1932, als ich bei den «Jungen Pionieren» war.

Dass nun auch Erich Honecker sich so lange an der Spitze der DDR halten konnte, hat mehrere Gründe. Die geopolitische Situation des Landes blieb unverändert, und Stabilität an der Peripherie des Ostblocks war für Moskau unverzichtbar. Auch innerhalb des Systems der DDR, unter den Funktionären, herrschte ein starkes Sicherheitsbedürfnis, der Wunsch nach Kontinuität. Man hatte sich eingerichtet. Die Stimmungslage damals in den Führungskadern ist mir, vor allem auch aus späteren persönlichen Gesprächen, wohl bekannt: Selten habe ich positive Äußerungen über Erich Honecker gehört. Äußerst selten. Man mochte ihn nicht sonderlich, man nahm ihn einfach hin.

Honecker konnte zudem die Ernte von Ulbrichts Politik einfahren. Vor allem die außenpolitischen Erfolge verbuchte er für sich. Die stärkere Einbindung der DDR in die internationale Gemeinschaft, besonders die Mitgliedschaft bei den Vereinten Nationen 1973 und zwei Jahre später in der KSZE, der «Konferenz für Sicherheit und Zusammenarbeit in Europa». Und am Ende die völkerrechtliche Anerkennung der DDR als Staat. Im Grundlagenvertrag von 1972 hatte man sich mit der Bundesrepublik auf «gutnachbarliche Beziehungen auf gleichberechtigter Basis» und die «Unverletzlichkeit der Grenzen» geeinigt. Ein enormer diplomatischer Erfolg für die DDR. Bis 1978 wurde das Land durch 123 Staaten formell anerkannt.

Und schließlich hat die Haltung des Westens gegenüber der DDR Erich Honeckers Macht gestärkt.

Annäherung bei Wandel!

Die Ostpolitik der Bundesrepublik verfolgte ich stets mit besonderem Interesse – zuweilen mit Zustimmung, oft aber auch mit Bedenken. Am 15. Juli 1963 hielt Egon Bahr seine berühmte Rede in der Evangelischen Akademie in Tutzing. Kein Zweifel: Bahr gehört für mich zu den bedeutenden Persönlichkeiten in der Bundesrepublik. Ich kenne ihn seit 1952 – er war damals noch Chefkommentator des RIAS, und ich habe mich dort an den Sendungen für oppositionelle SED-Funktionäre beteiligt. Die Zusammenarbeit mit ihm war vorzüglich, meine persönliche Wertschätzung für ihn ist ungebrochen. In jener Tutzinger Rede prägte er die Idee vom «Wandel durch Annäherung», ein Schlagwort, das auf Jahrzehnte die sogenannte Entspannungspolitik in Deutschland bestimmte. Obwohl mir vieles an dieser Position einleuchtete, durfte man die kritikwürdigen Punkte nicht übersehen.

Es war sicher legitim, ja dringend notwendig, sich die Frage zu stellen, ob es möglich wäre, durch kleine Schritte, die man auf das DDR-Regime zuging, Erleichterungen für die Menschen dort zu erreichen. Ich stimmte auch völlig mit dem Gedanken überein, das System im Osten zu beeinflussen, anstatt es nur zu verteufeln.

Aber Bahr erklärte in seiner programmatischen Rede auch, zur Politik der Annäherung gehöre die Prämisse, «daß Änderungen und Veränderungen nur ausgehend von dem zur Zeit dort herrschenden verhaßten Regime erreichbar sind.» Und genau hier setzten meine kritischen Fragen an.

Sich einer Diktatur anzunähern, in der Hoffnung, sie würde sich dadurch wandeln, hielt ich für einen Irrtum. Ich wusste aus meinen eigenen Erfahrungen, die ich jahrelang in einem stalinistischen System gewonnen hatte: Es verhält sich genau umgekehrt. Diktatorische Regime sind nur dann bereit, sich zu mäßigen, wenn sie Widerstand zu fürchten haben – sei es von der eigenen Bevölkerung oder vom Ausland.

Vergeblich hoffte ich auf eine kritischere Haltung gegenüber der DDR-Führung. Der Westen hätte in aller Deutlichkeit anführen sollen, was er von ihr erwarte, aber auch, worauf sie im Gegenzug hoffen könne. Man hätte signalisieren müssen, dass die SED-Spitze niemals mit dem geringsten Entgegenkommen der Bundesrepublik rechnen dürfe, solange sie ihren harten Kurs in der DDR unverändert fortsetze. Weder in der Frage der erhofften staatlichen Anerkennung noch bei der wirtschaftlichen Zusammenarbeit. Genauso entschieden hätte man aber Zugeständnisse garantieren müssen, falls sich die DDR-Führung zu Erleichterungen gegenüber der eigenen Bevölkerung entschließe – etwa dem Abbau des diktatorischen Systems, vor allem der Straforgane, einer Lockerung der Reisebeschränkungen, einer schrittweisen Entwicklung zur Pressefreiheit und einer ungehinderten Möglichkeit freier Aussprache in Kultur, Kunst und Wissenschaft. Die Devise der Deutschlandpolitik hätte meiner Meinung nach lauten müssen: «Annäherung bei Wandel!»

Hätte man diese Position deutlich gemacht und damit die Verhandlungen von Beginn an in feste Bahnen gelenkt, dann wären die zu Recht gepriesenen kleinen Schritte angebracht gewesen. Auch ich war Realist genug, um zu wissen, dass die DDR nicht sofort Meinungs- und Redefreiheit oder eine freie Presse garantieren würde, und schon gar kein freies Parlament. Aber die Bundesrepublik hätte dazu beitragen können, dass – um nur zwei Beispiele zu nennen – die Situation der Schriftsteller in der DDR etwas verbessert oder die Volkskammer mit größeren Vollmachten ausgestattet worden wäre.

Aber große Teile der Bevölkerung in der Bundesrepublik waren damals leider überzeugt, dass ein Wandel nur durch vorherige Annäherung an die DDR-Führung zu erreichen sei. Nach dem Mauerbau 1961 hatte sich Resignation verbreitet. Der Westen fühlte eine gewisse Ohnmacht gegenüber den politischen Maßnahmen des Ostblocks und sah deshalb wohl nur in der Entspannungspolitik eine Alternative zum Kalten Krieg.

Auch in einem wachsenden Teil der Medien fand der Annäherungskurs an die DDR-Führung ungeteilte Unterstützung.

Ich habe dennoch meine Bedenken stets offen geäußert und sie in Artikeln publiziert.

Drastisch veränderte sich mein Verhältnis zu Herbert Wehner. Innerhalb kürzester Zeit wurde aus einer Freundschaft – immerhin waren unsere Lebenswege ähnlich verlaufen – die härteste Ablehnung. Wehner hat sich seit Beginn der sechziger Jahre gegen die Tätigkeit des Ostbüros der SPD ausgesprochen, also gegen jene Einrichtung der Partei, die damals die Oppositionellen in der DDR unterstützte. Dabei war diese Arbeit überaus wichtig und absolut lobenswert. Flugblätter und Zeitungen wurden illegal verteilt, sogar Bücher, darunter ja auch «Die Revolution entlässt ihre Kinder». Doch damit war es 1971 endgültig vorbei. Wehner hatte sein Ziel erreicht, das Ostbüro wurde geschlossen.

Ich halte es für einen der größten Fehler der damaligen Ostpolitik, dass der Westen die Reformströmungen ignorierte, die es auch damals schon in der DDR gab. Die Geschichte der Freiheitsbewegungen im Osten hatte gezeigt, dass Aufbrüche sich in regelmäßigen Abständen wiederholten, oft plötzlich und überraschend kamen und Persönlichkeiten an ihrer Spitze standen, die lange kaum beachtet wurden – wie etwa Imre Nagy in Ungarn und Alexander Dubček in der Tschechoslowakei. Ich habe mich damals gefragt, warum nicht alle Erklärungen und Maßnahmen des Westens daraufhin überprüft wurden, wem sie eigentlich nutzten: den harten Stalinisten oder den kritischen Reformern.

Ende der siebziger Jahre sollte die Entspannungspolitik fortgeführt werden – trotz einiger Rückschläge. Vor allem in der Kulturpolitik hatte die SED ihren Kurs verschärft. 1976 wurde Wolf Biermann ausgebürgert. Viele Prominente, die ihren Protest bekundeten, wurden unter Druck gesetzt und ebenfalls zur Ausreise gezwungen. Den Rest der Bevölkerung hielt man weiterhin gefangen. Mit willkürlichen Erhöhungen des Zwangsumtausches verstieß die DDR zudem gegen bestehende Verträge und erschwerte den innerdeutschen Reiseverkehr.

Als die DDR am 7. Oktober 1979 den 30. Jahrestag ihres Bestehens feierte, waren die Perspektiven für die SED-Führung düster. Ein Jahrzehnt vor der friedlichen Revolution des Jahres 1989 war von den großen Plänen der vergangenen Zeiten, die Bundesrepublik wirtschaftlich einzuholen und gar zu überholen, keine Rede mehr. Die wirtschaftlichen Schwierigkeiten waren sogar gewachsen: noch immer gab es ernsthafte Versorgungsprobleme. Die riesige aufgeblähte staatliche Wirtschaftsbürokratie und die kleinliche Reglementierung hemmten die Initiative und bremsten die wirtschaftlich-technische Entwicklung. Vor allem: Die Bürger der DDR wurden immer noch bevormundet und kontrolliert. Alle selbständigen Meinungsäußerungen, etwa von Robert Havemann, die durchaus als konstruktive Kritik zu werten waren, wurden unterdrückt. Trotz des international gestiegenen Gewichts der DDR stand das Land nach wie vor unter sowjetischer Vorherrschaft.

Dennoch vertrat vor allem Günter Gaus, von 1974 bis 1981 Leiter der «Ständigen Vertretung» der Bundesrepublik in der DDR, die sogenannte «Stabilitätsthese», die besagte, dass die Bundesrepublik die DDR als einen starken Partner brauche. In der Zeitschrift «Die neue Gesellschaft» bekräftigte er, langfristig sei es notwendig, die DDR als einen «gleichberechtigten Dauerpartner» zu akzeptieren. Wen meinte er mit DDR? Das Politbüro? Honecker und Mielke? Den Parteiapparat der SED? Den Staatssicherheitsdienst? Oder die Bürger des Landes?

Die Verbesserung der deutsch-deutschen Beziehungen und die Lockerung des DDR-Systems hingen nicht nur zusammen, sondern waren untrennbar miteinander verbunden. Es kann, so antwortete ich auf Gaus in einem Artikel, niemals Aufgabe einer Demokratie sein, ein diktatorisches Regime wirtschaftlich und politisch zu stärken; sie macht sich mitschuldig an der Unterdrückung der Menschen. Immer wieder wies ich darauf hin, dass man endlich in der Beurteilung der DDR zwischen Führung und Bevölkerung, Unterdrückern und Unterdrückten zu unterscheiden habe – ja sogar innerhalb der SED und unter den Funktionären differenzieren müsse.

Ich war damals überzeugt: Hätte man einen entsprechenden Druck auf die DDR-Führung ausgeübt, dann hätte eine von oben gesteuerte Liberalisierung und Demokratisierung in der DDR-Bevölkerung eine Welle von Hoffnung erzeugt und den Zwiespalt zwischen Regime und der Bevölkerung beträchtlich vermindert. In einem Interview vom Oktober 1979 zum 30. Jahrestag der DDR-Gründung schrieb ich: «Eine solche Entwicklung in der DDR würde unzweifelhaft zum Abbau der Stacheldrahtverhaue und Tötungsanlagen, zur Schleifung der Berliner Mauer führen, zu einem ungehinderten freien Miteinander der Menschen von Ost und West.»

Reisefreiheit

Es war nicht die SPD, sondern Helmut Kohl, der Erich Honecker für September 1987 zu einem Besuch in die Bundesrepublik einlud. Auch unter seiner Kanzlerschaft wurde die Ostpolitik fortgesetzt. Franz Josef Strauß und er wetteiferten inzwischen geradezu darin, dem Osten die größeren Zugeständnisse zu machen. Im Unterschied zu den Sozialdemokraten, denen die Existenz zweier souveräner deutscher Staaten inzwischen völlig normal erschien, hielt Kohl jedoch in seinen Äußerungen an der Idee eines einheitlichen Deutschlands fest.

Für mich war die Vereinigung ein Nebenaspekt, ein nationaler Wunsch, dem ich keine besondere Bedeutung beimaß. Mich interessierte nur eins: die Überwindung der bürokratischen Diktatur in der DDR. Kohl hingegen erklärte sogar noch beim gemeinsamen Abendessen mit Honecker: «Die Präambel unseres Grundgesetzes steht nicht zur Disposition, weil sie unseren Überzeugungen entspricht. Sie will das vereinte Europa, sie fordert das gesamte deutsche Volk auf, in freier Selbstbestimmung die Einheit und Freiheit Deutschlands zu vollenden.»

Mit Honeckers Besuch in der Bundesrepublik habe ich damals weder Hoffnungen verbunden, noch habe ich seine Einladung durch Kohl verurteilt. Aber die Gelegenheit, ihn zu sehen und ihn – so weit das eben möglich war – zu beobachten, nutzte ich mehrfach. Das Brimborium, mit dem der Diktator bei seiner Ankunft in Bonn begrüßt wurde, hielt ich für überzogen. Die DDR-Hymne erklang, die Fahne mit Hammer, Zirkel und Ährenkranz wurde gehisst. Honeckers Gesichtsausdruck verriet aber nicht, was dieser Moment für ihn zweifellos bedeutete: die Erfüllung eines lange gehegten politischen Traums. Wahrscheinlich dachte er auch daran, dass nun weitere Reisen folgen könnten, nach Frankreich und nach England, auf jeden Fall wurde ihm der neue Stellenwert der DDR in Europa bewusst.

Deutlich zu erkennen war auch, wie sich Erich Honecker während des Besuches veränderte. Zu Beginn war er steif, wirkte unsicher und verbissen. Nach und nach wurde er lockerer. Er begann, die Reise zu genießen – Station für Station. Erst in Düsseldorf und Wuppertal, dann in Essen und Trier, schließlich im Saarland, seiner Heimat. Der Staatsratsvorsitzende der DDR fühlte sich in der Bundesrepublik sichtlich wohl. Daran änderten auch die vielen Menschen nichts, auf die

Honecker traf. Manche zeigten bei den Veranstaltungen offen ihre Sympathie für die DDR, andere, die Mehrheit, verlangten hingegen Freiheit und den Abriss der Mauer.

Vielleicht blieb die unmittelbare Erfahrung von Meinungsfreiheit und wirklicher Demokratie bei ihm nicht ohne Eindruck. Während seines Besuches in Trier, im Geburtshaus von Karl Marx, erkannte er mich plötzlich. Wir standen in Sichtweite entfernt, tauschten lediglich Blicke aus, aber die Situation ist mir und einigen anderen Anwesenden immer noch im Gedächtnis. In diesem Moment hatte ich nicht das Gefühl, dass er in mir einen Verräter sah. Er schaute mich interessiert an und – lächelte. Zu einem Gespräch kam es leider nicht.

Trotz dieser Geste, die etwas Versöhnliches hatte, ließ ich mich nicht von jenem Satz täuschen, den Honecker wenige Tage später im Saarland sagte. Aus dem Stegreif sprach er davon, dass die jetzigen Grenzen einst keine Grenzen der Trennung mehr sein mögen. Die Journalisten bewerteten die Äußerung viel zu euphorisch. Von einem Durchbruch in den deutsch-deutschen Beziehungen konnte damals keine Rede sein. Gewiss, Honeckers Besuch war ein Zeichen der Entkrampfung und ein weiterer Schritt zur Normalisierung der Beziehungen. Aber er hat keine wirkliche Veränderung für die Menschen in der DDR gebracht.

Die Ausreisen aus der DDR hingen immer noch vom Wohlwollen der Behörden ab, von Meinungs- und Pressefreiheit, von Demokratie ganz zu schweigen. Wie sehr sich jedoch ein anderes Land in dieser Hinsicht weiterentwickelt hatte, habe ich selbst erfahren. Bei meiner eigenen großen und unvergesslichen Reise im Juli 1987.

ACHTES KAPITEL

Zeitenwende

Das Flugzeug hob ab. Es gab kein Zurück mehr, aber mir kamen wieder Zweifel. Vor beinahe vier Jahrzehnten hatte ich dem Stalinismus den Rücken gekehrt. Ich galt fortan als Verräter. Es hatte Pläne gegeben, mich zu entführen, kurz vor dem Ende von Stalins Herrschaft. Auch danach blieb ich nicht nur in der DDR, sondern im gesamten Ostblock eine unerwünschte Person. Meine Bücher waren verboten. Und nun würde ich – freiwillig! – in die Sowjetunion zurückkehren.

«Mach dir keine Sorgen», hatte Ernst Dieter Lueg gesagt. «Flieg doch einfach mit.» Wenige Wochen zuvor hatte er mich zu sich eingeladen. Lueg war damals, im Sommer 1987, Leiter des Bonner WDR-Studios. Wir waren seit Jahren befreundet. An jenem Sonntag hatte er auch noch viele andere Journalisten bei sich zu Gast. Und es gab nur ein Gesprächsthema: die bevorstehende Reise von Bundespräsident Weizsäcker und Außenminister Genscher nach Moskau.

Eine Maschine war eigens für Pressevertreter reserviert, und Lueg hatte sich in den Kopf gesetzt, dass auch ich dabei sein sollte. «Ich bin doch nicht verrückt», erwiderte ich. Schließlich hatte ich in der Sowjetunion grauenvolle Dinge erlebt, meine Mutter hatte zwölf schlimme Jahre im Lager verbracht. Zwar spielte ich während der Chruschtschow-Ära mit dem Gedanken, nach Moskau zu reisen – ich war, was die Lage im Land betraf, damals optimistisch. Doch seit Oktober 1964 war Breschnew an der Macht, und die Ereignisse der folgenden Jahre waren erschütternd: die Besetzung der Tschechoslowakei, die Unterdrückung der Dissidenten, die Rückkehr stalinistischer Tendenzen, das Exil Sacharows in Gorki – all das ließ jeden Gedanken, in dieses Land zu fahren, absurd erscheinen. Die Sowjetpresse hatte mich immer wieder als «Renegaten» und Unterstützer des «Imperialismus» angegriffen. Erst im März 1985 stiegen meine Hoffnungen wieder, mit den Reformen, die Gorbatschow eingeleitet hatte. Ich wusste auch, dass es ihm damit ernst war. Aber wie ernst war es der Polizeistreife, die mich auf der Straße in Moskau vielleicht verfolgen würde?

Lueg war hartnäckig geblieben, und die anderen hatten ihn sogar noch unterstützt: eine solche Konstellation komme so bald nicht wieder, das sei meine Chance. Da hatten sie recht. Richard von Weizsäcker und Hans-Dietrich Genscher auf einer Reise zu Michail Gorbatschow zu begleiten, das war eine reizvolle Idee. Die versammelte Journalistenschar sicherte mir zu, sofort Alarm zu schlagen, falls ich in Schwierigkeiten geraten sollte – so würde mir bestimmt nichts geschehen. Sie hatten mich überzeugt.

Nun flog ich also zum zweiten Mal in meinem Leben mit einer Regierungsmaschine. 42 Jahre waren vergangen, seit ich im April 1945 schon einmal im Luftraum zwischen der Sowjetunion und Deutschland unterwegs war, immerhin auch als Mitglied einer offiziellen Delegation. Damals saß ich neben Walter Ulbricht, es ging in die andere Richtung. Mittlerweile hatte aber jene Entwicklung Gestalt angenommen, auf die ich als Mitglied der «Gruppe Ulbricht» einst vergeblich gehofft hatte: In der Sowjetunion begann die Liberalisierung der Gesellschaft. Ich sollte es bald mit eigenen Augen sehen.

«Willkommen, Herr Bundespräsident!» Auf dem Moskauer Flughafen war ein riesiges Plakat angebracht worden. Diese weiße Schrift auf rotem Grund – mir fiel gleich auf, dass die Losungen immer noch auf dieselbe Weise gestaltet wurden wie vor einem halben Jahrhundert. Nur die Texte waren damals andere, einer war mir noch im Gedächtnis: «Erschießt die verräterischen trotzkistischen Banditen!»

Nun wurden die rot-weißen Schriftbänder zu Ehren von Bundespräsident Weizsäcker angebracht. Mir war etwas mulmig, auch noch, als sowjetische Beamte uns mit den Worten in Empfang nahmen, ganz besonders freue man sich, Herrn Professor Leonhard unter den Journalisten begrüßen zu dürfen. Das war sehr höflich – oder war es vielleicht eine versteckte Drohung? Mein Misstrauen hatte ich noch nicht überwunden.

Auf der Fahrt vom Flughafen Wnukowo I durch die Außenbezirke fühlte ich mich wie in einer völlig fremden Stadt. Je weiter wir aber ins Zentrum kamen, umso vertrauter erschien mir alles. Das war immer noch das Moskau, in dem ich zehn Jahre, von 1935 bis 1945, gelebt hatte. Die Petrowka und die Gorkistraße, Kusnezkij Most – es war genau wie damals.

Heute verändert sich Moskau wohl in einem Monat mehr als während der gesamten Zeit von 1945 bis 1987. Deshalb fand ich mich auch damals, vor zwanzig Jahren, sofort wieder zurecht, ganz so, als hätte ich die Stadt erst wenige Tage zuvor verlassen. Ich fühlte mich zu Hause, aber damit kehrte auch die Angst von früher zurück: Als wir im Hotel ankamen, schloss ich mich in meinem Zimmer ein. Jedes Mitglied der Pressedelegation hatte ein schwarz-rot-goldenes Abzeichen erhalten. Ich habe es mir nicht einfach nur ans Revers geheftet, sondern hielt es, als ich endlich mein Zimmer wieder verlassen hatte, mit einer Hand fest umschlossen. Es gab mir Sicherheit. Nie in meinem Leben waren mir die Farben Schwarz-Rot-Gold so wichtig.

Noch am selben Tag unternahm ich mit zwei Journalistinnen einen Spaziergang durch die Straßen Moskaus. Schritt für Schritt wich meine Angst. Die Neugier und Faszination für das Land und seine Menschen, die ich immer empfunden hatte, kehrten zurück. Die Moskauer überraschten mich mit ihrem westlichen Kleidungsstil, sie kamen mir ruhiger und gelassener vor als damals. Sie ignorierten sogar rote Ampeln und spazierten völlig unbeeindruckt über den Roten Platz am Kreml vorbei. Früher musste man hier den gebührenden Abstand halten und voller Ehrfurcht zu den Türmen blicken, sonst machte man sich verdächtig.

Zu meinem Erstaunen konnte ich mich auf der Straße und im Hotel völlig unbehelligt mit Sowjetbürgern unterhalten. Noch erstaunlicher für mich war, dass auch sie ohne Angst mit mir sprachen. Unter Stalin konnte selbst eine kurze Unterhaltung mit einem Ausländer ein Grund zur Verhaftung sein. Nun führte ich, sogar beim Empfang in der Residenz des deutschen Botschafters, rege Gespräche mit Journalisten und Schriftstellern. Und auch meine Freunde, die Dichter Jewgenij Jewtuschenko und Andrej Wosnessenski, traf ich wieder.

Nicht nur an diesem Abend waren Gorbatschows Reformen das Hauptthema: Perestroika und Glasnost – «Umgestaltung» und «Offenheit». Ich spürte, dass einige meiner Gesprächspartner noch weiter gehen wollten als Gorbatschow. Immer wieder kamen sie auf die sowjetischen Zeitungen zu sprechen: Die «Prawda» hatte eine Rede Weizsäckers zensiert. Das war für mich nichts Neues. Aber wie vehement das Zentralorgan deshalb kritisiert wurde, das erstaunte mich.

Die entspannte Atmosphäre in der Botschaft machte mir noch einmal bewusst, dass eine neue Epoche in den deutsch-sowjetischen Beziehungen begonnen hatte. Die wichtigen Verträge folgten erst später, aber das Eis war bereits gebrochen. Entscheidend für diese Entwicklung war, so glaube ich, dass Hans-Dietrich Genscher schon im Frühjahr 1985 die positiven Veränderungen in der Sowjetunion mit Gorbatschows Ernennung zum Generalsekretär der KPdSU erkannt und offen ausgesprochen hatte. Wir haben uns darüber unterhalten, und Genscher vertrat bereits damals die Auffassung, dass sich mit Gorbatschow nicht nur ein personeller Wechsel vollzog, sondern eine neue, hoffnungsvolle Periode in der Geschichte der Sowjetunion ihren Anfang nahm. Es würde die Aufgabe des Westens sein, dies zu erkennen und die Chancen, die sich daraus ergaben, zu nutzen. Ich selbst habe 1987 Gorbatschow zunächst noch nicht persönlich kennengelernt. Aber ich traf ihn bereits im Jahr darauf, bei einer meiner vielen weiteren Reisen in die Sowjetunion. Gorbatschow erwähnte bei dieser Gelegenheit, dass er mein Buch «Die Revolution entlässt ihre Kinder» gelesen habe – viele Werke aus dem Ausland, die eigentlich verboten waren, wurden eigens für die höheren Funktionäre der Sowjetunion übersetzt.

Dass Gorbatschow eine Ausnahmeerscheinung war, fiel mir schon vor seinem Aufstieg an die Spitze der Partei auf. Er war in den siebziger Jahren Erster Sekretär des Gebietskomitees von Stawropol, einer großen und wichtigen Region im Nordkaukasus. Er erwarb sich bereits damals einen Ruf als sachkundiger Politiker, der behutsam versuchte, einen neuen Stil in die Politik einzuführen.

Er bemühte sich, für seine Entscheidungen zu argumentieren, anstatt lediglich Direktiven zu verkünden – das war für ein Mitglied des Politbüros ungewöhnlich. Nachdem Breschnew 1982 starb, nach 18 Jahren an der Spitze der Sowjetunion, machten die kurzen Regierungszeiten von Juri W. Andropow und Konstantin Tschernenko deutlich, wie veraltet die Führungsriege im Kreml war. Ihr Nachfolger Gorbatschow war dagegen erst 54 Jahre alt, als er im März 1985 die Führung von Partei und Staat übernahm. Die sowjetische Bevölkerung, aber auch den Westen beeindruckten zunächst sein Elan, seine Ausstrahlung und seine ruhige Überzeugungskraft. So etwas erwartete man von einem Sowjetführer damals nicht. Die Gewandtheit, mit der Gorbatschow auftrat, brachte ihm die Sympathien seiner Gesprächspartner ein, sogar die von Margaret Thatcher – obwohl sie als Kommunistenfresserin galt.

Auch Gorbatschows Auftreten hat mich bereits fasziniert, als er noch nicht im Rampenlicht der Weltpolitik stand. Schon sein beruflicher Werdegang war anders als der seiner Vorgänger. Fast die gesamte Führungsriege der Stalin-Ära bestand aus Ingenieuren. Vor allem seit 1930, als Stalin die Losung ausgab: «Die Technik entscheidet alles!» Selbst die Schriftsteller bezeichnete Stalin als «Ingenieure der Seele». Wer danach in der Sowjetunion etwas auf sich hielt, der wurde Ingenieur.

Gorbatschow aber war Jurist – übrigens der erste juristisch gebildete Sowjetführer seit Lenin. Im Unterschied zu Lenin bemühte er sich jedoch stets um Ausgleich und holte verschiedene Meinungen ein. Er versäumte es deshalb leider auch in einigen Fällen, klare Aussagen zu treffen. Für seine Politik musste er bei den Menschen in seiner Umgebung ständig um Vertrauen werben. Im Machtapparat des Kreml keine leichte Aufgabe.

Auf dem 27. Parteitag der KPdSU Ende Februar und Anfang März 1986 verkündete Gorbatschow das neue Konzept von «Perestroika» und «Glasnost». Spätestens damit war klar, dass der sowjetische Reformprozess weit über kosmetische Veränderungen hinausgehen würde. Das Land war ökonomisch gegenüber dem Westen immer weiter zurückgefallen, die permanenten Versorgungskrisen hatten erschreckende Ausmaße angenommen. Gorbatschow wollte das alte bürokratische und zentralistische Wirtschaftssystem überwinden und den Betrieben mehr Entscheidungsfreiheit überlassen.

Aber er wusste auch, dass wirtschaftliche Reformen ohne weitreichende gesellschaftliche Veränderungen zum Scheitern verurteilt waren. Mängel und Schwierigkeiten sollten im Sinne von «Glasnost» offen diskutiert werden. Die Massenmedien sprachen erstmals Missstände an, berichteten über Jugendkriminalität, Alkoholmissbrauch, Drogen, Prostitution und vor allem über Korruption, sogar Fälle in der Armee wurden bekannt. Kritische Bücher und Theaterstücke konnten erscheinen, die Zensur wurde deutlich begrenzt. Aber Gorbatschow wollte mehr. Er wollte eine umfassende Reform des politischen Systems: echte Wahlen statt Einheitslisten, eine größere Rolle des Parlaments und die Aufwertung der staatlichen Organe gegenüber dem Parteiapparat. Eine rechtsstaatliche Sicherung sei nötig, damit die Bürger selbständig handeln und eigene Entscheidungen treffen könnten.

Schon die Tatsache, dass überhaupt von Reformen gesprochen wurde, war ein vielbeachtetes Novum in der Geschichte der Sowjetunion. Unter Breschnew war das Wort «Reform» verboten. Veränderungen im Land durfte man nur unter Verwendung der Formel von der «Vervollkommnung» zum Thema machen.

Die sowjetische Gesellschaft wurde daher schnell auf die Reformen aufmerksam, kam in Bewegung und – begann sich zu spalten. Die Sowjetunion wurde zum ersten Mal ein Land, in dem die Menschen öffentlich unterschiedliche Auffassungen vertraten – auch das eine Folge von «Glasnost». Während die einen von Gorbatschows Politik begeistert waren und sie sogar noch erweitern wollten, lehnten die anderen den neuen Kurs entschieden ab. Vor allem viele der alten Funktionäre waren entsetzt.

Ich nahm Gorbatschows Worte nach meiner Reise noch ernster, als ich es bereits vorher getan hatte. Aber trotzdem durfte man die Schwierigkeiten nicht übersehen. Er und sein engster Vertrauter Alexander Jakowlew stützten sich auf eine Strömung, zu der vor allem die junge Generation und die Intelligenz gehörten: Freiberufler, Architekten, Wissenschaftler, Schriftsteller und Künstler. Im Machtapparat der Partei konnten sie aber nur bedingt auf moderne und liberale Kräfte bauen. Wirkliche Gefahr drohte zwar weniger von den alten Bürokraten, die sich mit aller Macht gegen den Reformkurs stemmten, dafür aber von denjenigen, die das Tempo der Reformen drosseln wollten und stattdessen wieder verstärkt auf die marxistisch-leninistische Ideologie setzten. Die zentrale Figur dieser Richtung war der ZK-Sekretär Jegor Ligatschow, Nummer zwei in der KPdSU-Führung.

Aber Gorbatschows größter Gegner war wohl die Zeit. Die Mammutaufgabe, die Sowjetunion zu reformieren, war in den achtziger Jahren schlichtweg nicht mehr lösbar. Dafür war es zu spät. Des Öfteren habe ich nach 1990 mit meinen russischen Kollegen darüber diskutiert, wann die beste Möglichkeit bestanden hätte, das Land zu erneuern. Die Meinungen über den richtigen Zeitpunkt gingen auseinander: Manche glaubten, spätestens 1968, während des «Prager Frühlings», hätte sich auch in Moskau ein Wechsel vollziehen müssen. Andere wiederum nannten das Jahr 1956 – die Zeit der Revolution in Ungarn. Das war auch meine Meinung und die vieler sowjetischer Historiker. Einer der damaligen Gesprächspartner ging aber noch weiter zurück. Er meinte, die beste Gelegenheit zur

Liberalisierung des Sowjetsystems sei im Mai 1945 gewesen, direkt nach dem siegreichen Ende des Zweiten Weltkriegs.

In Russland herrscht heute die weitverbreitete Auffassung, Gorbatschow sei der Totengräber der Sowjetunion gewesen. Das ist grundverkehrt. Er hat genau das getan, was man in der hoffnungslosen Situation der Sowjetunion von 1985 noch tun konnte. Mit allen Mitteln wollte er das System reformieren und hat dabei einen mutigen Weg eingeschlagen.

Für das verzerrte Bild Gorbatschows in der russischen Öffentlichkeit sind übrigens auch die späteren russischen Präsidenten Boris Jelzin und vor allem Wladimir Putin persönlich verantwortlich, die beide nichts unternahmen, um seine Verdienste ins Bewusstsein der Menschen zu rücken. Stattdessen benutzten sie die Schwierigkeiten der Umbruchphase unter Gorbatschow als Vorwand, um von der eigenen Schuld an den Problemen abzulenken.

Auch nach dem Zusammenbruch der Sowjetunion im Dezember 1991 ging Gorbatschow seinen politischen Weg unbeirrt weiter. Er ist nicht beim Reformkommunismus stehen geblieben, sondern wurde – als Einziger der ehemaligen Führer des Ostblocks – schließlich zum überzeugten Sozialdemokraten.

Abschottung und Scheuklappen

Dieser Weg war 1987 nicht abzusehen, noch hoffte Gorbatschow, das bestehende System in der Sowjetunion neu gestalten zu können. Ich erkannte zwar die Schwierigkeiten und Gegenkräfte, war aber doch von seiner Politik fasziniert, die sich auf den gesamten Ostblock auswirkte. Die Breschnew-Doktrin, nach der die Souveränität der Ostblockstaaten nur begrenzt gegolten und Moskau es sich vorbehalten hatte, notfalls einzugreifen, wurde bedeutungslos. Gennadij Gerassimow, Sprecher des damaligen sowjetischen Außenministers Eduard Schewardnadse, prägte sogar scherzhaft den Ausdruck «Sinatra-Doktrin». Frei nach dem Motto «My Way» konnten die Länder nun eigene Reformen vorantreiben.

Die DDR war dazu nicht bereit. Sie verhinderte diesen Prozess sogar mit aller Macht. Ganz im Gegensatz etwa zu Ungarn und Polen. In Warschau nahm die Regierung 1988 Gespräche mit der immer noch verbotenen Solidarność-Bewegung auf. Ein Jahr später wurde die Gewerkschaft offiziell anerkannt und als Vereinigung auch zu den Wahlen zugelassen.

Die Gründung von Solidarność im Jahr 1980 und ihre politische Arbeit erscheinen mir als eine der wichtigsten Ereignisse in der Geschichte des vergangenen Jahrhunderts. Aus einer Gruppe streikender Werftarbeiter in Danzig wurde unter der Führung des späteren polnischen Staatspräsidenten Lech Wałęsa innerhalb weniger Wochen eine politische Bewegung mit zehn Millionen Mitgliedern. Auch auf dem Land traten die Bauern zu Hunderttausenden der Gewerkschaft bei. Ich glaube, zwei Besonderheiten sind für Solidarność charakteristisch: Zum einen handelte es sich um die letzte große Arbeiterbewegung überhaupt. Zum anderen war Solidarność zugleich die erste Arbeiterbewegung, die nicht mehr eindeutig sozialistisch ausgerichtet war. Innerhalb der Organisation gab es unterschiedliche Strömungen, zu den Anhängern gehörten Katholiken und Reform-Kommunisten, Sozialdemokraten und Parteilose. Die Bedeutung von Solidarność blieb keineswegs auf Polen begrenzt, und die Bewegung war ein wichtiges Glied in einer ganzen Kette von Aufständen gegen die Diktatur im Ostblock.

Nimmt man all diese Ereignisse zusammen – Titos Bruch

mit Moskau im September 1948, den 17. Juni 1953, die ungarische Revolution 1956, den Prager Frühling 1968 und Solidarność in den Jahren 1981 und 1982 –, dann erkennt man eine lange, internationale Befreiungsbewegung, die in den Ländern des Ostblocks immer wieder zum Durchbruch kam. Die ursprünglich dominierenden Ideen spielten dabei eine zunehmend geringere Rolle. Tito bekannte sich zunächst noch zu Lenin, aber schrittweise entfernten sich die Proteste über die Jahrzehnte vom Marxismus, nahmen sozialdemokratische Positionen auf und konzentrierten sich ganz auf die Forderung nach Freiheit. Dieser Wandel der Befreiungsbewegung hatte auch einen großen Einfluss auf die friedliche Revolution in der DDR 1989. Dass mit den Ereignissen dieses Jahres das politische System des Landes als Ganzes gestürzt wurde, war die logische Konsequenz dieses Prozesses.

Entscheidend dafür war auch, dass sich das DDR-Regime bis zuletzt als besonders starr und unreformierbar zeigte. Zu einer Zeit, als in Ungarn schon die Befestigungsanlagen an der Grenze abgebaut wurden, erklärte Erich Honecker Anfang Januar 1989, die Berliner Mauer stehe noch die nächsten fünfzig oder hundert Jahre. So selbstverständlich ich inzwischen in die Sowjetunion reiste, so undenkbar war ein Besuch in der DDR.

Die SED-Führung beschwerte sich 1988 sogar wiederholt in Moskau, weil in der sowjetischen Regierungszeitung «Iswestija» Auszüge aus meinem Buch «Die Revolution entlässt ihre Kinder» erschienen waren. Auch die Interviews, die sowjetische Journalisten mit mir führten, las man im Politbüro der SED mit Argwohn. Hermann Axen wandte sich persönlich an Wadim Medwedjew, den für ihn zuständigen Sekretär im Zentralkomitee der KPdSU:

«Das ZK der SED ist sehr befremdet, daß die Zeitung des

Ministerrates der UdSSR, ‹Iswestija›, vom 11.9.1988 ein Interview mit dem westdeutschen Sowjetologen Wolfgang Leonhard veröffentlicht hat. W. Leonhard hat bekanntlich im Jahre 1949 die SED und die DDR verraten und wurde als Renegat und Verräter aus unserer Partei ausgeschlossen. Bezeichnenderweise äußerte W. Leonhard seine feindlichen Auffassungen niemals in unserer Partei, niemals in der DDR, sondern nutzte einen Auslandsaufenthalt zur Republikflucht und legte von dort seine verräterischen Positionen dar. Seit 1949 betätigt sich Leonhard unter der Bezeichnung eines ‹Sowjetologen› maßgeblich und ununterbrochen an der antikommunistischen Hetze der reaktionärsten Kreise der internationalen Monopolbourgeoisie, insbesondere der BRD und der USA.

In unserer Partei und in unserem Volk ist diese Rolle Leonhards als einer der notorischen Anführer antikommunistischer Hetzpropaganda hinlänglich bekannt. Um so größer ist das Erstaunen und das Befremden bei den Kommunisten der DDR, speziell des Lehrkörpers der Parteihochschule der SED ‹Karl Marx›, aus der er 1949 ins Lager des Klassenfeindes desertiert ist, über die Tatsache, daß ausgerechnet die Zeitung der Regierung der UdSSR mit W. Leonhard ein Interview führt, wobei die Redaktion der ‹Iswestija› W. Leonhard als einen der ‹führenden Vertreter der ernsthaften Sowjetologie› vorstellte. Deshalb ersuchen wir Sie, Genosse Medwedjew, um die Meinung des ZK der KPdSU zu dieser uns völlig unbegreiflichen und nicht zu billigenden Veröffentlichung in der Regierungszeitung der UdSSR.»

Die Führungen der DDR und der Sowjetunion lebten inzwischen in verschiedenen Welten. Das geht auch aus der Antwort auf die Beschwerde Axens hervor – wobei man sich in Moskau gegenüber der SED-Spitze zurückhielt, lediglich davon sprach, dass die Veröffentlichung des Interviews mit

Wolfgang Leonhard ohne genügende Vorsicht vorgenommen worden sei. Gleichzeitig rechne man aber mit dem Verständnis der deutschen Freunde, dass die Presseorgane in der Sowjetunion bei der Wahl von Themen selbständig seien.

Auf dieses Verständnis hoffte man jedoch vergeblich. Noch im Herbst 1988 wurde die sowjetische Zeitschrift «Sputnik» in der DDR verboten. Offenbar erfuhren die Leser dort allzu viel über die Reformen in den anderen Ländern und über die dunklen Kapitel in der Geschichte der KPD.

Die stalinistische Härte der DDR-Führung zeigte, wie sehr sie verkannte, dass sich die Welt verändert hatte. Das «Sputnik»-Verbot selbst ist nur ein Aspekt in einer längeren Entwicklung, die seit dem 11. März 1985 zu verfolgen war – seit der Ernennung Michail Gorbatschows zum Generalsekretär der KPdSU. Mit Erich Honecker, Erich Mielke und Kurt Hager war in der DDR immer noch die Generation Stalins an der Macht. Ihnen blieb aber nicht verborgen, dass auch in der DDR immer mehr Menschen für Veränderungen eintraten.

Seit meiner Flucht im März 1949 hatte sich an den politischen und gesellschaftlichen Zuständen im Osten Deutschlands kaum etwas geändert. Die Sowjetzone war schon damals ein bürokratisches und diktatorisches System. Und 1989 war die DDR es noch immer. Ein System, das ich damals in Anlehnung an meinen jugoslawischen Freund Milovan Djilas als Kasernen-Sozialismus bezeichnete und dessen aufgeblähte Bürokratie noch immer die Bürger entrechtete und entmündigte.

Die DDR gab den Menschen keine Perspektive, und deshalb hatte sie selbst auch keine mehr. Als ich 1989 fast täglich die Bilder Tausender junger Flüchtlinge sah, kamen mir die Tränen. Viele von ihnen waren so alt wie ich bei meiner damaligen Flucht. Ich verstand nur allzu gut, dass sie in diesem

System nicht mehr leben wollten, und ich freute mich, dass sie nach so vielen Strapazen endlich die Möglichkeit hatten, ihr Leben nach eigenen Vorstellungen zu gestalten. Mit einigen von ihnen führte ich längere Gespräche und stellte fest, dass keineswegs, wie von vielen im Westen angenommen, wirtschaftliche Gründe für sie ausschlaggebend waren, der DDR den Rücken zu kehren.

Die Flüchtlingsströme seit Öffnung der ungarischen Grenze und die Flucht der Menschen in die bundesdeutschen Botschaften der Ostblock-Staaten kündeten vom baldigen Ende des DDR-Systems. Die Tatsache, dass dieser Staat so schnell zusammengebrochen ist, innerhalb eines Jahres, darf aber nicht darüber hinwegtäuschen, dass diese Entwicklung schon Jahrzehnte zuvor ihren Ausgang genommen hatte.

Gerne spricht man vom Epochenjahr 1989, und ich will die historischen Ereignisse dieser Monate nicht schmälern oder gar in Abrede stellen. Aber bereits seit Mitte der sechziger Jahre war offensichtlich, dass die DDR als bürokratische Diktatur keine Überlebenschance haben würde. Mehrfach wies ich bereits darauf hin, dass spätestens zu diesem Zeitpunkt den Menschen der Glaube an den Marxismus-Leninismus abhanden gekommen war, ähnlich wie in der Sowjetunion unter Breschnew. Das System war marode, wurde aber im Westen maßlos überschätzt. Das Siechtum des DDR-Systems unter Erich Honecker dauerte an. Der Zusammenbruch, der sich im Jahr 1989 ereignete, hatte sich bereits Jahrzehnte zuvor abgezeichnet.

Das langsame Absterben des Systems wurde ab Mitte der achtziger Jahre von zwei jüngeren Entwicklungen beschleunigt. In der Bevölkerung der DDR wuchs erstens der Widerstand gegen die SED sowie der Wunsch nach Reformen, und zweitens wurden gleichzeitig die Differenzen zwischen der DDR und der Sowjetunion immer größer – bis sie schließlich nicht mehr zu übersehen waren. Wie ich später vielfach und detailliert erfahren habe, hatte Honecker im Kreis der höheren SED-Funktionäre ständig gegen Michail Gorbatschow und die Sowjetunion gewettert, in einer geradezu widerwärtigen Form. Für mich war es damals eine Frage der Zeit, wann er abgelöst würde. Bei meinen Reisen in der Sowjetunion diskutierte ich mit Sowjetfunktionären schon seine Nachfolge. Es kursierten einige Namen, aber der Einfluss der Sowjetunion auf die DDR war nur noch begrenzt. Sie verlangte die Unterstützung ihrer Außen- und Abrüstungspolitik, aber aus den inneren Angelegenheiten der DDR hielt sie sich mittlerweile weitestgehend heraus.

In Moskau schien man abzuwarten, bis sich der Führungswechsel in der DDR aus eigener Kraft vollzog. In der zweiten Reihe der SED standen durchaus mögliche, wenn auch zaghafte Reformer bereit. Von Günter Schabowski, Gerhard Schürer, Hans Modrow und Klaus Höpcke erhofften sich manche in Moskau damals eine moderatere Haltung der DDR gegenüber Perestroika und Glasnost. Vielleicht konnte auf diese Weise dort doch noch ein ähnlicher Prozess wie in der Sowjetunion eingeleitet werden.

Am 7. Oktober 1989 kam Gorbatschow nach Berlin, zu der grotesken Feier anlässlich des 40. Jahrestages der DDR. Gegenüber Honecker verhielt er sich loyal, aber in Interviews machte er keinen Hehl aus seinem Wunsch nach Reformen in der DDR. Wichtiger noch waren die Hinweise von Vertretern der sowjetischen Delegation, dass die sowjetischen Truppen für Honecker nicht zur Verfügung stünden. Die Rote Armee würde das DDR-System nicht mit Waffengewalt stützen.

Unter den möglichen Nachfolgern für Honecker nannte ich in meinen damaligen Artikeln auch Egon Krenz, aber immer mit dem Hinweis, man dürfe unter seiner Führung keine großen Veränderungen erwarten. Das hat sich bestätigt, als er am 18. Oktober 1989 auf Erich Honecker folgte. Der Führungswechsel vollzog sich ohne Eingreifen der Sowjetunion. Krenz trat zuweilen als vorsichtiger Reformer auf. Diese Rolle nahmen ihm aber nur noch die wenigsten ab. Gut ein Jahrzehnt saß er schon im Politbüro der SED, war für die Fälschung der Kommunalwahlen im Mai mitverantwortlich und hatte der chinesischen KP-Führung zum Massaker auf dem Platz des Himmlischen Friedens gratuliert. Krenz hätte deutlicher unter Beweis stellen müssen, dass er wirklich die von ihm verkündete «Wende» vollziehen würde. Ein solcher Schritt wäre etwa die Zulassung von gleichberechtigten Parteien gewesen und der Beginn echter Verhandlungen mit den Bürgerrechtlern und der demokratischen Reformbewegung. Die neue politische Kraft ging zum ersten Mal von den Menschen im Land aus. Sie waren das Volk.

Die friedliche Revolution

Mit den Montagsdemonstrationen hatte die SED-Führung nicht gerechnet, nicht in dieser gewaltigen Form. Fünftausend Menschen gingen am 25. September 1989 in Leipzig auf die Straße, eine Woche später waren es schon über zwanzigtausend. Im ganzen Land begehrten nun die Bürger auf, und als am 9. Oktober, trotz wüster Drohungen seitens der SED, rund siebzigtausend Menschen auf dem Leipziger Ring demonstrierten, war der Staatsapparat angesichts solcher Massen schon gar nicht mehr in der Lage einzugreifen. Die Truppen, bereits in Stellung gebracht, mussten wieder abziehen.

Für mich ist dieser Tag nicht nur der bedeutendste in der jüngeren Geschichte Deutschlands, sondern auch ihr erfreulichster. In der ganzen DDR war damit der Bann gebrochen. Es folgten die riesigen Kundgebungen mit jeweils mehreren hunderttausend Teilnehmern am 4. November in Berlin und zwei Tage später erneut in Leipzig. Die Forderungen glichen sich: Menschenrechte, Presse- und Versammlungsfreiheit, freie Reisemöglichkeiten und freie Wahlen. In Berlin ergriffen Schriftsteller das Wort, etwa Stefan Heym, Christa Wolf und Christoph Hein. Auch Günter Schabowski und Mischa Wolf traten ans Mikrophon. Sie wurden allerdings ausgepfiffen.

Es waren vor allem die Montagsdemonstrationen, die schließlich das schwankende Regime zum Sturz brachten, und die entscheidende Waffe der Opposition war dabei ausgerechnet ihre Friedfertigkeit. Sie hat den SED-Apparat einfach überfordert. Das Schreckensszenario, mit dem das Politbüro hätte umgehen können, sah anders aus: Eine bewaffnete Opposition, vom Westen unterstützt, würde die Parteibüros stürmen. Man rechnete mit Bürgerkrieg, nicht mit Friedensmärschen. Gegen Patronen hätte man sich verteidigen können, nicht aber gegen Parolen, verkündet von friedfertigen Menschen, die eindeutig die Mehrheit der Bevölkerung auf ihrer Seite hatten.

Ausgerechnet in der spröden DDR wurden nun die originellsten Losungen laut, die ich je in politischen Auseinandersetzungen gehört oder gelesen habe. «Stasi in die Produktion!», «Reisepässe für alle, Laufpass für die SED!» – Witz und Charme, nach vier Jahrzehnten Diktatur.

Während in den Jahren zuvor in Westdeutschland immer mehr von Stabilität und Partnerschaft mit dem SED-Regime gesprochen wurde, hatte ich auf eine solche Bewegung gehofft. Neben dem mutigen Schritt auf die Straße war es nun entscheidend, dass sich die Opposition in der DDR organisierte, sich die vom Westen so lange missachteten Bürgerrechtler in Gruppen zusammenfanden, wie es dann mit dem «Neuen Forum» oder der Bewegung «Demokratie Jetzt» geschah. Von ihren Programmen bin ich heute noch beeindruckt. Im Gründungsaufruf von «Aufbruch 89 – Neues Forum» vom 10. September heißt es: «Wir wollen Spielraum für wirtschaftliche Initiative, aber keine Entartung in eine Ellenbogengesellschaft. Wir wollen das Bewährte erhalten und doch Platz für Erneuerung schaffen, um sparsamer und weniger naturfeindlich zu leben. Wir wollen geordnete Verhältnisse, aber keine Bevormundung. Wir wollen freie, selbstbewußte Menschen, die doch gemeinschaftsbewußt handeln. Wir wollen vor Gewalt geschützt sein und dabei nicht einen Staat von Bütteln und Spitzeln ertragen müssen. Faulpelze und Maulhelden sollen aus ihren Druckposten vertrieben werden, aber wir wollen dabei keine Nachteile für sozial Schwache und Wehrlose.»

Für die Zukunft stellte auch ich mir endlich die Verwirklichung demokratischer Rechte und Freiheiten vor, mehr Toleranz und ein Ende der Einflussnahme auf die Kultur. Die Chance der DDR-Bürger, an ihrem Staat mitzuwirken, hätte aber nicht zwangsläufig bedeuten müssen, dass am Ende die Wiedervereinigung stand.

Dagegen hoffte ich, Tausende von Menschen würden sich an der Umgestaltung des Landes beteiligen. Sie konnten mit Recht stolz auf das sein, was sie bereits erreicht hatten. Mir liegt deshalb daran, nochmal die wichtigsten Köpfe in Erinnerung zu rufen, die für eigenständige Veränderungen in der DDR eintraten. Wenn heute von der Wende die Rede ist, werden sie, denen diese Wende zu verdanken ist, allzu oft vergessen und verschwiegen.

Zu den Schlüsselfiguren der einzigen friedlichen Revolution, die es jemals auf deutschem Boden gegeben hat, zählt für mich ein Mann, der 1989 schon nicht mehr am Leben war. Robert Havemann starb 1982 in Grünheide bei Berlin, aber der

Gründungsaufruf des «Neuen Forums», aus dem ich zitiert habe, wurde nicht zufällig genau dort unterzeichnet. Ohne die Gedanken und Schriften Havemanns hätte die Opposition in der DDR nicht diese Kraft entwickeln können. Die Vorarbeit, die er geleistet hat, ist nicht zu überschätzen. Seine Publikationen, in denen er auch noch nach seinem Berufsverbot 1965 deutliche Kritik an der SED übte, gehören mit zum Klügsten, was es in der DDR zu lesen gab.

Havemanns Einfluss war besonders groß auf Wolf Biermann, der nur ein einziges Mal nach seiner Ausbürgerung 1976 wieder in die DDR reisen durfte – 1982, um den todkranken Freund zu besuchen. Vor allem für oppositionelle Künstler war Biermann eine wichtige Figur, auch als er längst im Westen lebte. Im Verlauf der Protestbewegung, zu der es nach seiner Zwangsausbürgerung kam, standen viele Künstler erstmals in Opposition zum System.

Biermann kann man nicht geographisch verorten, sondern nur über seine Überzeugung. Für mich war er deshalb immer ein DDR-Oppositioneller. Wir trafen uns auf der Buchmesse, kurz nachdem ihm die DDR-Führung die Rückkehr ins Land verboten hatte. Als wir uns erblickten, schritten wird uns entgegen. Sagten nichts, umarmten uns und gingen wieder auseinander. Alles Weitere wäre überflüssig gewesen. Wir verstanden uns ohne Worte.

Die Liste der DDR-Oppositionellen, die ich persönlich kennengelernt habe und die ich noch gerne nennen würde, ist lang. So muss ich mich zwangsläufig auf wenige begrenzen. Zu ihnen gehört Friedrich Schorlemmer – der große Theologe aus Wittenberg. Unter seiner Verantwortung wurde schon 1983 auf dem Lutherhof ein Schwert symbolisch zu einer Pflugschar geschmiedet. Später engagierte sich Schorlemmer beim «Demokratischen Aufbruch», und als diese Gruppierung sich der

CDU annäherte, trat er in die SPD ein. Unvergesslich bleiben mir auch die vielen anderen Begegnungen, etwa mit Wolfgang Templin, dem Mitbegründer der «Initiative für Frieden und Menschenrechte», Bärbel Bohley und Jens Reich vom «Neuen Forum» und Konrad Weiß – der Regisseur und spätere Abgeordnete in Volkskammer und Bundestag gehörte zu den Erstunterzeichnern des Gründungsaufrufes von «Demokratie Jetzt». Freya Klier, ebenfalls Filmemacherin, hat bereits 1988 unter Druck die DDR verlassen und vom Westen aus die Opposition unterstützt. Ich denke auch an Markus Meckel, im Jahr 1990 für wenige Monate Außenminister der DDR im Kabinett von Lothar de Maizière. Er war bei der Neugründung der SPD dabei und wurde schließlich, nach dem Rücktritt von Ibrahim Böhme, ihr Vorsitzender.

Ihnen allen gilt meine Hochachtung, und auch den vielen anderen, die in der wichtigsten Phase der friedlichen Revolution – in den Monaten September und Oktober des Jahres 1989 – so mutig waren und so Bedeutendes geleistet haben.

Aber die ursprünglichen Ziele verschwanden leider recht schnell aus dem Blickfeld der Öffentlichkeit. Die friedliche Revolution entließ ihre Kinder. Der Mehrheit der Bevölkerung ging die Veränderung nicht schnell genug. Vielleicht ist heute auch deshalb das Verdienst der Bürgerrechtsbewegung fast in Vergessenheit geraten.

Stattdessen wird mit Penetranz immer wieder an ein anderes Ereignis jener Wochen erinnert: den Fall der Mauer. Ich selbst habe dem Geschehen am 9. November 1989 keine besondere Beachtung geschenkt, und für mich ist dieser Tag keinesfalls der Höhepunkt der friedlichen Revolution – das waren die Demonstrationen in Leipzig und Berlin wenige Tage zuvor, als die Menschen mutig auf die Straße gingen. Der Mauerfall war für mich kaum mehr als eine Begleiterscheinung der Veränderungen und eigentlich fast nur ein Zufallsprodukt. Das SED-Politbüro hatte ein neues Gesetz zur Ausreise beschlossen, Günter Schabowski gab die Neuerung auf einer Pressekonferenz bekannt, war offenbar jedoch über die Einzelheiten nicht informiert. Auf die drängende Nachfrage eines klugen Journalisten, ab wann die neue Bestimmung denn gelte, wusste er keine rechte Antwort, und er entschied sich eben für – «sofort». Die DDR-Bürger spazierten an die Grenzübergänge und rüber nach West-Berlin.

Natürlich freute ich mich, dass die Menschen im Osten nicht mehr eingemauert und die Stadt nicht mehr geteilt war. Der Wunsch der Menschen nach freier Reisemöglichkeit wurde nun Wirklichkeit. Im Taumel dieser Nacht rückten jedoch alle Bemühungen der Bürgerrechtsbewegung um tiefgreifende Erneuerungen in der DDR in den Hintergrund. Ideen, die mich an die Hoffnungen erinnerten, die ich nach 1945 selbst einmal in die DDR gesetzt hatte, mehr als 40 Jahre zuvor, als es den Staat noch nicht einmal gab.

Demokratie vor Einheit

Streng genommen war ich also wenige Wochen später, auf meiner Reise Mitte Dezember 1989, zum ersten Mal in meinem Leben in der DDR. Ihre offizielle Gründung hatte im Oktober 1949 erst nach meiner Flucht stattgefunden. Ich war etwas nervös, aber der Grenzpolizist brachte mich zum Schmunzeln, als er erst meinen Pass, dann mein Gesicht musterte und schließlich fragte: «Verwandt mit Wolfgang Leonhard, dem Ostexperten?» Es war nur ein kurzer Ausflug nach Berlin gewesen, aber schon wenige Tage später, zum Jahreswechsel, fuhr ich erneut in den Osten. In Dresden besuchte ich meinen einzigen Verwandten in der DDR, meinen Vetter Dieter.

Als ich in Frankfurt am Main in den Zug stieg, war es unmöglich, einen Sitzplatz zu ergattern: Die Bahn war überfüllt mit DDR-Bürgern auf ihrer Rückreise. Schnell kam ich mit ihnen ins Gespräch. Sie waren vom Westen sehr beeindruckt, von zweien hörte ich, dass sie sogar vor Aufregung einen Kollaps erlitten hatten und von Ärzten betreut werden mussten. Unweigerlich dachte ich an meine ersten Eindrücke in der Bundesrepublik, als ich im November 1950 aus Jugoslawien gekommen war. Fast alle Menschen in meinem Abteil berichteten mir von den jüngsten Ereignissen in der DDR. Eine Lehrerin erzählte freudestrahlend von den Reformen im Bildungswesen. Wie schon in den Betrieben, gebe es nun auch an den Schulen keine SED-Gruppen mehr, und «Stabü» sei endlich abgeschafft. Stabü? Ich verstand nicht gleich, bis sie mir erklärte: «Staatsbürgerkunde, das alte Propagandafach.»

Eine andere Frau erzählte mir von Müllfahrern, die sich bei Beginn der friedlichen Revolution geweigert hatten, den Abfall eines stadtbekannten SED-Parteisekretärs zu entsorgen. Die leeren Dosen und Flaschen, fast alles Verpackungen aus dem Westen, kippten sie nicht in ihren Wagen, sondern spießten sie auf den Spitzen seines Gartenzauns auf. Die Verbitterung über korrupte SED-Funktionäre war damals auch bei den anderen Mitreisenden besonders groß. Viele hatten sich mit einem monatlichen Gehalt von 500 Ostmark gerade mal das Nötigste leisten können. Aber alle verband sie der Stolz, dass man das SED-Regime endgültig gestürzt hatte.

Am 1. Dezember 1989 war die «führende Rolle der Partei» aus der Verfassung gestrichen worden. Zwei Tage später gab Günter Schabowski bekannt, dass Erich Honecker, Erich Mielke, Alexander Schalck-Golodkowski, Willi Stoph und eine ganze Reihe anderer Spitzenführer des Zentralkomitees aus der SED ausgeschlossen wurden, und am 6. Dezember trat – nach nur 50 Tagen Amtszeit – Egon Krenz und mit ihm das gesamte Politbüro zurück. Gemeinsam mit den Oppositionsgruppen wurde in Berlin ein zentraler «Runder Tisch» eingerichtet, mit dem Ziel, eine neue Verfassung für die DDR auszuarbeiten und die ersten freien Wahlen am 18. März 1990 vorzubereiten. Auf Vorschlag von Hans Modrow, dem neuen Regierungschef, beteiligten sich Vertreter des «Runden Tischs» auch an der neugebildeten «Regierung der nationalen Verantwortung».

Der Zustand der Bahnhöfe in der DDR war miserabel, und die Verbindungen zwischen den Städten waren schlecht. Begeistert war ich allerdings vom Hotel «Bellevue» in Dresden. Es war zwei Jahre zuvor von japanischen Architekten erbaut worden. Zu Beginn des Jahres 1989 hatte ich auf einer Japanreise schon davon gehört. Meine Gastgeber erzählten mir damals auch von ihrem Treffen mit Erich Honecker. Er habe einen verwirrten Eindruck gemacht, sich vor allem für ihre Meinung über den Stand der Computertechnik in der DDR interessiert und die diplomatisch zurückhaltende Antwort als Lob der Japaner für die technologischen Erfolge der DDR missverstanden. Er hatte einen deutlichen Eindruck hinterlassen. Anfang 1989 prophezeiten mir meine japanischen Gesprächspartner: Honeckers DDR würde kein ganzes Jahr mehr bestehen. Nun, kurz vor Jahreswechsel, konnte ich tatsächlich ihrer Empfehlung Folge leisten und das Hotel «Bellevue» besuchen.

Die Gäste hier kamen hauptsächlich aus dem Westen. Ich traf aber auch auf ein junges Paar, das, wie sich herausstellte, erst vor einigen Monaten in die Bundesrepublik übergesiedelt war. Beide wollten unbedingt im Westen bleiben, aber sie waren nach Dresden gefahren, um in dem Hotel zu übernachten, das ihnen zu DDR-Zeiten verschlossen war.

Mein erster Besuch in Dresden galt gleich meinem Vetter und seiner Lebensgefährtin. Dieter erzählte mir von seinem Medizinstudium und von seiner anschließenden Arbeit im Dresdner Gesundheitswesen. Seit 1946 war er für die Liberaldemokratische Partei tätig und viele Jahre Stadtbezirksvorsitzender der LDP von Dresden-Nord. In West-Berlin war er noch nicht gewesen. Die hundert Westmark, die jeder Ostler damals zur Begrüßung erhielt, empfand er als entwürdigend. Es ärgerte ihn, dass die SED-Funktionäre, die ihm, dem LDP-Funktionär, stets «mangelndes Klassenbewusstsein» vorgeworfen hatten, die Ersten waren, die in den Westen gefahren seien. Die Reisemöglichkeiten hätte man laut Dieter nur behutsam erleichtern sollen. Hans Modrow schätze er sehr, und ihm vertraue er auch. Die Wiedervereinigung lehnte er strikt ab, das sei nichts anderes als der «Ausverkauf der DDR». Seine Freundin widersprach. Sie wolle nicht mehr so lange warten, bis sich die DDR irgendwie selbst berappele, und überhaupt sei unklar, ob das jemals gelingen könne.

Diese beiden unterschiedlichen Meinungen begegneten mir auch bei meiner anschließenden Fahrt durch die Stadt wieder. Häufig fand man die Losung «Deutschland einig Vaterland» an den Häuserwänden, aber was später selten erwähnt wurde: auch kritische Parolen wie «Deutschland – keine Kohlsuppe». Vor dem Stasi-Gebäude hatten sich Dutzende von Menschen versammelt. An der gegenüberliegenden Fassade hingen immer noch die alten Plakate: «Unsere DDR – unser Zuhause». Die Protestierenden hielten dagegen: «Psychotherapie für Staatsbeamte». Am 15. Januar 1990 zeigte dann die Erstürmung der Stasi-Zentrale in der Berliner Normannenstraße, wie groß die Verachtung der Menschen gegenüber dem Geheimdienst war.

In den folgenden Wochen und Monaten bin ich immer wieder in die DDR gefahren. In Berlin wurde ich ins Paul-Loebe-Institut eingeladen, zu einer Diskussion mit Sozialdemokraten aus dem Osten. Man stellte mich dort als den «ersten Dissidenten der DDR» vor. In Leipzig und in anderen Städten hielt ich Vorträge über mein Buch «Die Revolution entlässt ihre Kinder», das der Reclam Verlag nun erstmals in der DDR herausgebracht hatte. Mit Monika Maron und Freya Klier besuchte ich in Rostock den Kongress des «Neuen Forums» und von «Demokratie Jetzt!». Hier lernte ich Joachim Gauck kennen. Später habe ich dann auch die Stätten aufgesucht, an denen ich mit der «Gruppe Ulbricht» und während meiner Zeit als Funktionär in der Sowjetzone zu tun hatte: Ich sah Bruchmühle wieder, den einstigen Sitz der politischen Hauptverwaltung der Roten Armee, ich war in Straußberg, in der Berliner Gaststätte «Rose», und in Kleinmachnow im Gebäude der ehemaligen Parteihochschule, an der ich von 1947 bis 1949 Dozent war. Die Wiederbegegnung mit diesen Orten habe ich in meinem Buch «Spurensuche» geschildert.

Auf all diesen Reisen hörte ich nun immer öfters das eine Argument: Die Verwirklichung des Wunsches nach einer besseren DDR dauere einfach zu lange. Mit dem Westen könne man sich hingegen sofort vereinigen. In den letzten Wochen des Jahres 1989 vollzog sich ein Prioritätenwechsel, über fast alle Parteigrenzen hinweg. Zu Beginn der Wende war nicht selten zu vernehmen, man wolle die DDR komplett erneuern, man mache jetzt eine echte deutsche, eine echte demokratische, und eine echte Republik. Doch diese Stimmen wurden immer leiser. Die Arbeit des «Runden Tischs» und leider auch das Engagement der Bürgerrechtler gerieten in den Hintergrund. Bald zählte zu meinem großen Bedauern nur noch die Einheitsfrage. Aus dem demokratischen Ruf «Wir sind das Volk» wurde die nationale Parole «Wir sind *ein* Volk».

Dieser Stimmungswandel, den ich mit Argwohn beobachtete, hatte sicher auch materielle Gründe. Die Menschen wollten die D-Mark und glaubten, mit ihr den westlichen Wohlstand bald zu erreichen. Es gab aber noch andere Gründe: Das Parteiensystem in der DDR war gerade erst im Begriff, sich zu entwickeln, aber nach wenigen Wochen orientierte man sich bereits am Westen. Die Bürgerrechtsbewegungen wurden überrannt. Und zusätzlich fiel ins Gewicht, dass in den folgenden Monaten die beiden großen Volksparteien völlig unterschiedlich agierten. Während sich die Sozialdemokraten ängstlich zeigten, nutzten die Christdemokraten geschickt die Gunst der Stunde.

Ich habe damals mehrere SPD-Versammlungen im Osten besucht – mir begegnete die Verunsicherung allerorten. Vor allem herrschte Unklarheit darüber, wie man sich gegenüber der SED/PDS verhalten sollte, der Partei, die einst aus der SPD hervorgegangen war und gleichzeitig die SPD verschlungen hatte. Das Entsetzen darüber war verständlicherweise noch groß, aber es hemmte die politische Handlungsfähigkeit. Die SPD in der DDR hatte Angst, von ehemaligen SED-Mitgliedern unterwandert zu werden, und grenzte sich deshalb strikt von ihnen ab. Über die endlosen Diskussionen, ob das richtig sei oder nicht, konnte ich nur den Kopf schütteln.

Ganz anders und vor allem viel aktiver arbeitete die CDU, die im Osten unter dem Namen «Allianz für Deutschland» auftrat. Als «CDU» hätte sie nur geringe Chancen gehabt, die einen hätten darin die Dominanz des Westens gesehen, die anderen nur die frühere Blockpartei. Die «Allianz für Deutschland», die den «Demokratischen Aufbruch», die CDU-Ost und die «Deutsche Soziale Union» umfasste, trat hingegen mit einer erfrischenden Unbekümmertheit auf – mit dem neuen Etikett konnte sie sich frei und überzeugend an alle Bürger der DDR wenden. Hinzu kam der bewundernswerte Optimismus, den sie verbreitete. Aus Bayern fuhren ständig Autobusse nach Sachsen, vollgeladen mit Geschenken. T-Shirts, Stifte und Feuerzeuge wurden hemmungslos in der Menge verteilt, es gab regelrechte Volksfeste, mit Freibier und allem, was dazugehörte.

Die vereinzelten «Helmut»-Rufe waren dagegen relativ bedeutungslos – die Person von Helmut Kohl spielte für den Erfolg der Christdemokraten im Osten keine entscheidende Rolle. Dass immer wieder sein Name genannt wurde, spiegelte lediglich das Bedürfnis wider, wichtige Ereignisse an bestimmte Personen zu knüpfen. Aber ich bin überzeugt, dass am Ende gute Laune und optimistisches Auftreten der einfachen Helfer der «Allianz für Deutschland» mehr bewirkt haben als die Reden des großen Bundeskanzlers.

Das war umso entscheidender, als der Termin für die ersten freien Volkskammerwahlen am 18. März immer näher rückte. Die Haltung der «Allianz für Deutschland» zur Einheit war klar. Sie forderte die schnelle Variante nach Artikel 23 des Grundgesetzes, also den Beitritt der DDR zum Staatsgebiet der Bundesrepublik. In der SPD waren die Aussagen keineswegs eindeutig. Zwar wollten auch viele Sozialdemokraten die Einheit, aber nur unter anderen Bedingungen. Die meisten befürworteten einen langsameren Weg zur Wiedervereinigung, wie er nach Artikel 146 des Grundgesetzes vorgesehen war. In einer Volksabstimmung sollte über eine neue, gemeinsam ausgearbeitete Verfassung abgestimmt werden.

Einer der größten Befürworter der Wiedervereinigung in der SPD war Willy Brandt – und übrigens auch einer ihrer aktivsten Wahlkämpfer. Ende Februar 1990 war ich mit ihm im Flugzeug unterwegs zum Parteitag der SPD in Leipzig. In seinen zahlreichen Reden im Osten versuchte er, für eine Einheit zu werben, von der die Bürger im Osten nicht überfordert würden und bei der ihre eigenen Vorstellungen zum Tragen kämen. Brandt ist es jedoch nicht immer geglückt, die Menschen zu überzeugen. Ihm selbst war klar, dass der langjährige Kurs der SPD, der zur Stabilisierung der SED-Führung beigetragen hatte, im Wahlkampf eher schaden würde. Auch innerhalb der Ost-SPD gab es nicht wenige, deren Enttäuschung immer noch groß war: Jahrelang hatten die Sozialdemokraten in der Bundesrepublik kaum etwas von der Verfolgung ihresgleichen in der DDR wissen wollen.

Obwohl ich mir von der West-SPD in diesem Zusammenhang mehr Selbstkritik gewünscht hätte, hat mich dieser Parteitag in Leipzig sehr bewegt. Eigentlich war ich nur als Zuhörer gekommen, aber am Tisch des Präsidiums wurde man auf mich aufmerksam und bat schließlich um eine kurze Erklärung. Ich wies darauf hin, dass ich kein Mitglied der SPD sei, aber der festen Überzeugung, eine wirkliche Demokratie in der DDR sei ohne Sozialdemokratie unmöglich. Vielleicht fühlte ich mich der SPD auf diesem Parteitag im Osten so nahe, weil ich 44 Jahre zuvor am Gründungskongress der SED teilgenommen und mich der Illusion hingegeben hatte, sie würde eine unabhängige und demokratische Partei sein. Nun gab es in der DDR wieder ebenjene Partei, die damals unterjocht wurde.

Doch die Ergebnisse der Volkskammerwahlen vom 18. März 1990 waren schockierend. Damit hatte niemand gerechnet, auch nicht die Sieger. Die «Allianz für Deutschland» erreichte 47,8 Prozent der Stimmen. Die SPD kaum 22 Prozent, die PDS immerhin 16 Prozent. Verheerend aber war: «Bündnis 90», der Zusammenschluss der Bürgerrechtsbewegungen, erhielt nur magere drei Prozent.

Die Menschen, die das Honecker-Regime gestürzt hatten, brachten es gerade mal auf 12 von 400 Sitzen in der Volkskammer. Sie waren unter ungleichen Bedingungen angetreten. Die PDS, vormals SED, und die ehemaligen Blockparteien verfügten über einen riesigen Apparat und den entscheidenden Einfluss bei der Presse. Den kleinen Reformparteien standen hingegen nur primitive Büros zur Verfügung und wenig Geld.

Ich hatte nicht mit einem so guten Ergebnis der neuen PDS gerechnet. Ihr schneller Abstieg schien in den Wochen zuvor eigentlich unvermeidlich. Der Stimmungswandel der letzten Wochen war nun aber auch der PDS zugute gekommen. Offenbar hatten viele, denen das Einheitsgetrommel nicht geheuer war, nicht die neue Alternative gewählt, sondern waren in den Schoß der SED-Nachfolger geflüchtet. Meist in der Hoffnung, dass sich die Partei weitgehend verändert habe. Vor allem aber hatte die Gute-Laune-Taktik der «Allianz» ihre Wirkung nicht verfehlt. T-Shirts, Kugelschreiber und Freibier zahlten sich aus. Nach dem 18. März wurde die Vereinigung der beiden Staaten in aller Eile vorangetrieben.

Ich habe wiederholt öffentlich dagegen Stellung bezogen. Nach über 40 Jahren Unterdrückung hatten sich die Menschen in der DDR aus eigener Kraft von den Fesseln der Diktatur befreit, und nun gab man ihnen nicht einmal im Ansatz die Möglichkeit, eigene demokratische Vorstellungen zu entwickeln. Dann erst wäre – Schritt für Schritt und auf Augenhöhe – die enge Zusammenarbeit mit der Bundesrepublik möglich gewesen und schließlich der Weg zu einem gemeinsamen Staat. Aber der nationale Wunsch nach Einheit war inzwischen so stark, dass sachliche Vorschläge mit einer längerfristigen Perspektive auf der Strecke blieben.

Nach den Wahlen zur Volkskammer war fast ausschließlich von der verheerenden wirtschaftlichen Lage der DDR die

Rede. Dieser Tatsache konnte man nicht widersprechen. Aber warum wurden die vielen positiven Errungenschaften der letzten Monate nicht mehr erwähnt? Die SED-Führung war gestürzt, die führende Rolle der Partei war aus der Verfassung gestrichen worden. Es gab freie Parteien und freie Wahlen und darüber hinaus alle Freiheiten der Presse, der Meinung und auch Reisefreiheit.

Die größte und erfolgreichste Revolution in der Geschichte Deutschlands hatte sich ereignet, warum traute man den Menschen, die dafür verantwortlich waren, nicht auch zu, ihre ökonomischen Probleme selbst zu lösen? Warum begann man sie erneut zu bevormunden?

Wenn ich die Ereignisse des Jahres 1990 betrachte, dann bekomme ich den Eindruck, dass sich die Geschichte wiederholt – manchmal sogar im Zeitraffer. Auch die bürgerliche Revolution von 1848, die große revolutionäre und demokratische Befreiungsbewegung, war am Ende im nationalen Einheitsrausch versandet. Nur dass es 23 Jahre gedauert hatte, bis Bismarck 1871 in Versailles das Deutsche Reich proklamierte. Von den Montagsdemonstrationen bis zum 3. Oktober 1990 vergingen lediglich 12 Monate.

Genug Zeit aber, um Horrorszenarien zu skizzieren, die eintreten würden, wenn nicht Deutschland schnellstens vereinigt würde. Die wirklichen Gefahren, die eine überstürzte Wiedervereinigung mit sich bringen würde und schließlich auch gebracht hat, wollte man hingegen nicht sehen. Dabei haben nicht wenige Kommentatoren auf diese Gefahren aufmerksam gemacht, auch ich.

Gemessen an der Bevölkerungszahl und der wirtschaftlichen und technologischen Leistungsfähigkeit war das Übergewicht der Bundesrepublik gegenüber der DDR so gewaltig, dass von gleichberechtigten Partnern ehrlicherweise niemand reden konnte. Die Menschen im Osten hatten völlig übersteigerte Vorstellungen davon, wie schnell sich die Wirtschaft entwickeln würde, und diese Fehleinschätzungen wurden durch leichtsinnige Versprechen aus dem Westen noch gefördert. Schon bald würde es zu Enttäuschungen kommen, denn an eine schnelle Angleichung der Lebensverhältnisse, wie sie viele in den neuen Ländern erwarteten, war nicht zu denken. Und auch der Unmut im Westen über die gewaltigen Transferzahlungen war programmiert. Obwohl fast nur Wirtschafts- und Finanzfragen im Mittelpunkt der Diskussionen standen, wurden auch sie eher schlecht als recht gelöst. Der Umtausch von D-Mark und Ost-Mark im Verhältnis 1:1 war eine ökonomische Torheit – doch die zahlreichen Proteste von führenden Wirtschaftswissenschaftlern und Finanzexperten wurden schlicht ignoriert.

Der größte Fehler der schnellen Verhandlungen zwischen Bundesrepublik und neuer DDR-Regierung in den Monaten bis Oktober 1990 lag nach meiner Auffassung darin, dass über die Köpfe der Menschen hinweg entschieden wurde. Im Osten wie im Westen waren sie zu Zuschauern ihres eigenen Schicksals degradiert worden. Das Ergebnis der Volkskammerwahlen galt als Ausdruck von Volkes Wille zur Einheit. Dabei wurde übersehen, dass dieses Ergebnis vor allem deshalb zustande kam, weil es dem Westen gelungen war, sein Parteiensystem in die junge Demokratie des Ostens zu exportieren.

Ich hätte mir zumindest eine Volksabstimmung gewünscht, bei der die Menschen die Wahl zwischen drei Alternativen gehabt hätten. Erstens eine friedliche und gutnachbarliche Zusammenarbeit zweier deutscher Staaten. Zweitens den Zusammenschluss zu einem einheitlichen Nationalstaat. Und drittens die Möglichkeit einer Konföderation beider selbständiger deutscher Staaten.

Eine solche Vertragsgemeinschaft hätte von Westdeutschen und Ostdeutschen wirkliche Kooperation verlangt. Die Menschen hätten gemeinsame Erfahrungen machen müssen. So hatten sie aber weder die Zeit noch die Chance, einander kennenzulernen. Auch nicht in ihren Unterschieden. Ein organisches Zusammenwachsen der beiden deutschen Bevölkerungen hat deshalb nicht stattgefunden.

NEUNTES KAPITEL

Einheit und Ausblick

Ich fuhr am 3. Oktober 1990 nach Berlin, zum offiziell proklamierten «Tag der Deutschen Einheit». Mich interessierte, wie die Menschen auf der Straße reagierten. Würde es spontane Freudenfeiern geben? Oder vielleicht Protestdemonstrationen von Bürgerrechtlern, die von der Entwicklung der letzten Monate enttäuscht waren?

Aber die meisten Straßen und Plätze blieben leer. Nur im Zentrum der Stadt traf ich auf einige hundert Menschen, die sich vor verschiedenen Bühnen versammelt hatten und an Debatten über die Wiedervereinigung teilnahmen. Zwei Schweizer Journalisten aus Zürich, die dort Aufnahmen machten, erkannten mich und baten um eine Stellungnahme. Sie fragten, ob auch ich in Zukunft diesen 3. Oktober feierlich begehen würde. Meine Antwort war eindeutig: Nein, mich bewege nicht die Wiedervereinigung, sondern die Befreiung der Menschen von einer Diktatur. Das, so sprach ich ihnen ins Mikrofon, werde an diesem Tage leider nicht gefeiert.

Ich habe den 3. Oktober als «Tag der deutschen Einheit» nur akzeptiert, weil dies von parlamentarisch gewählten Körperschaften so beschlossen wurde. Aber ich nehme mir das Recht, eine andere Meinung zu vertreten: Es war ein Fehler, diesen Tag als nationalen Feiertag zu bestimmen. Es gab bessere Alternativen.

Dabei denke ich keineswegs an den 9. November. Dass

ich den Tag des Mauerfalls für überbewertet halte, habe ich bereits dargestellt. Ich denke aber zum Beispiel an eines der größten Ereignisse in der Geschichte der deutschen Demokratie – es fand an einem 27. Mai statt. Dreißigtausend Menschen zogen an diesem Tag im Jahr 1832 zum Hambacher Schloss, wo sie ein revolutionäres Fest feierten. Sie forderten Freiheit und Demokratie, und das Schönste daran war: Es war ein patriotisches und zugleich internationales Fest. Die schwarz-rot-goldene Fahne wurde gehisst, aber links und rechts davon sah man die polnischen und die französischen Farben, im Gedenken an die französische Julirevolution 1830 und den Novemberaufstand in Polen im selben Jahr. Fast niemand erinnert heute daran.

Aber der eigentliche nationale Feiertag ist für mich der 9. Oktober 1989, jener Tag, als sich in Leipzig die erste Massendemonstration in Bewegung setzte und die friedliche Revolution ihren entscheidenden Sieg über die Diktatur errang. Dass stattdessen der bedeutungslose 3. Oktober zum Jubeltag gemacht wurde, ist Ausdruck der Ignoranz gegenüber dem Verdienst der Freiheitsbewegung in der DDR. Und es zeigt, dass bis heute ein wichtiger Teil der Aufarbeitung der DDR-Geschichte ausgeblieben ist. Sie hätte den Menschen im Westteil Deutschlands die Erfahrungen der Ostdeutschen nähergebracht. Um die Geschichte der DDR vollständig darzustellen, reicht es aber nicht, sich allein mit der Freiheitsbewegung zu beschäftigen. Wichtig ist es auch, die Perspektive derjenigen zu kennen, die über Jahrzehnte politische Verantwortung trugen und von denen nicht wenige am 9. Oktober auf der anderen Seite der Barrikade standen.

Willy Brandt war von der Idee begeistert. Nach dem Leipziger Parteitag der SPD im Februar 1990 hatte ich ihm von meinem Plan erzählt, die ehemaligen Stützen der SED-Diktatur aufzusuchen und mit ihnen zu sprechen.

Die Stimmung in der Bevölkerung konnte jeder Journalist in Erfahrung bringen, mir jedoch würde es vielleicht gelingen, Kontakt mit denjenigen Führungskadern aufzunehmen, die ich noch von früher kannte, aus meiner Zeit in Moskau und der Sowjetzone. Und über diese Kontakte wiederum durfte es nicht allzu schwierig sein, mit anderen Ex-Spitzenfunktionären in Verbindung zu treten.

Zunächst traf ich meine früheren Weggefährten Hans Mahle, Peter Florin, Mischa Wolf, Marianne Weinert, Stefan Doernberg, Paul Wandel und Werner Eberlein. Mich überraschte allerdings, dass auch die Mitglieder des Politbüros, die mich zuvor kaum oder gar nicht persönlich kannten, damals sofort zu Gesprächen bereit waren. Zu ihnen zählten neben Günter Schabowski auch Hermann Axen, Egon Krenz und Joachim Herrmann. Ich habe von allen diesen Unterredungen Notizen angefertigt. Kurz bevor ich die ersten ausgearbeiteten Seiten an Willy Brandt schicken konnte, der sich immer wieder danach erkundigt hat, ist er gestorben.

Hans Mahle zu begegnen, bereitete keine Umstände. Er wohnte inzwischen wieder in Westberlin, in Steglitz. Er war neben mir der letzte Überlebende der «Gruppe Ulbricht». Und er wirkte mit seinen achtzig Jahren so aktiv wie vor 45 Jahren, als wir uns das letzte Mal gesehen hatten. Ich habe bereits geschildert, dass er 1951 wegen Spionageverdachts vom Posten des Generalintendanten des Berliner Rundfunks abgesetzt wurde. Danach ging er nach Schwerin, sozusagen ins innere

Exil der DDR, und arbeitete dort bei einer Konsumgenossenschaft. 1959 wurde er von der SED-Führung rehabilitiert und zum Chefredakteur der Zeitung «Die Wahrheit» bestimmt, dem Zentralorgan der kurz zuvor geschaffenen «Sozialistischen Einheitspartei West-Berlins» (SEW). Seine Memoiren, die er 1974 geschrieben hatte, durfte er allerdings in der DDR nie veröffentlichen.

Obwohl ich wusste, dass er immer die offizielle Parteilinie vertreten hatte, war ich zunächst irritiert, als er die friedliche Revolution in der DDR als «Zusammenbruch» bezeichnete und von der «erfolgreichen Tätigkeit unserer Partei» in West-Berlin schwärmte. Die SEW war immer eine Splitterpartei gewesen und konnte sich nur dank der Unterstützung durch die SED politisch und finanziell über Wasser halten. Die «Genossen im Westen» boten Mahle wohl so etwas wie einen letzten Halt. Dennoch konnte er seine Enttäuschung über den Gang der Geschichte nicht verbergen: «Zu meiner politischen Arbeit, zu den sozialistischen Zielsetzungen stehe ich. Es ist nur höchst bedauerlich und traurig, dass ich mein ganzes Leben für eine Sache eingesetzt habe, die dann mit der DDR wie ein Kartenhaus zusammengeklappt ist – als Folge massiver Fehler. Für mich bedeutet das: Idee, Utopie und Ziele des Sozialismus sind um mehr als ein Menschenalter zurückgeworfen.» 1995 trat Hans Mahle noch einmal in Steglitz als Spitzenkandidat der PDS bei den Abgeordnetenhauswahlen an. 1999 ist er gestorben.

Weitaus komplizierter war es, *Mischa Wolf* zu treffen. Als ehemaliger stellvertretender Minister der Staatssicherheit und Chef der Auslandsspionage hatte er noch immer eine Vorliebe fürs Konspirative.

Als ich ihn Ende August 1990 anrief, schien er kaum überrascht zu sein – ich hatte von ehemaligen Funktionären bereitwillig die (früher geheimen) Telefonnummern erhalten. Er erkundigte sich nach meinem Aufenthaltsort – ich hatte ein Zimmer im Südhotel der NVA –, und um den Wahrheitsgehalt meiner Angabe zu überprüfen, rief er mich zurück.

Mischa Wolf schlug vor, sich in Bernau zu treffen, nördlich von Berlin. Hier war sein Bruder Konrad, der bekannte Regisseur, nach Kriegsende für kurze Zeit von der Roten Armee als Stadtkommandant eingesetzt worden. Wir hatten uns um 12 Uhr vor einem Café am Bernauer Marktplatz verabredet. Als ich um 12 Uhr erschien, wusste ich genau, dass Mischa bereits irgendwo saß und mich im Blickfeld hatte – um sicher zu sein, dass ich auch alleine kam, ohne Begleitung irgendwelcher Journalisten.

Zuletzt hatte ich ihn im Januar 1949 gesehen, als auf der I. Parteikonferenz der SED die «Partei neuen Typs» ausgerufen und ihr zentralistischer Aufbau nach stalinistischem Vorbild öffentlich proklamiert wurde.

Während ich die Entwicklung seines Bruders Konrad zum kritischen Filmregisseur mit großem Interesse verfolgte, blieb mir Mischas Karriere ein Rätsel. Er hatte sich immer für Kunst und Literatur begeistert, er trat stets selbstsicher auf und pflegte gewandte Umgangsformen. Ich dachte damals, dass er später im Kulturbereich oder im diplomatischen Dienst tätig sein würde. Tatsächlich diente er von 1949 bis 1951 als erster Botschaftsrat der DDR-Mission in Moskau. Nach seiner Rückkehr wurde er allerdings ins «Institut für Wirtschaftswissenschaftliche Forschung» berufen, das schon damals als DDR-Spionageinstitution bekannt war. 1952 betraute Walter Ulbricht den 29-Jährigen mit der Leitung des Nachrichtendienstes, 1958 wurde er Leiter der Hauptverwaltung «Aufklärung» und rückte schließlich auf den Posten des stellvertretenden Ministers für Staatssicherheit. Nach und nach erhielt er auch die militärischen Auszeichnungen: Er wurde Generalmajor, Generalleutnant, Generaloberst. Für mich war es eigentümlich, ja schockierend, ihn auf einem Foto in Uniform zu sehen, als Repräsentant von Honeckers diktatorischem Unterdrückungssystem. Was konnte ihn nur bewogen haben, diesen Weg einzuschlagen?

«Schön, dich zu sehen, Wolfgang» – Mischa hatte sich zu mir auf den Bernauer Marktplatz gesellt. Bald kamen wir auf mein Buch «Die Revolution entlässt ihre Kinder» zu sprechen, natürlich hatte er es gelesen. «Deine Beschreibung von mir als Hintergrundfunktionär in der Sowjetzone hat mir in der weiteren Zeit häufig geschadet», sagte er. «Immer wieder wurde mir vorgeworfen, irgendwelche höchsten Verbindungen gehabt zu haben. Das wird auch jetzt in der Kampagne gegen mich benutzt. Auch dein Hinweis, dass ich dir geraten habe, man solle von Anton Ackermanns Thesen vom besonderen deutschen Weg zum Sozialismus abgehen, könnte missverständlich ausgelegt werden. Ich war immer ein Freund von Anton Ackermann und habe ihn damals absolut unterstützt.» Er machte eine Pause. «Allerdings später, nach 1948, auch den Wechsel der Linie.»

Ich erzählte ihm, mit welcher Verwunderung ich seine politische Laufbahn verfolgt hatte. Er erklärte mir, wie es dazu gekommen war: In der DDR konnte die Auslandsaufklärung nicht nach sowjetischem Muster errichtet werden. In Moskau stand ihr der Außenminister vor, also Molotow. Der erste Außenminister der DDR war jedoch Georg Dertinger gewesen – von der CDU. Man konnte die Spionage unmöglich in die Hände einer Blockpartei geben. Also wurde Anton Ackermann mit dem Aufbau des Nachrichtendienstes beauftragt, und er wiederum suchte zuverlässige Mitarbeiter, Menschen, die er bereits kannte.

Mischa bestritt vehement, um irgendwelcher Privilegien willen für die Staatssicherheit gearbeitet zu haben. Ihm sei es auch nicht um Macht gegangen, wobei er vielleicht Machtfunktionen angestrebt habe, aber nur, um etwas verändern zu können. Relativ früh habe er erkannt, dass die Dinge so nicht bleiben könnten, aber diesen Gedanken immer wieder verdrängt. Er benutzte sogar den passenden psychologischen Begriff: «Verdrängungsmechanismus». Ich wies ihn darauf hin, dass man im Westen immer wieder gerne seinen Charakter analysiere, über seine Neugierde und seinen vermeintlichen Spieltrieb spekuliere. Auch das wehrte er zunächst ab, gestand aber zu, dass sein Wissensdrang keine unerhebliche Rolle gespielt habe.

Ich traf mich insgesamt noch ein Dutzend Mal mit Mischa – schon drei Wochen später am Müggelsee im ehemaligen Kulturhaus des Zentralkomitees, das inzwischen zu einem Hotel umfunktioniert wurde, und später wiederholt in Mischas Wohnung in Berlin-Mitte. In der Presse wurde damals viel darüber diskutiert, ob ein strafrechtliches Verfahren gegen Wolf eingeleitet werden solle. In anderen Meldungen war sogar von seinen Fluchtplänen die Rede.

Tatsächlich ist er kurze Zeit darauf nach Moskau geflogen und nach dem dortigen Putsch gegen Gorbatschow im August 1991 nach Österreich gegangen. Dort erhielt er aber kein politisches Asyl. 1991 hat er sich an der Grenze den deutschen Behörden gestellt. In seiner Wohnung erklärte er mir, seine Aufenthaltsgenehmigung gelte nur für den Bezirk Mitte, zweimal wöchentlich müsse er sich bei den Behörden melden. Das Urteil gegen ihn aus dem Jahr 1993 wegen Landesverrats konnte später nicht aufrechterhalten werden, weil die Spionage von einem souveränen Staat ausgegangen war. 1997 erhielt er dann eine Bewährungsstrafe, wegen einzelner Delikte.

Wir vereinbarten bei unseren Treffen klare Umgangsformen. Jeder sollte seine Meinungen deutlich zum Ausdruck bringen und auch dem anderen widersprechen, aber ohne Verunglimpfung und Beleidigung. Nach und nach bekam ich den Eindruck, dass er erst jetzt begann, über die dunklen Seiten der DDR-Geschichte nachzudenken. Auf mich wirkte er wie ein verspäteter Halbreformer. Während unserer Gespräche schwankte er in seinem Urteil stets hin und her, manche Ungerechtigkeit erkannte er an, aber längst nicht so sehr, wie ich es mir gewünscht hatte.

Vom Stalinismus, so erklärte er mir, habe er sich gelöst. Nach der Lektüre von Chruschtschows Rede auf dem 20. Parteitag der KPdSU im Februar 1956 sei er von seinem Schreibtisch aufgestanden, habe das Bild Stalins von der Wand genommen und in die Ecke geworfen. Die Entwicklung in Ungarn, die Revolution dort, ging ihm aber deutlich zu weit. «Aus den Reformern wurde mehr und mehr ein antikommunistischer Aufstand. Ich erfuhr, dass die westlichen Mächte damals das Ziel hatten, Ungarn aus dem sozialistischen Lager herauszuholen.» Ich starrte ihn an: «Mischa, ich war 1956 im Westen. Niemand hatte solche Pläne. Alle waren um Stabilität bemüht.» Aber er blieb von meinen Argumenten unbeeindruckt, pflegte lieber das alte Freund-Feind-Denken. Für ihn war der Westen ständig darauf bedacht, das sozialistische Lager zu schwächen, wo es nur ging.

Deshalb stand er auch dem Prager Frühling 1968 skeptisch gegenüber, dachte ein weiteres Mal, der Westen wolle mit der Tschechoslowakei ein Land aus dem Ostblock herauslösen. Er selbst war 1968 vor Ort, in geheimer Mission. Er hat sich dort mit anderen Funktionären aus den Staaten des Warschauer Pakts getroffen und gehörte später zu denjenigen, die die Besetzung der Tschechoslowakei nicht nur befürwortet, sondern auch vorbereitet haben. Das hat mich sehr betroffen gemacht, und ich hatte, als ich das hörte, große Mühe, unsere Gesprächsvereinbarung einzuhalten. Ohne Wolfs Rolle in der DDR verharmlosen zu wollen – sein Eintreten für die Niederschlagung des Prager Frühlings entsetzte mich am meisten.

Wie das Zentralkomitee der SED in seinem Glückwunschschreiben zu seinem 60. Geburtstag 1983 feststellte, ist es Markus Wolf auch in den folgenden Jahren gelungen, «subversive Pläne und Absichten des Gegners aufzuklären und zu zerschlagen». Er habe dadurch «maßgeblichen Anteil an der Entwicklung und Festigung des Ministeriums für Staatssicherheit». 1987 ist er jedoch überraschend zurückgetreten, angeblich, wie er auch mir jetzt versicherte, aus privaten Gründen. Und ein Jahr später schlug er dann zum ersten Mal neue Töne an: Ende 1988 begann er eine Vortragsreise in der DDR mit dem damals noch gar nicht erschienenen Buch «Die Troika», das später auch in der Bundesrepublik für Aufsehen sorgte. Darin schildert Wolf die unterschiedlichen Lebensgeschichten dreier Jugendfreunde, die sich im Moskauer Exil während des Dritten Reichs kennengelernt hatten. Einer der Hauptpersonen ist sein Bruder Konrad. Wolf äußert sich in diesem Buch kritisch gegenüber den stalinistischen Verbrechen. Erstmalig in der DDR erwähnte er auch einige Namen derjenigen, die als «Volksfeinde» unter Stalin im Lager saßen.

Dieses Buch, das übrigens Mischas erstes war, und sein öffentlicher Auftritt bei der großen Demonstration am 4. November 1989 in Ost-Berlin, hatten nicht nur mich zu der Annahme verleitet, er habe tatsächlich die Diktatur beseitigen und die schlimmsten Fehler des sozialistischen Machtapparates korrigieren wollen. Und auch bei unseren Gesprächen erklärte er: «Das ganze System hat nicht funktioniert. So habe ich das früher nie gesehen. Ich frage mich, warum ich das eigentlich nicht erkannt habe.»

Meine Hoffnung, dass bei ihm ein selbstkritisches Nachdenken über die Untaten, die im Namen des Sozialismus begangen wurden, einsetzen könnte, wurde aber enttäuscht. Die Furcht vor einem möglichen Systemwechsel war auch bei ihm immer übermächtig geblieben. Markus Wolf hat zwar, wie viele andere Spitzenfunktionäre, eigene Fehler und Versäumnisse eingeräumt. Aber im Laufe der neunziger Jahre hat sich seine Position wieder verhärtet. Schrittweise fiel er in frühere Denkweisen zurück.

War sein erstes Buch ein wichtiger Schritt gewesen, sich von der alten Ideologie zu verabschieden, verfiel er ausgerechnet in seinem letzten Buch «Freunde sterben nicht», das 2002 veröffentlicht wurde, in eine unangenehme Rechtfertigungshaltung. Darin verherrlicht er seine früheren Agenten und attackiert seine Gegner schärfer als jemals zuvor. Auch ich gerate unter Beschuss.

Er wirft mir etwa vor, ich hätte in meinem Buch «Die Revolution entlässt ihre Kinder» die Zeit in Moskau und in Ufa falsch und übertrieben dargestellt. Die Erlebnisse dort seien weit weniger schlimm gewesen, als ich es beschrieben habe. Wohlgemerkt, Wolf spricht dabei von den Anfängen der stalinistischen Säuberung. Er stellt sie in einem Licht dar, das von jugendlicher Vergnügtheit und knabenhaftem Übermut geprägt ist. Einem gemeinsamen Freund aus jenen Tagen legt er sogar Worte in den Mund, die mich persönlich angriffen: Ich hätte eine «individualistische Einstellung» gezeigt. Damit lässt es Wolf aber nicht bewenden. Er schreibt weiter, er habe lange gezögert, doch nachdem das Buch «Die Revolution entlässt ihre Kinder» immer neue Auflagen erlebt habe, seien nun doch «Richtigstellungen» nötig. Das Buch sei «im Kalten Krieg für den Kalten Krieg» geschrieben worden, ich solle es zurücknehmen und mich bei den darin «verleumdeten Gefährten» entschuldigen.

Mischa Wolf, der sich selbst für seine drei Jahrzehnte währende Tätigkeit für die Staatssicherheit nicht ein einziges Mal entschuldigt hatte, verlangte von mir, die wahrheitsgetreuen Darstellungen des stalinistischen Apparats zurückzunehmen – das war ein starkes Stück. Wir haben uns danach nicht mehr wiedergesehen. Bis zu seinem Tod hat er nicht mehr den Mut gefunden, sich mit dem System des Stalinismus in der Sowjetunion und in der DDR, und vor allem seiner eigenen Rolle darin, selbstkritisch auseinanderzusetzen. Vor allem, was die Beurteilung des eigenen Lebens betraf. Sein letztes Buch war ein Zeugnis dieses Ausweichens. Er hat es mir noch persönlich geschickt, mit Widmung.

Von meinen früheren Bekannten habe ich nach der Wende noch etliche andere wiedergetroffen. Zu den ungewöhnlichsten Begegnungen gehört jene mit *Paul Wandel*, meinem ehemaligen Lehrer an der Komintern-Schule in den Jahren 1942 und 1943 unter seinem Parteinamen «Klassner». Später wurde er mit Gründung der DDR Volksbildungsminister. Ich besuchte ihn bereits im März 1991 in seiner Villa in Berlin-Niederschönhausen. Wie würde er mich wohl empfangen?

Die Tür ging auf, er streckte beide Arme aus, drückte mich an sich und sagte: «Die letzten fünfzehn Jahre, die werden wir einfach mal vergessen.» Das klang, als wolle er mir Absolution erteilen – eigentlich hätte es, wenn überhaupt, eher umgekehrt sein müssen. Ich ging darauf aber nicht weiter ein. Aber ich ließ es mir nicht nehmen, ihn zu korrigieren: «Paul, es waren nicht fünfzehn, es waren vierzig Jahre.» Erschrocken sah er mich an: «Ist das schon vierzig Jahre her? Na, macht nichts, komm rein.»

Ich bestaunte die meterlangen Regale, die gefüllt waren mit Werken zur Geschichte der Sowjetunion und des Kommunismus. Es fehlten allerdings die Veröffentlichungen aus dem Westen. Auch meine Bücher waren nicht darunter. Ob er die denn nicht einmal auf der SED-Parteihochschule, wo er mittlerweile Dozent war, habe lesen dürfen? Doch, durchaus, erwiderte er, er habe Zugang zur Bibliothek des Zentralkomitees, dort könne man jedes Buch ungehindert erhalten – aber für solche Dinge habe er einfach keine Zeit.

Zu einem wirklich substanziellen Gespräch über die Vergangenheit war Paul Wandel nicht mehr fähig. Auf konkrete Nachfragen hin verlor er sich in schwammigen Äußerungen. Seine Biographie war mit den politischen Ideen und Zielsetzungen des Sozialismus so untrennbar verbunden, dass er mit seinen damals 85 Jahren offensichtlich nicht mehr die Kraft zu einem kritischen Gesamtrückblick fand. Ihm konnte man das aber, im Gegensatz zu Markus Wolf, auch nicht mehr vorwerfen.

Gemeinsam fuhren wir dann nach Bruchmühle, zur ersten Wirkungsstätte der «Gruppe Ulbricht». Auf einer holprigen Straße kamen wir an verwahrlosten Häusern vorbei. Ich fühlte mich wie im schlimmsten antikommunistischen Hollywood-Streifen, aber es war die DDR-Realität. Paul gestand zu, dass hier wirklich etwas getan werden müsse, und als wir in Richtung Straußberg Baugerüste an kleinen, einstöckigen Bauernhäuschen sahen, strahlte er mich an: «Siehst du, Wolfgang, bei uns wird gebaut.»

Ergiebiger war meine Begegnung mit *Stefan Doernberg*, meinem ehemaligen Mitschüler auf der Komintern-Schule. In der Sowjetzone habe ich ihn allerdings nicht mehr gesehen. Von 1946 bis 1950 war er für die Sowjetische Militäradministration in Deutschland zuständig, als Redakteur der «Täglichen

Rundschau». Nach mehrjähriger Tätigkeit in Moskau kehrte er 1955 in die DDR zurück und war bis 1961 stellvertretender Leiter der Fakultät Geschichte am Institut für Gesellschaftswissenschaften in Ost-Berlin. Danach wurde er Direktor des Deutschen Instituts für Zeitgeschichte und von 1981 bis 1987 Botschafter der DDR in Finnland.

Stefan hat nach eigenem Bekunden die Reformbewegungen, vor allem den Prager Frühling, mit Interesse verfolgt, und er habe damals auch eine Verselbständigung der Blockparteien in der DDR befürwortet sowie eine liberalere Medienpolitik. Allerdings fügte er mit Nachdruck hinzu: «Man konnte von innen nichts bewegen.» Gorbatschows Perestroika und Glasnost stand er aufgeschlossen gegenüber, und er teilte keinesfalls die Auffassung mancher anderer Gesprächspartner aus jener Zeit, Gorbatschow habe die DDR im Stich gelassen. Er hätte sich jedoch gewünscht, dass die Sowjetunion stärker auf der Neutralität eines vereinigten Deutschlands bestanden hätte. Dessen Mitgliedschaft in der NATO könne er nicht akzeptieren.

Über Fragen der Außenpolitik habe ich auch mit *Peter Florin* gesprochen – auch er ein ehemaliger Klassenkamerad, noch aus der Moskauer Karl-Liebknecht-Schule. Er hatte wie ich für das Nationalkomitee Freies Deutschland gearbeitet und war dann bei Kriegsende Mitglied der «Gruppe Ackermann» geworden, die in Sachsen ähnliche Aufgaben hatte wie unsere «Gruppe Ulbricht» in Berlin. Florin wurde später Botschafter der DDR, ihr stellvertretender Außenminister und Vertreter bei den Vereinten Nationen in New York.

Den Bau der Berliner Mauer, auf den ich ihn bei unserem Treffen im Seehotel Friedrichshagen bald ansprach, habe er bereits in außenpolitischer Funktion erlebt. Natürlich sei die Berliner Mauer nicht aus Furcht vor einem westlichen Angriff errichtet worden, eine solche Gefahr hätte es nicht gegeben. Aber eine offene Grenze konnte man sich einfach nicht gestatten, die DDR-Wirtschaft wäre sonst ausgeblutet. Und außerdem sei auf diese Weise die völkerrechtliche Anerkennung der DDR erleichtert worden. Meinem Einwand, der Mauerbau habe zu Menschenrechtsverletzungen geführt, wich Peter Florin aus: «Die Berliner Mauer und die Festigung der Grenze waren notwendig, aber ich war keineswegs glücklich darüber. Im engsten Freundeskreis diskutierten wir, warum so viele Bürger der DDR in den Westen flohen, was dort so attraktiv sei und wie man die DDR attraktiver machen könne, um den Wunsch von DDR-Bürgern, in den Westen zu gehen, zu überwinden oder doch zumindest zu vermindern.» Ihre Diskussionen führten offensichtlich zu keinem Ergebnis.

Das nächste Thema unseres Gesprächs dürfte für Peter Florin mit den unangenehmsten Erinnerungen verbunden gewesen sein: Er war wie Markus Wolf 1968 während des Prager Frühlings in der Tschechoslowakei anwesend, als Botschafter der DDR. Auf meine Nachfragen reagierte er mit Ausflüchten: «Gegenüber Dubček war ich anfangs positiv eingestellt, weil ich seinen Werdegang kannte und ihm vertraute. Allmählich wurde ich ihm gegenüber sehr kritisch; ich sah in seiner Ernennung sogar eine Katastrophe.» Er schilderte ihn als eine weinerliche und führungsschwache Persönlichkeit. Offenbar versuchte Florin auf diese Weise, sein weiteres Handeln zu rechtfertigen, denn 1968 nahm er persönlich an den entscheidenden Ostblock-Konferenzen über die Tschechoslowakei teil. Ulbricht und die DDR seien dabei aber nicht die treibende Kraft gewesen: «Nach wie vor bin ich der Meinung, der Einmarsch hätte vermieden werden können, wenn man sich rechtzeitig politischer Methoden bedient hätte.» Ob er diese Meinung damals auch schon so offen vertreten hat, blieb unklar.

Von 1973 bis 1981 war Peter Florin dann Vertreter der DDR bei den Vereinten Nationen in New York. Sein Land sei hier zwar als zweiter deutscher Staat und als gleichberechtigt anerkannt worden, aber die DDR habe einen schweren Stand gehabt. Nicht zuletzt weil sich die Bundesrepublik durch «ihre ökonomisch-finanziellen Mittel größeren Einfluss verschaffen konnte». Bei der 42. Sitzung der Vollversammlung der Vereinten Nationen im September 1987 wurde Peter Florin für ein Jahr zu deren Präsidenten gewählt. In dieser Funktion empfing er auch den US-Präsidenten Ronald Reagan. Ohne Zweifel war dieses Amt für ihn der Höhepunkt seiner politischen Laufbahn.

Sein Wirken als Außenpolitiker erlaubte es ihm auch, meine Fragen nach dem Niedergang der DDR zunächst abzuwehren, schließlich sei er nur selten nach Ost-Berlin gekommen. «Aber immerhin zu den Sitzungen des Zentralkomitees der SED», erwiderte ich. «Die zunehmenden ökonomischen Probleme und Widersprüche des Systems, die zunehmende Opposition der Bevölkerung – wurde darüber nicht auf den Sitzungen diskutiert?» Fast ein bisschen peinlich berührt gestand Florin mir, dass es tatsächlich keine ernsthaften politischen Diskussionen gegeben habe. Ich traute meinen Ohren nicht: «Dass die DDR sich überhaupt 40 Jahre halten konnte, ist ein Wunder.»

Eine ernsthafte Alternative zu dieser Entwicklung gab es seiner Meinung nach nicht. Auch er habe sich eine flexiblere Wirtschafts- und eine tolerantere Kulturpolitik gewünscht. Ob er darüber in den Sitzungen des Zentralkomitees gesprochen habe? – «Nein, ich habe viele entsetzliche Rückschläge und Fehler miterlebt, aber ich habe mir immer eines gesagt: Früher oder später wird die Geschichte das korrigieren. 1985, beim Beginn von Perestroika und Glasnost in der Sowjetunion, war es zu spät, die Weichen umzustellen. Natürlich musste man etwas verändern, aber wir fürchteten immer, dass dies von anderen Kräften ausgenutzt werden könnte.»

In den Äußerungen von Peter Florin wird eines deutlich: Unter DDR-Spitzenfunktionären war offenbar die Furcht, das System könnte bei der kleinsten Veränderung zusammenbrechen, so groß, dass nicht einmal ein Reformversuch unternommen wurde. Am Ende unseres Gesprächs wollte er aber seine Hoffnungen nicht ganz begraben: «Es gibt noch Chancen für den Sozialismus. Es müsste eine Kombination aus Markt- und staatlich gelenkter Planwirtschaft gefunden werden – eine Art dritter Weg, selbst wenn Ökonomen jetzt darüber lachen.»

Damit hat Paul Florin mehr Einsicht bewiesen als die Autorin *Marianne Weinert*. Von ihrer Haltung gegenüber der friedlichen Revolution und der DDR-Geschichte war ich am meisten überrascht. Eigentlich hatte ich in der Tochter des Schriftstellers Erich Weinert eine gemäßigte und vor allem umgängliche Sozialistin vermutet. Weit gefehlt. Sie erwies sich als Hundertprozentige und verteidigte alles, was in der Sowjetunion und der DDR je geschehen war. Die stalinistischen Säuberungen, den Bau der Mauer, die Todesschüsse an der innerdeutschen Grenze. Am 2. Oktober 1990 erhielt ich meinen letzten Brief von Marianne Weinert. Die DDR-Briefmarke zierte das Konterfei ihres Vaters. Auf Russisch las ich: «Ich schreibe dir am letzten Tag der DDR. Alles wird zerstört – unsere Armee, unsere Polizei, unsere Identität.»

Werner Eberlein war ebenfalls mein Klassenkamerad gewesen, aber nicht nur in Moskau auf der Karl-Liebknecht-Schule, sondern schon in Berlin. 1931 und 1932 besuchten wir gemeinsam die Karl-Marx-Schule in Neukölln. Während seines Exils in der Sowjetunion hat er unter anderem als Elektriker in einem westsibirischen Sägewerk gearbeitet und konnte erst

1948 nach Ostberlin zurückkehren. In den fünfziger Jahren wurde er zum Chefübersetzer Walter Ulbrichts, dolmetschte in den Gesprächen mit Chruschtschow und später auch in den Unterredungen mit Breschnew. Er erlebte 1956, wie die sowjetischen Funktionäre Walter Ulbricht auf dem 20. Parteitag der KPdSU den Text von Chruschtschows berühmter Geheimrede vorlasen, in der er die Entstalinisierung einleitete. Die Textvorlage wurde ihm und Ulbricht aber nicht ausgehändigt. Persönlich hatte Eberlein in Chruschtschow große Hoffnungen gesetzt. Bei einem Staatsbesuch in der DDR habe er einmal gehört, wie dieser im Privatkreis erklärte, er würde sich rechtzeitig zurückziehen, wenn er den politischen Höhepunkt erreicht habe. Leider, so Eberlein, sei ihm das nicht geglückt.

In der DDR hätten, zumindest in den fünfziger Jahren, weder ökonomisch noch politisch die Voraussetzungen geherrscht für den «Aufbau des Sozialismus», wie er seit der II. Parteikonferenz der SED 1952 lauthals verkündet wurde. Die Spannung zwischen dieser Idealvorstellung und der Realität sei schlicht ignoriert und den Arbeitern zu viel zugemutet worden. Die Folge sei ein Jahr später der Aufstand vom 17. Juni 1953 gewesen. Im Anschluss daran habe man die klügsten Köpfe aus der Parteiführung entfernt: Herrnstadt, Zaisser, Ackermann, Oelsner, Schmidt, Jendretzky. Ein Mechanismus, der sich 1956 und 1968 wiederholt habe, obwohl die Aufstände diesmal gar nicht in der DDR stattgefunden hatten.

Anfang der achtziger Jahre begann für Eberlein eine späte, aber steile Karriere. Er war schon 62 Jahre alt, als er 1981 Mitglied des Zentralkomitees wurde. 1985 folgte dann die Aufnahme ins Politbüro. Dank einer Mischung aus Parteitreue, persönlicher Bescheidenheit und freundlichen Umgangsformen wurde er zu Beginn der Wende sogar einstimmig zum

Vorsitzenden der Zentralen Parteikommission gewählt. Wie schon Peter Florin hat er nach eigenen Angaben in jener Wendezeit Überlegungen angestellt, ob es nicht die Möglichkeit gebe, Marktwirtschaft und Sozialismus zu verschmelzen.

Es war kurios: Ausgerechnet diejenigen, die sich immer einer Reform des Sozialismus in der DDR verweigert hatten und solche Bestrebungen in anderen Ländern missbilligten, begannen nun, nachdem ihre bürokratische Diktatur zusammengebrochen war, plötzlich von einem «dritten Weg» zu schwärmen. Dabei fiel es mir nicht immer leicht, auseinanderzuhalten, bei wem ein wirkliches Umdenken stattfand und wer nur die alten Ideen in neue Worte hüllen wollte.

Von Werner Eberlein hatte ich noch 1991 einen positiven Eindruck gewonnen. Aber später wurde ich auch von ihm enttäuscht. Ähnlich wie Markus Wolf entwickelte er sich zurück, nahm schrittweise wieder die alten Positionen ein. Bald trafen wir uns nicht mehr. Ihm war es offensichtlich zuwider, sich kritischen Fragen stellen müssen. Und mir war es zuwider, lange nach dem Untergang der SED nur parteioffizielle Antworten zu erhalten.

Er schrieb vor wenigen Jahren ebenfalls ein Buch, unter dem Titel «Geboren am 9. November». Eindrücklich schildert er das tragische Schicksal seiner Familie in der Sowjetunion. Die Zeit in der DDR und die Ereignisse dort werden jedoch nur aus der damaligen Sicht kommentiert – kein Wort der Nachdenklichkeit. 1998 organisierten Peter Florin und Werner Eberlein ein Klassentreffen aller ehemaligen Schüler der Karl-Liebknecht-Schule in Moskau. Ich wurde nicht eingeladen. Ich hätte nicht da hingepasst, schrieb Eberlein später. Damit hatte er recht.

Eberlein war der Erste meiner Gesprächspartner, der dem SED-Politbüro angehört hatte. Unsere gemeinsame Schulzeit verband uns, die ersten Gesprächsthemen ergaben sich von selbst. Schwieriger war es, sich mit *Joachim Herrmann* zu unterhalten, dem ehemaligen Chefredakteur der «Jungen Welt» und des «Neuen Deutschland». Er war seit 1978 Mitglied des Politbüros. Wir waren uns nicht völlig unbekannt, in der Sowjetzone hatte ich ihn öfters gesehen, und er wirkte damals immer frei und unbekümmert. Jetzt stand mir ein völlig veränderter Mann gegenüber, kühl und misstrauisch. Er wehrte alle Fragen ab, verteidigte die DDR und sein politisches Leben mit jedem Wort. Er verlangte diktatorisch, dass wir uns nur über die Jahre 1945 bis 1949 unterhalten. Als ich ihn fragte, wie er damals auf den Tod Stalins reagiert habe, stand er auf, hob die Faust und rief: «Herr Leonhard, Sie durchbrechen die Vereinbarung, Stalin ist im März 1953 gestorben.» Als er wieder Platz genommen hatte, erteilte er höflich, aber bestimmt allen weiteren Gesprächen mit mir eine Absage.

Auch *Hermann Axen*, Politbüromitglied seit 1970 und Sekretär der SED-Führung für internationale Beziehungen, sprach vor allem über die Zeit vor Gründung der DDR. Er empfing mich herzlich bei sich zu Hause und öffnete feierlich eine Flasche Cognac, die ihm der spanische Ministerpräsident Felipe Gonzales geschenkt hatte. Axen stammte aus einer jüdischen Familie, sein Bruder wurde bereits 1933 von den Nazis erschlagen, und etliche Familienmitglieder wurden in den Konzentrationslagern ermordet. Er selbst überlebte Auschwitz. Mich hat diese Lebensgeschichte sehr bewegt, aber auch mit Axen kam ich über ein zweites Treffen nicht hinaus. Kurz nach meinem Besuch gab er ein Interview, in dem er von unseren Gesprächen erzählte, und auf die Frage nach meiner Flucht aus der DDR bezeichnete er mich unverhohlen als Verräter. «Was Hänschen nicht lernt, lernt Hans nimmermehr» hatte er mir zuvor über die Aufarbeitung der DDR-Geschichte zugeraunt. Und sich selbst eisern daran gehalten. Er starb, kurz nach unserer Begegnung, am 15. Februar 1992.

Ganz anders habe ich *Günter Schabowski* erlebt. Er nahm ehrlich Stellung zu den Fehlern der DDR und übte in einem Maße Selbstkritik, das mich erstaunte. Im Osten Deutschlands ist er nicht selten als «Wendehals» verschrien und unter denen, die der DDR nachtrauern, äußerst unbeliebt. Ich hatte nach unseren Gesprächen den Eindruck, dass sein Gesinnungswandel auf Überzeugung gründete. Schabowski war ebenfalls Chefredakteur des «Neuen Deutschland» gewesen und Mitglied des Politbüros seit 1984. Schon in den Jahren 1989 und 1990 hat er sich kritisch gegenüber dem System geäußert – auch in seinem Buch «Das Politbüro». Sein Urteil über die Arbeit der Spitzenfunktionäre fiel hart aus: «Wir glaubten zu wissen, was das Glück der Menschen ausmache. Wenn sie das nicht einsehen, müssen wir sie zu ihrem Glück zwingen, das war eine fatale Prämisse, eine Anmaßung, die sich rächen mußte.» Und weiter: «Wir waren nicht demokratiefähig, sondern haben versucht, mangels besserer Argumente uns der anderen Meinung mittels direkter Gewalt zu entledigen. Ich meine hier das System.» In seiner Bereitschaft, Fehler einzugestehen, ist Schabowski schon damals sicher am weitesten gegangen und deshalb wohl auch nicht repräsentativ.

Aber auch andere ehemalige Spitzenfunktionäre zeigten Einsichten, die ich nicht erwartet hätte. Etwa *Egon Krenz*. Ich traf den letzten Ersten Sekretär des Zentralkomitees und Staatsratsvorsitzenden der DDR im Herbst 1991 in Niederschönhausen. Er wohnte im früheren Haus von Otto Winzer. Offensichtlich freute er sich über meinen Besuch und war bereit, alle meine Fragen zu beantworten. Auch Krenz versuchte erst gar nicht, seine ehemalige Treue zur Parteilinie zu leugnen und die Vergehen der DDR zu beschönigen. Die Niederschlagung der ungarischen Revolution von 1956 und des Prager Frühlings 1968 hatte er damals ohne Zweifel begrüßt und war der festen Überzeugung, es würde sich um Konterrevolutionen handeln, die den Sozialismus gefährdeten.

Erst 1984, als er in die Spitzengremien Ost-Berlins aufrückte, kamen ihm Bedenken. Viele der anderen Mitglieder des Politbüros hätten teilweise erst während der Sitzungen, die entsprechenden Unterlagen gelesen, um sich, wenn überhaupt, mit den anstehenden Problemen zu beschäftigen. Das Zerwürfnis zwischen der DDR und der Sowjetunion hat er dann aus nächster Nähe mitbekommen. Er habe Honecker geraten, sich mit Gorbatschow auszusprechen, worauf der ihm fast wortlos den Rücken kehrte. Das Verhältnis der beiden habe sich darauf drastisch verschlechtert.

Ich erzählte ihm, dass ich die neuen Akzente, die er 1989 nach der Ablösung Honeckers setzen wollte, durchaus zur Kenntnis genommen hatte. Und immerhin habe er am 9. Oktober bei der wichtigsten Montagsdemonstration ein Blutbad verhindert. Warum er aber nicht zu weiteren Reformen übergegangen war, konnte er mir damals nicht deutlich machen. Immer wieder versuchte er, sich damit zu rechtfertigen, dass in diesem Fall der Staat zusammengebrochen wäre. Ein allgemeines Chaos habe er verhindern wollen.

Auch wenn mich diese Ausführungen nicht überzeugten und wir doch erhebliche Meinungsverschiedenheiten hatten, war ich beeindruckt von der Ernsthaftigkeit, mit der sich Egon Krenz ein neues Bild über die SED und die DDR machen wollte. Wenn die Gespräche, die ich in den Jahren 1990 und 1991 geführt habe, für ihn und andere ehemalige Funktionäre dazu ein Anstoß waren, dann wäre ich schon zufrieden. Viele von ihnen waren zwar nicht unkritisch gegenüber den dunklen Seiten der DDR-Geschichte, aber ihre Kritik beschränkte sich meist auf einzelne Ereignisse, die angeblich außerhalb ihrer Verantwortung gelegen hatten. Ihre eigene Rolle im diktatorischen Regime verdrängten sie nicht selten.

Es war gewiss nicht zu erwarten, dass die ehemaligen Spitzen von Staat und Partei innerhalb kurzer Zeit zu geläuterten Demokraten würden. Ernüchternd aber war, dass nach der Wiedervereinigung innerhalb der ostdeutschen Bevölkerung die Demokratisierung, die sich anfangs stürmisch entfaltete, leider schnell ins Stocken geriet.

Aufarbeitung statt Abwicklung

Die wachsenden Probleme des Alltags, Sorgen um die Zukunft, die «Abwicklung» vieler DDR-Unternehmen und die Arbeitslosigkeit – all dies machte bei den Ostdeutschen die Freude über die Wiedervereinigung schnell vergessen und beförderte einen Stimmungswandel.

Schon in den ersten Jahren nach 1990 verschärften sich die gegenseitigen Vorurteile. Im Westen herrschte zunehmend die Vorstellung, den «Ossis» fehle es prinzipiell an Demokratieverständnis, Leistungsbereitschaft und Eigeninitiative. Bei vielen ehemaligen DDR-Bürgern wuchs im Gegenzug der Wunsch nach Abgrenzung vom Westen und die Neigung, die Vergangenheit ihres Staates milder zu beurteilen. Dies belegen die Ergebnisse von Meinungsumfragen. So beantworteten 1992 sechzig Prozent der befragten Ostdeutschen die Frage, ob die DDR «ein Versuch» gewesen sei, «eine gerechte Gesellschaft zu gestalten», mit Zustimmung. Ein Jahr später hatte sich ihre Zahl auf 65 Prozent erhöht, 1995 sogar auf 75 Prozent.

Gleichzeitig rückte für die Menschen der Unterdrückungscharakter des DDR-Systems in den Hintergrund. «Man fühlte sich in der DDR unfrei und gefangen» – dieser Aussage stimmten 1992 immerhin 54 Prozent zu, vier Jahre später jedoch nur noch 41 Prozent. «Man hat sich bespitzelt gefühlt, konnte kaum jemandem trauen»: 1992 hielten 43 Prozent der Befragten diesen Satz für zutreffend, vier Jahre später nur noch 30 Prozent. «Die SED hat uns alle betrogen»: Dies wurde 1992 von 70 Prozent der Befragten für richtig gehalten, bis 1996 sank die Zustimmung auf 48 Prozent.

Zunehmend stieg die Neigung, das DDR-System zu verharmlosen und sogar zu beschönigen. Immer mehr ehemalige DDR-Bürger versuchten, den bürokratischen Unterdrückungscharakter des DDR-Systems durch den Kalten Krieg zu rechtfertigen. Manche wollten überdies die Verantwortung für die Repression in der DDR auf die Sowjetunion abschieben, andere prangerten die angebliche «Einseitigkeit» an. Die Geschichte der DDR, so hieß es, dürfe keinesfalls isoliert betrachtet werden, es müsse gleichzeitig eine Aufarbeitung der Geschichte der Bundesrepublik erfolgen.

Ein entscheidender Unterschied wurde verschwiegen: Solange die sogenannte Bonner Republik existierte, wurde die Politik der verschiedenen Bundesregierungen stets kritisch begleitet – durch Presseartikel, Demonstrationen, Sendungen in Rundfunk und Fernsehen und eine Vielzahl an Büchern. In der DDR dagegen wurden von Seiten der Partei höchstens gewisse Versäumnisse eingeräumt. Jede ernsthafte Kritik an der Führung war nicht nur verboten, sondern wurde mit allen Mitteln des bürokratischen Machtapparats unterdrückt.

Seit der Vereinigung hat das Loyalitätsgefühl der Ostdeutschen abgenommen: 1992 fühlten sich noch 65 Prozent der Ostdeutschen mit der Bundesrepublik verbunden, elf Jahre später waren es nur noch 38 Prozent. Und fast ein Drittel der Befragten bewertete die Einheit als Verlust. Auch neueste Studien machen auf die Schwierigkeiten der Wiedervereinigung und die Differenzen zwischen Ost und West aufmerksam. Klaus Schroeder vom Forschungsverbund SED-Staat an der Freien Universität Berlin etwa konstatiert in seiner umfassenden Untersuchung «Die veränderte Republik. Deutschland nach der Wiedervereinigung» aus dem Jahr 2006 für Deutschland weiterhin eine politische und mentale Spaltung.

Ich hatte vor einer überhasteten Wiedervereinigung gewarnt, weil ich überzeugt war, dass sie zu großen Schwierigkeiten führen würde. Der Verzicht auf eine langfristige und freiwillige Vergangenheitsbewältigung im Osten Deutschlands hat den Demokratisierungsprozess erschwert. Schon die sichtbaren Zeichen der Erinnerung an die DDR konnten ja nicht schnell genug beseitigt werden. Es war ein Fehler, dass so viele Straßen sofort umbenannt und die Gedenktafeln unterschiedslos abmontiert wurden. Die Entscheidung darüber durfte man doch nicht irgendwelchen Ämtern übertragen!

Man hätte den Menschen vor Ort die Gelegenheit und die Zeit geben müssen, den Umgang mit der Vergangenheit offen zu diskutieren, um dann demokratische Entscheidungen zu treffen. Ich hätte mir diese Zeit der Besinnung auch gewünscht, damit sich die ehemaligen DDR-Bürger auf ganz persönliche Weise mit dem Leben in der Diktatur hätten auseinandersetzen können – im vereinten Deutschland fand das leider kaum mehr statt.

Zudem darf die Entwicklung der DDR nicht nur von einem westlichen Standpunkt aus betrachtet werden. Es erscheint mir wenig hilfreich, die DDR-Bevölkerung im Rückblick vereinfachend in «Täter» und «Opfer» zu unterteilen. Dabei wird verkannt, dass beide Gruppen nur jeweils eine Minderheit bildeten. Die Mehrheit schwankte zwischen Hoffnung und Enttäuschung, Anpassung und Widerstand. Und noch etwas anderes kommt hinzu: Die Bürger der alten Bundesrepublik und die DDR-Bewohner haben fast fünfzig Jahre lang – über einen Zeitraum von zwei Generationen – in völlig unterschiedlichen Systemen gelebt, ein unterschiedliches Leben geführt, unterschiedliche Erfahrungen gesammelt.

Doch statt Neugierde und Offenheit bestimmt seit der Wiedervereinigung ein Klima von Verunglimpfung und Schuldzuweisung die Diskussionen. Wenn Menschen sich jedoch ständig in der Defensive fühlen, dann ist Aufarbeitung zum Scheitern verurteilt. Aufarbeitung kann nur in einer Gesellschaft gelingen, in der die Menschen keine Furcht haben, ihre Meinungen darzulegen.

Ich bedauere sehr, dass die Arbeit des südafrikanischen Erzbischofs und Friedensnobelpreisträgers Desmond Tutu hierzulande so wenig Beachtung fand. Nach dem Ende der Apartheid war Tutu in den neunziger Jahren Vorsitzender der «Wahrheits- und Versöhnungskommission». Menschen, die das Apartheid-Regime aktiv unterstützt hatten, wurden von der Kommission zur Anhörung eingeladen – ihnen wurde Straffreiheit zugesichert, wenn sie ihre Taten zugaben und sich mit den Opfern aussprachen. Das Ziel war die Versöhnung mit den Tätern sowie ein möglichst vollständiges Bild von den Verbrechen, die während der Apartheid verübt wurden. Sämtliche Anhörungen waren deshalb öffentlich. So kam ein Dialog zwischen Opfern und Tätern zustande. Vielen wurde vielleicht zum ersten Mal bewusst, was sie angerichtet hatten. Ein ähnliches Modell hätte ich mir auch für den Umgang mit der DDR-Vergangenheit gewünscht.

Man kann auch auf diese Weise nicht alle Probleme lösen und auch nicht alle Wunden heilen, aber es wäre ein wichtiger Schritt gewesen. Im vereinten Deutschland gab es keinen nennenswerten Dialog – die Geschichte der DDR wurde stattdessen einseitig von Behörden abgewickelt. Dies gilt auch für die Geschichte der Staatssicherheit.

Es besteht kein Zweifel, dass man sich ernsthaft mit dem riesigen Bespitzelungs- und Unterdrückungsapparat des MfS beschäftigen muss: Gegen Ende der DDR gab es immerhin 103 000 hauptamtliche Stasi-Mitarbeiter. Außerdem 170 000 Inoffizielle Mitarbeiter (sogenannte «IM»), davon 120 000, die sich ausdrücklich zur operativen Tätigkeit verpflichtet hatten, und etwa 50 000, die logistische Aufgaben übernahmen, also etwa Wohnungen und andere Objekte zur Verfügung stellten. Die IM hatten die Aufgabe, Informationen aus dem Freundes- und Bekanntenkreis zu sammeln und weiterzugeben.

Das Ergebnis ist erschütternd: Zwischen 1949 und 1989 wurden insgesamt 200 000 DDR-Bürger aus politischen Gründen in Haft genommen. Die meisten Verurteilungen geschahen in der Zeit bis zum Bau der Berliner Mauer im August 1961, aber auch später landeten Jahr für Jahr einige Tausend Menschen in den Gefängnissen des Regimes. Mehr als 950 Menschen sind bei Fluchtversuchen umgekommen. Hunderte wurden durch die entsprechenden Abteilungen der Staatssicherheit aus dem Westen entführt – mir selbst blieb ein solches Schicksal nur dank glücklicher Umstände erspart.

All das darf weder verharmlost noch beschönigt werden. Doch so wichtig die Beschäftigung mit dem Unterdrückungssystem ist, darunter auch die Tätigkeit der Gauck-Behörde, so groß sind meine Einwände gegen den Missbrauch von Stasi-Unterlagen zur Vorverurteilung von Menschen – und gegen die Art, wie in den letzten Jahren über die Stasi-Verbrechen diskutiert wurde.

Wann immer Stasi-Akten veröffentlicht und kommentiert wurden: Zumeist standen die IM, die Inoffiziellen Mitarbeiter, im Zentrum der Aufmerksamkeit. Die Führungszentren, der

Unterdrückungsapparat und die hauptamtlichen Mitarbeiter und Offiziere des MfS wurden nur selten erwähnt.

Dabei bildeten die IM nur die unterste Stufe des Stasi-Unterdrückungssystems. Sie wurden von hauptamtlichen Stasi-Offizieren angeworben und geleitet. Die Führungsoffiziere wurden speziell ausgebildet, um persönliche Notlagen einzelner DDR-Bürger für ihre Zwecke auszunutzen und deren politische Überzeugung zu missbrauchen. Die Führungsoffiziere leiteten die IM zwar an, trauten ihnen aber offensichtlich nicht recht: Nicht selten wurden IM ihrerseits durch andere IM überwacht.

All dies wird in der Berichterstattung kaum erwähnt. Der eigentliche Apparat des Ministeriums für Staatssicherheit und die Funktionsweise des Unterdrückungssystems geraten in den Hintergrund. Vor allem jene drei Hauptabteilungen, die in erster Linie für die Unterdrückung der DDR-Bevölkerung verantwortlich waren.

Die Hauptabteilung 20 mit fast 400 hauptamtlichen Mitarbeitern in der Berliner Normannenstraße plante und organisierte unter Leitung von Generalleutnant Paul Kienberg das flächendeckende Netz der gesamten Bespitzelung. Regime-Gegner und Oppositionelle wurden ausfindig gemacht und entsprechende Informationen an die Hauptabteilung 8 (fast 1500 Mitarbeiter) weitergeleitet. Hier hatte Generalmajor Karli Coburger die Zuständigkeit für die Ermittlung und Observierung von Bürgerrechtlern und Regimekritikern. Die Verdächtigen wurden verfolgt, ihre Wohnungen heimlich durchsucht, und schließlich führte diese Abteilung auch die Verhaftungen durch. Dann übernahm die Hauptabteilung 9 (rund 500 Mitarbeiter) unter der Führung von Generalmajor Rolf Fister die Leitung der Verhöre in den Gefängnissen und Zuchthäusern der DDR. Die Protokolle wurden zu Anklageschriften ausgearbeitet und den Gerichten übergeben, oft bereits mit Festlegung des Strafmaßes.

Diese drei Abteilungen bildeten den zentralen Machtapparat für die gesamte Unterdrückung der DDR-Bevölkerung. Aber über ihre Arbeit wurde kaum öffentlich diskutiert. Hinzu kommt ein anderer wichtiger Aspekt, der ebenfalls leider nur selten erwähnt wird: Der Staatssicherheitsdienst mit seinem gigantischen Apparat existierte nicht isoliert, sondern unterstand der SED-Führung und war in ihrem Auftrag tätig. Zu DDR-Zeiten wurde das MfS hundertfach als «Schwert und Schild der Partei» bezeichnet. Als solches diente die Staatssicherheit aber nicht 2,3 Millionen SED-Mitgliedern – sie war vielmehr das Instrument der SED-Parteiführung, mit dem die Bevölkerung kontrolliert und drangsaliert wurde.

Bei der öffentlichen Beurteilung von Stasi-Verbrechen stellt sich noch ein weiteres Problem: Wie aufschlussreich waren die IM-Berichte, auf deren Grundlage oftmals beurteilt wurde, ob jemand Spitzel war? Oft wurden diese Berichte als wahr angesehen, vor allem wenn sie in sensationslüsterner Weise zur Diffamierung einzelner Personen benutzt wurden. Der damalige Bundespräsident Richard von Weizsäcker hat dazu schon 1992 erklärt, die IM-Berichte seien «Instrumente im Sinne der SED-Diktatur». Die Akten seien «keine objektive oder moralische Instanz und keine unwiderlegbaren Verurteilungsbeweise». Es gelte, «auf die Stimme der Opfer selbst zu hören» und sich im Westen «nicht zu selbstgerechten Sprechern der Opfer aufzuwerfen. Wir sind nicht die Richter». Der Bundespräsident erhielt höchstrichterlichen Beistand: In einem Urteil des Bundesgerichtshofs vom 5. Mai 1992 heißt es, IM-Berichte seien «nur sehr begrenzt, wenn überhaupt, für die Erforschung eines Tatbestandes zulässig». Traurig, dass diese Erklärung kaum die erforderliche Beachtung fand.

Meist wurden die Stasi-Dokumente verwendet, um ehemalige Stasi-Mitarbeiter zu identifizieren, sie aus Dienst- und Arbeitsverhältnissen oder Funktionen zu entfernen, sie zu degradieren und – in Einzelfällen – strafrechtlich zu verfolgen. Leider wurde dabei das Wichtigste versäumt, nämlich durch das Studium der Akten systematisch all diejenigen Menschen zu ermitteln, die sich weigerten, für das Regime zu arbeiten. Ihre Zahl wird auf mindestens 1500 Personen pro Jahr geschätzt.

Ich spreche von den Bürgerrechtlern, den Widerstandskämpfern in der DDR – nicht nur jenen der letzten Jahre vor der Wende, sondern während der gesamten Zeit seit 1945. Aus politischen und weltanschaulichen Gründen wurden sie gegängelt und verschwanden in Gefängnissen und Zuchthäusern. Dazu gehören diejenigen, die sich zwischen Herbst 1945 und Frühjahr 1946 gegen die Vereinigung von SPD und KPD wandten. Oder die seit 1948 verfolgten Sozialdemokraten und Mitglieder der Blockparteien; die christlichen Oppositionellen beider Konfessionen, die Marxisten und Kommunisten, die einen freieren Sozialismus erstrebten. Dazu gehören die Teilnehmer des Volksaufstands vom 17. Juni 1953; die aus der bäuerlichen Bevölkerung stammenden Gegner der Kollektivierung in den Jahren 1959 und 1960; die DDR-Bürger, die sich gegen die Errichtung der Berliner Mauer im August 1961 wandten. Dazu gehören die mutigen Menschen, die im August 1968 gegen die Okkupation der Tschechoslowakei protestierten; jene, die sich mit dem ausgebürgerten Wolf Biermann solidarisierten, und nicht zuletzt die Aktiven der Bürgerrechtsbewegung in den letzten Jahren der DDR-Diktatur. Wer waren diese Menschen, die den Mut zum Neinsagen hatten? Warum hört man so wenig von ihnen?

Die von mir gewünschte und erhoffte Aufarbeitung der

DDR-Vergangenheit sollte in erster Linie nicht der Bestrafung der mutmaßlichen Schuldigen dienen, sondern der Erinnerung an jene mutigen und aufopferungsvollen Bürger in der DDR, die sich im Kampf für demokratische Freiheiten, Menschenrechte, einen freien Sozialismus, kurz: für ihre Ideale einsetzten. Und die um dieser Ideale willen oft Leid auf sich nahmen.

Personenregister

Bildnachweis

Archiv Wolfgang Leonhard: S. 1 o., 1 u., 2, 3, 6, 7, 8, 9, 11 u.
Eduard N. Fiegel: S. 10 u., 11 o.
bpk/Herbert Hensky: S. 5
Jacobson-Sonnenfeld: S. 4
picture-alliance/dpa/dpaweb 12 o.
Gerhard Weber: S. 10 o., 12 u., 13 o., 13 u., 14, 15 o., 15 u., 16

Michael Degen

Mein heiliges Land

Auf der Suche nach meinem
verlorenen Bruder

Wenige Jahre nach dem Krieg schifft sich Michael Degen, der die Nazizeit mit seiner Mutter im Berliner Untergrund überlebte, nach Israel ein. Er will seinen Bruder finden, der 1940 noch aus Deutschland fliehen konnte. Ganz auf sich selbst gestellt, betritt der Siebzehnjährige ein Land im Aufbruch, in das von überall her Menschen strömen. Packend und sehr persönlich erzählt Degen von seinen Erlebnissen in dieser fremden Heimat und davon, wie es ihm gelang, den Rest seiner Familie aufzuspüren.

320 Seiten, gebunden mit Schutzumschlag

ISBN 978 3 87134 559 3

Rowohlt · Berlin

Arkadi Babtschenko

Die Farbe des Krieges

Deutsch von Olaf Kühl

Mit neunzehn Jahren wird ein russischer Soldat aus Moskau nach Tschetschenien versetzt. Wie ein alter Mann kehrt er zurück, verroht und stumpf. Was er erlebt, lässt ihn nicht mehr los: Die Leichen der ans Kreuz genagelten Soldaten. Der Kamerad, der von den Rädern eines Panzerwagens überrollt wird, und gleich daneben treiben Bäume junges Grün. Russische Mütter auf der Suche nach ihren toten Söhnen.
Ein authentischer Bericht von seltener Eindringlichkeit und Präzision.

«Arkadi Babtschenkos Bericht erinnert an Remarque und Hemingway.» (Neue Literarische Rundschau, Moskau)

256 Seiten, gebunden mit Schutzumschlag

ISBN 978 3 87134 558 6

Rowohlt · Berlin

Klaus Scherer

Von Sibirien nach Japan

Reise durch ein vergessenes Paradies

Klaus Scherer, langjähriger Asienkorrespondent der ARD, begibt sich auf eine Reise durch den unbekannten Fernen Osten, von Kamtschatka über den Kurilen-Archipel bis nach Hokkaido. Er besucht japanische Gräber in Russland und orthodoxe Kirchen in Japan. Er erlebt Erdbeben und einen Taifun, wird von Geheimdiensten beäugt, die noch den Kalten Krieg zelebrieren, und trifft die Menschen, die hier leben. So entsteht das eindrucksvolle Bild einer ebenso faszinierenden wie weithin vergessenen Welt voller Widersprüche. Eine abenteuerliche Reise durch den Fernen Osten – und ein großes historisches Panorama.

240 Seiten, gebunden mit Schutzumschlag
30 Farbabbildungen

ISBN 978 3 87134 580 7

Rowohlt · Berlin